코틀린으로 배우는 함수형 프로그래밍

코틀린으로 배우는 함수형 프로그래밍

초판 1쇄 발행 2019년 12월 20일 **지은이** 조재용, 우명인 **펴낸이** 한기성 **펴낸곳** 인사이트 **편집** 문선미 **제작·관리** 박미경 **용지** 월드페이퍼 **출력·인쇄** 현문인쇄 **후가공** 이지앤비 **제본** 자현제책 **등록번호** 제2002-000049호 **등록일자** 2002년 2월 19일 **주소** 서울특별시 마포구 연남로5길 19-5 **전화** 02-322-5143 **팩스** 02-3143-5579 **블로그** http://blog.insightbook.co.kr **이메일** insight@insightbook.co.kr **ISBN** 978-89-6626-255-7 책값은 뒤표지에 있습니다. 잘못 만들어진 책은 바꾸어 드립니다. 이 책의 정오표는 http://blog.insightbook.co.kr에서 확인하실 수 있습니다. 이 도서의 국립중앙도서관 출판예정도서목록(CIP)은 서지정보유통지원시스템 홈페이지(http://seoji.nl.go.kr)와 국가자료공동목록시스템(http://www.nl.go.kr/kolisnet)에서 이용하실 수 있습니다.(CIP제어번호: CIP2019048088)

프로그래밍 인사이트

코틀린으로 배우는 함수형 프로그래밍

조재용 · 우명인 지음

인사이트

차례

3장   재귀   59

4장 고차 함수

6장 함수형 타입 시스템   149

지은이의 글

필자들은 함수형 프로그래밍을 주제로 스터디 그룹을 운영하고, 많은 세미나를 진행해 왔습니다. 스터디와 세미나를 진행하면 늘 듣게 되는 질문이 있는데, 그중 몇 가지를 추려 답을 해 보았습니다. 그리고 이 책에 관심이 있는 사람이라면 누구나 궁금해할 만한 내용을 질문 형태로 추가했습니다.

Q. 최근 함수형 프로그래밍에 대한 관심이 커지고 있습니다. 그 배경은 어디에 있나요?

A. 함수형 프로그래밍에 대한 관심이 최근 들어서 높아지기는 했지만, 사실 함수형 프로그래밍은 상당히 오래된 기술입니다. 1930년대에 이론적 기반이 만들어졌고, 1980년대에 함수형 언어가 탄생했습니다. 그런데 최근 몇 년 사이에 함수형 프로그래밍은 개발자가 갖춰야 할 기본 스킬이 되었습니다.

함수형 프로그래밍이 등장하게 된 근본적인 원인은 갈수록 크고 복잡해지는 프로그램에 있습니다. 프로그램이 복잡해질수록 동시성 프로그래밍과 비동기 프로그래밍이 요구되는데, 동시성 프로그래밍과 비동기 프로그래밍은 상태를 가진 객체를 관리하기 어렵게 하고, 유지보수도 어렵게 합니다. 그에 대한 대처 방안이 연구되고 있을 때, 스칼라라는 함수형 언어가 등장합니다.

스칼라가 나온 2004년에는 하스켈이라는 함수형 언어가 이미 있었습니다. 하지만 언어에 대한 접근성이 매우 낮고 기존에 자바로 만들어둔 시스템을 모두 버려야 하는 현실적인 문제로 대중화되지 못한 상태였지요. 스칼라는 자바와의 호환성을 지원했고 객체지향 프로그래밍까지 가능한 하이브리드형 언어이기 때문에, 실제 프로젝트에 사용될 수 있었습니다. 스칼라의 등장으로 함수형 프로그래밍이 대중화될 수 있었던 것이지요.

하지만 아쉽게도 대중화의 영향이 한국에 미치지는 못했습니다. 당시만 하더라도 함수형 언어나 스칼라에 대한 한국어 콘텐츠가 많지 않았고, 대기업을 중심으로 형성된 한국의 개발 문화에서는 위험을 감수하고 자바로 만들어진 생태계를 바꾸려는 요구가 없었기 때문입니다. 한국에서는 자바8에 함수형 기능들이 들어오면서

부터야 본격적인 함수형 프로그래밍의 대중화가 시작되었습니다. 자바8이 출시된 지도 벌써 5년이 지났습니다. 함수형 프로그래밍은 이제 더 이상 생소한 개념이 아닙니다. 우리가 사용하는 대부분의 라이브러리와 플랫폼이 함수형 프로그래밍을 사용해서 만들어졌고, 함수형 프로그래밍을 지원하고 있습니다.

Q. 함수형 프로그래밍을 꼭 해야 하나요?

A. 네, 함수형 프로그래밍을 해야 하는 이유를 세 가지 키워드로 설명해 보겠습니다. 그 키워드는 불변성, 간결함, 안정성입니다(이 세 가지 장점과 영향에 대해서는 본 책의 1장에서 자세하게 다루고 있습니다). 함수형 프로그래밍에서는 한번 생성한 객체는 누구도 바꿀 수 없습니다. 따라서 개발자의 실수가 줄어들고 안전한 프로그램을 만들 수 있습니다. 또한 불필요한 예외처리나 분기문이 줄어들고, 미리 선언된 함수들을 재사용하므로 코드 양이 크게 줄어듭니다. 코드가 적으니 유지보수 또한 용이해집니다.

프로그램은 점점 커지고 요구사항에 대한 변화가 잦아지면서 빠르고 효율적인 개발이 요구되고 있습니다. 이러한 요구들을 만족시키기 위해서는 코드의 간결함과 유지보수의 효율성을 가진 함수형 언어가 필요합니다. 대부분의 모던 언어나 오픈소스들은 기본적으로 함수형 프로그래밍을 지원합니다. 함수형 프로그래밍은 객체지향 프로그래밍이 그랬던 것처럼 이미 하나의 패러다임으로서 우리 개발 문화와 코드 속으로 들어왔습니다.

Q. 함수형 프로그래밍을 설명하기 위해서 코틀린을 선택한 이유는 무엇인가요?

A. 코틀린은 스칼라와 같은 하이브리드형 언어입니다. 함수적 특징과 함께 객체지향 프로그래밍도 가능하도록 설계되어 있습니다. 덕분에 하나의 언어로 명령형·객체지향형·함수형 예제를 모두 설명할 수 있습니다.

스칼라의 경우 문법에 많은 기능이 포함되어 자유가 높은 반면, 언어 자체를 이해하는 데 시간이 많이 걸립니다. 그래서 본래의 목적인 함수형 프로그래밍을 공부하기 전에 스칼라 언어를 공부하느라 힘을 빼는 상황이 생길 수 있습니다. 하지만 코틀린은 형태가 자바와 유사해 공부하기도 쉽고 문법도 간단합니다. 따라서 함수형 프로그래밍 자체에 집중하기 훨씬 수월합니다.

그리고 실전에서 프로젝트를 개발할 때 순수 함수형 언어를 쓰는 경우가 드뭅니다.

이 책에서는 순수 함수형이 아닌 언어로 함수형 프로그래밍을 할 때의 시행착오와
대처법도 다루기 때문에 실질적으로 많은 도움이 될 것입니다.

Q. 코틀린을 배운 적이 없는데 이 책을 봐도 될까요?
A. 예제를 모두 코틀린으로 구현하였지만, 이 책의 주제는 기본적으로 함수형 프로
그래밍입니다. 객체지향 프로그래밍 경험이 있다면 코틀린을 모르더라도 잘 따라
올 수 있을 겁니다. 코드를 이해하는 데 필요한 정도의 코틀린 문법은 2장에서 다
룹니다.

Q. 이 책은 어떤 독자들에게 무슨 도움을 줄 수 있을까요?
A. 이 책은 특히 명령형·객체지향형 프로그래밍에 익숙해서 함수형 프로그래밍에
적응하기 어려운 프로그래머를 염두에 두고 작성했습니다. 이 책을 통해 함수형 프
로그래밍에 대한 기본 개념을 이해하고, 많은 연습문제를 직접 풀어 보고 답을 확
인할 수 있습니다. 함수형 프로그래밍을 체득하고 나면 프로그램을 작성할 때 함수
형 사고를 통한 함수적 설계를 할 수 있습니다.

또한 함수형 라이브러리를 개발하거나 함수형 언어로 만들어진 오픈소스를 분석
해야 하는 독자에게도 도움이 됩니다. 코틀린은 실용적인 기능을 많이 제공합니다.
이 책에서는 그 기능을 이용해서 함수형 프로그래밍을 구성하는 함수적 구조물들
을 모두 직접 만들어 봅니다. 함수형 프로그래밍을 위해서 필요한 것을 모두 직접
만들어 보면서 함수형 프로그래밍을 체득할 수 있을 것입니다. 뿐만 아니라 함수형
라이브러리를 직접 설계하고 만들어 제공할 수 있는 기반도 다질 수 있습니다.

Q. 이 책을 효율적으로 공부하는 방법이 있다면 알려 주세요.
A. 책의 뒷부분에서 다루는 내용과 예제를 이해하려면 책의 앞부분에서 다루는 기
본 개념을 알아야 합니다. 따라서 가능하면 이 책을 순서대로 공부하길 바랍니다.

개념을 설명할 때는 예제와 연습문제를 많이 활용했습니다. 단순히 언어가 제공
하는 함수적 기능을 써보는 것을 넘어서 고차 함수, 함수적 자료구조, 타입 등을 직
접 만들어 볼 수 있도록 작성했습니다. 따라서 함수형 프로그래밍 경험이 있더라도
반드시 본문 예제를 직접 돌려 보고, 연습문제를 풀어 보기를 바랍니다. 그러면 이
미 만들어진 함수형 기능을 단순히 활용하는 것을 넘어 함수형 라이브러리를 만들

어서 제공할 수 있는 프로그래머가 될 수 있을 것입니다.

물론 이 책을 다 본다고 함수형 프로그래밍을 마스터하는 건 아닙니다. 어쩌면 책을 덮은 후부터가 함수형 프로그래밍의 본격적인 시작일 수 있습니다. 실제 프로그램을 만들 때마다 책에서 배운 내용들을 기억하고 어디에 적용할 수 있을지 늘 고민하길 바랍니다. 변경 가능한 객체들을 제거하고, 순수한 함수로 쪼개고, 고차 함수로 일반화하는 과정을 통해서 코드가 점점 간결하고 견고해지는 것을 느낄 수 있을 것입니다.

Q. 책과 독자들에게 기대하는 바가 있다면 알려 주세요.
A. 먼저 이 책이 독자들에게 잘못된 정보를 전달하지 않기를 기원합니다. 그리고 책에서 전달하는 올바른 지식이 독자들의 코드와 개발력에 긍정적인 변화를 주기를 기대합니다. 객체지향 프로그래밍이 그랬던 것처럼, 함수형 프로그래밍이 개발자들의 삶과 문화에 완전히 스며들길 희망합니다. 그래서 더 이상 함수형 프로그래밍을 왜하냐는 질문을 받지 않기를 원합니다. 마지막으로 이 책이 함수형 프로그래밍의 큰 허들인 모나드의 저주를 깰 수 있기를 바랍니다.

책의 구성

이 책은 11개 장으로 구성되어 있고, 각 장에는 개념 설명과 예제코드, 연습문제, 실전응용, 노트가 포함되어 있습니다. 개념 설명 후에는 가급적이면 예제 코드를 통해서 해당 개념을 직접 구현해 봅니다. 예제에서는 자세한 코드 설명을 제공합니다. 모든 본문 예제와 연습 문제는 *https://github.com/funfunStory/fp-kotlin-example*에서 다운로드할 수 있습니다. 함수형의 새로운 개념을 배우는 장에서는 후반부에 '실전응용'이 나옵니다. 실전응용에서는 그 개념을 실전에서 어떻게 활용할 수 있는지에 초점을 맞춘 예제를 다룹니다. 마지막으로 장의 내용을 정리한 '마치며'로 장을 끝냅니다.

1장~3장

1장에서 3장은 책의 전반적인 개념 설명과 예제를 이해하기 위해서 필요한 기본 지식들을 다룹니다. 1장에서는 함수형 프로그래밍을 배우는 이유와 특징, 장점 등을 공부합니다. 2장에서는 본문 예제와 연습문제 풀이를 위한 코틀린 언어에 대해서 알아봅니다. 3장에서는 함수적으로 설계하기 위한 기법인 재귀에 대해서 깊이있게 알아봅니다.

4장 ~ 6장

함수형 프로그래밍을 설명하기 위해서 필요한 개념과 함수 들을 소개합니다. 4장에서는 고차 함수를 다루기 위해서 필요한 개념들에 대해서 알아봅니다. 5장에서는 함수형 언어에서 제공하는 여러 가지 고차 함수를 소개하고 직접 구현해 봅니다. 6장에서는 함수적 타입 시스템을 구성하는 다양한 개념에 대해서 설명합니다.

7장 ~ 10장

함수형 프로그래밍을 구성하는 주요 컨텍스트이자 대수적 타입인 펑터, 애플리케이티브 펑터, 모노이드, 모나드에 대해서 알아봅니다. 7에서 10장에서는 설명하고자 하는 대수적 타입의 개념을 설명하고, 직접 만들어 보고, 사용해 보고, 검증해 보는 단계를 거칩니다.

11장

함수형 프로그래밍은 예외처리, 로깅, 디버깅, 테스팅을 어떻게 하는지 설명합니다. 이 장은 각 주제마다 구성이 다릅니다. 실용적인 내용을 가장 효율적으로 설명하기에 적합한 방식으로 구성되어 있습니다.

감사의 말

두 해가 넘어 가는 긴 시간 동안 늘 곁에서 응원해 준 은영아 고맙고 사랑해! 책 쓴다고 매일 밤 함께 하지 못한 아빠에게 넘치는 사랑을 준 수아야 고마워! 항상 지친 몸과 다친 마음을 다스려 주시고, 가정에 평안을 주신 하나님께 감사드립니다. 저의 책을 위해서 함께 기도해 주신 구역 식구분들, 책의 품질을 위해서 함께 고민하고 기다려 주신 스터디 멤버, 집필의 기회를 주신 명인 님, 책 쓰느라 피곤한 저 대신 많은 일을 해 주신 MSP팀 여러분 감사드립니다. 마지막으로 말 안 듣는 저를 끝까지 포기하지 않으시고, 책을 완성도 있게 마무리해 주신 선미 님께 깊은 감사의 말씀 전합니다.

조재용

책을 쓰기로 결정한 후 얼마 되지 않아 아내가 임신했고, 지금 그 아이는 벌써 2살이 다 되어 갑니다. 온전히 가족에게 집중해도 모자란 시간이지만, 책을 집필할 수 있도록 배려해 준 아내 애연이와 아들 시원이에게 다시 한번 고맙고 사랑한다고 전하고 싶습니다. 또한 공동 집필에 흔쾌히 응해 준 조재용 님께도 큰 감사를 전하고 싶습니다. 같이 공부하고 리뷰해 주신 FunFunStudy 분들께도 감사드립니다. 끝으로 집필이 처음이라 많이 답답하고 힘들었겠지만 인내심을 가지고 끝까지 신경 써 주신 편집자 문선미 님께 감사를 전하고 싶습니다.

우명인

1장

함수형 프로그래밍이란?

함수형 프로그래밍의 특징에는 불변성, 참조 투명성, 일급 함수, 게으른 실행 등이 있다. 1장에서는 이 특징들을 명령형 프로그래밍과 비교해 보며 함수형 프로그래밍의 장점을 알아본다. 가장 먼저 순수한 함수란 무엇인지 알아본 후, 부수효과가 없는 프로그램을 어떻게 작성해야 하는지 살펴본다. 이어서 참조 투명성이 프로그램을 더 안전하게 만드는 사례를 살펴본다. 그리고 일급 함수의 개념을 확인한 후, 추상화와 재사용성을 높이기 위해 어떻게 이용하는지 알아본다. 마지막으로 무한 자료구조를 만들면서 게으른 실행이 어떻게 효율적으로 쓰이는지 알아본다. 함수형 프로그래밍으로 가능한 예제들을 이렇게 직접 만들어 보면 함수형 프로그래밍을 해야 하는 이유를 알 수 있을 것이다.

이번 장에서 사용되는 코틀린 코드를 모두 이해해야 하는 건 아니다. 예제를 분석하기 어렵다면 '2장 코틀린으로 함수형 프로그래밍 시작하기'에서 코틀린 문법을 간단히 익히고 시작하자.

1.1 함수형 프로그래밍의 특징

함수형 프로그래밍(functional programming, FP)은 함수를 사용해서 데이터 처리의 참조 투명성을 보장하고, 상태와 가변 데이터 생성을 피하는 프로그래밍 패러다임이다. 객체지향형 프로그래밍(object oriented programming, OOP)의 반대되는 개념이 아니라, 명령형 프로그래밍(imperative programming)과 비교되는 개념으로 보는 게 맞다. 함수형 프로그래밍의 특징은 다음과 같다.

- 불변성(immutable)
- 참조 투명성(referential transparency)
- 일급 함수(first-class-function)
- 게으른 평가(lazy evaluation)

함수형 프로그래밍으로 프로그램을 개발하면 다음과 같이 여러 이점이 있다.

- **부수효과가 없는 프로그램**을 만들 수 있어 동시성 프로그래밍에 적합하다.
- 코드의 복잡도가 낮아 **간결한 코드**를 만들 수 있고, 모듈성이 높아져 유지보수하기 쉽다.
- 프로그램의 예측성을 높여 컴파일러가 **효율적으로 실행되는 코드**를 만들어준다.

함수형 프로그래밍에 대한 연구는 오래전에 시작되었는데, 그 관심은 요즘 들어 더 커졌다. 최근 개발되는 소프트웨어가 직면한 문제들을 해결하는 데 적합한 특장점들을 지니고 있기 때문이다.

대표적인 순수한 함수형 언어로는 하스켈을 들 수 있다. 그리고 순수한 함수형 언어는 아니지만, 스칼라, 코틀린, 클로저 등도 함수형 특징을 가지고 있다. 또한 자바나 자바스크립트 등 함수형 특징들을 포함하지 않던 언어에서도 함수형 프로그래밍을 지원하는 버전이 속속 출시되었다. 이 책에서는 JVM에서 실행되고 객체 지향 프로그래밍과 함수형 프로그래밍을 모두 지원하는 멀티 패러다임 언어, 코틀린으로 함수형 프로그래밍을 설명한다. 코틀린에 익숙하지 않다면 2장을 먼저 살펴봐도 된다.

1.2 순수한 함수란 무엇인가?

순수한 함수란 무엇인지 살펴보기 전에 수학에서의 함수 개념을 먼저 떠올려 보자. 수학에서 함수 $y = f(x)$는 어떤 입력값 x에 대해서 항상 동일한 결괏값 y를 출력한다. 예를 들어 더하기 함수는 $1 + 1$의 결괏값으로 항상 2를 반환한다. 이를 프로그래밍적으로 모델링한 것이 순수한 함수이다. 코드로는 다음과 같이 표현한다.

코드 1-1 **순수한 함수의 예**

```
fun pureFunction(x: Int, y: Int): Int = x + y
```

이러한 순수한 함수에는 다음과 같은 특징이 있다.

- 동일한 입력으로 실행하면 항상 동일한 결과가 나온다.
- 부수효과가 없다.

이 두 특징을 조금 더 자세히 알아보자.

동일 입력 동일 출력

순수한 함수의 첫 번째 특징은 동일한 입력에 항상 동일한 결과를 돌려준다는 점이다.

그렇다면 어떤 경우에 똑같은 입력에도 다른 결과를 돌려줄까? 전역 변수, 파일, 네트워크 등으로부터 데이터를 가져올 때다. 간단한 예를 하나 보자.

코드 1-2 순수하지 못한 함수의 예 1 - 외부 변수 참조

```kotlin
fun main(args: Array<String>) {
    println(impureFunction(1, 2))    // "13" 출력
    z = 20
    println(impureFunction(1, 2))    // "23" 출력
}

var z = 10

// 순수하지 않은 함수
fun impureFunction(x: Int, y: Int): Int = x + y + z
```

impureFunction 함수는 위치에 따라 같은 값을 입력해도 다른 결괏값을 낸다. 함수 내부에서 외부 변수 z를 참조해서 값을 생성하기 때문이다. 따라서 impureFunction 함수가 어떤 결괏값을 낼지 예측하기 어렵다.

함수형 프로그래밍은 동일한 입력에 대해 동일한 결과를 반환하는 특성 때문에 결과에 대한 추론이 가능하고 테스트도 쉽다. 또한 컴파일 타임에 코드를 최적화하거나 오류 코드를 예측하고 경고하는 등 많은 것을 할 수 있다. 또한 동시성 프로그래밍에서는 공유 자원이 변경될 걱정 없이 더 안전한 프로그램을 만들 수 있다. 그리고 순수한 함수의 특성 덕에 참조 투명성(referential transparency)도 만족하게 된다. 참조 투명성은 1.3절에서 알아본다.

부수효과 없는 코드

순수한 함수의 두 번째 특징은 부수효과가 없다는 것이다. 여기서 부수효과란 함수가 실행되는 과정에서 외부의 상태(데이터)를 사용 또는 수정하는 걸 말한다. 전역 변수나 정적 변수를 수정하거나, 파일이나 네트워크를 출력하는 작업 등이 부수효과에 해당하며, 예외 발생도 부수효과에 속한다. 다음은 외부 변수를 수정하여 부수효과를 일으키는 함수의 예다.

코드 1-3 순수하지 못한 함수의 예 2 - 외부 변수 수정

```
var z = 10

// 부수효과가 있는 함수
fun impureFunctionWithSideEffect(x: Int, y: Int): Int {
    z = y
    return x + y
}
```

impureFunctionWithSideEffect 함수는 동일 입력에 매번 동일한 결과를 돌려주지만, 외부 변수인 z의 값을 수정하기 때문에 순수한 함수가 아니다.

순수한 함수의 효과와 그 외 고려사항

동시성 프로그래밍에서는 공유 자원이 변경될 걱정 없이 더 안전한 프로그램을 작성할 수 있다. 그리고 순수한 함수의 특징 덕에 참조 투명성(referential transparency)을 만족하게 된다. 참조 투명성은 1.4절에서 알아본다.

반면 순수하지 못한 함수는 어떤 결괏값을 낼지 예측하기 어렵다. 눈에 잘 띄지 않는 부수효과를 남기므로 테스트하기도 어렵다. 순수하지 못한 함수를 사용하는 함수 역시 순수하지 못한 함수가 되므로 주의해야 한다.

그렇다면 함수형 프로그래밍에서는 파일 입출력이나 네트워크 통신 등의 작업을 해서는 안 되는 것일까? 어느 정도 규모의 프로그램을 만들어 봤다면 이런 제약은 상상하기 어려울 것이다. 순수한 함수형이 아닌 하이브리드 언어들은 이런 작업을 허용한다.

순수한 함수형 언어인 하스켈에서는 순수하지 못한 작업을 언어 차원에서 완전히 분리하는 방법으로 언어 순수성을 유지한다. 이러한 작업들에 대한 함수적 해법은 순수하지 못한 함수의 선언을 최소화하고, 순수하지 못한 작업이 필요한 부분만 모듈화하여 분리하는 방식으로 접근하는 것이다.

1.3 부수효과 없는 프로그램 작성하기

부수효과는 함수의 반환값이 아닌, 외부의 상태에 영향을 미치는 것을 말한다. 부수효과를 만드는 예를 더 살펴보자.

공유 변수 수정으로 인한 부수효과

함수 내에서 전역 변수와 같은 공유 변수를 수정하면 부수효과가 발생하고, 이 변수를 참조하는 변수는 결과가 외부 요인에 의해 달라진다.

코드 1-4 공유 변수 수정에 의한 부수효과

```kotlin
fun main(args: Array<String>) {
    println(impureFunction(1, 2))      // "13" 출력
    println(withSideEffect(10, 20))    // "30" 출력
    println(impureFunction(1, 2))      // "23" 출력
}

var z = 10

// 순수하지 않은 함수
fun impureFunction(x: Int, y: Int): Int = x + y + z

// 부수효과가 있는 함수
fun withSideEffect(x: Int, y: Int): Int {
    z = y
    return x + y
}
```

withSideEffect 함수는 함수의 결괏값인 x + y와 관계없는 외부 변수 z의 값을 변경하였다. withSideEffect 함수의 부수효과 때문에 impureFunction 함수의 결괏값이 달라졌다. 이러한 결괏값의 변화는 프로그래머가 예측하지 못한 것일 수 있으며, 예측했더라도 이런 식으로 외부 변수를 변경하는 건 좋지 않다. 또한 z의 상태를 예측하기 어렵기 때문에 z를 사용하는 다른 함수에서 예외처리가 필요할 수 있다. 이러한 불확실성은 많은 노이즈 코드(boilerplate code)를 생성하고 프로그램을 복잡하게 만든다. 이처럼 부수효과는 디버깅과 테스트를 어렵게 하고, 버그를 만들기 쉽게 한다.

객체의 상태 변경으로 인한 부수효과

객체의 상태를 변경하는 것 역시 부수효과를 일으킨다.

코드 1-5 객체의 상태 변경에 의한 부수효과

```
data class MutablePerson(var name: String, var age: Int)

// 인자로 들어온 객체의 상태를 변경
fun addAge(person: MutablePerson, num: Int) {
    person.age += num
}
```

addAge 함수에서는 매개변수로 받은 MutablePerson 객체를 수정하고 있다. 만약 다른 함수나 모듈에서 동일 인스턴스를 참조하면 이 부수효과의 영향을 받을 수 있다. 코드 1-5에서 MutablePerson 객체는 수정 가능한 가변(mutable) 객체다. 함수형 프로그래밍에서는 객체를 만들 때 수정 불가능한 불변(immutable) 객체로 만들어야 한다. 그런데 MutablePerson을 불변 객체로 만들면 컴파일 오류가 발생한다. 함수형 프로그래밍에서는 이 문제를 해결하기 위해서 객체를 수정하는 대신 새로운 객체를 생성한다. 코드 1-5의 MutablePerson을 불변 객체로 만들고, addAge 함수를 새로 작성해 보자.

코드 1-6 불변 객체로 addAge 함수 작성하기

```
// 객체의 속성을 val로 선언하면 수정이 불가능함
data class ImmutablePerson(val name: String, val age: Int)

// Person 객체를 수정하지 않고, 새로운 객체를 생성하여 반환
fun addAge(person: ImmutablePerson, num: Int): ImmutablePerson {
    return ImmutablePerson(person.name, person.age + num)
}
```

MutablePerson 객체를 수정이 불가능하도록 ImmutablePerson으로 변경하였다. 그리고 addAge 함수에서 ImmutablePerson을 수정하지 않고, age가 증가한 새로운 ImmutablePerson 객체를 만들어서 돌려준다. ImmutablePerson 객체가 새로운 인스턴스로 생성되었기 때문에 기존에 매개변수로 받은 ImmutablePerson 객체에는 영향을 주지 않는다. 따라서 부수효과는 사라졌다.

이상으로 부수효과를 없애는 간단한 함수적 해법을 확인했다. 하지만 실전에서는 이처럼 간단하지 않을 수도 있다. ImmutablePerson 객체의 나이가 정말 증가했다면, 다음에 ImmutablePerson 객체를 참조할 때도 나이가 증가된 상태의 ImmutablePerson 객체를 얻어야 한다. 즉, 값의 수정에 영속성이 있어야 한다. 이 작업을 위해서는 수정된 ImmutablePerson을 데이터베이스에 넣어야 하고, 이것은

또다시 부수효과를 일으킨다.

불필요한 부수효과를 최소화하는 것이 함수적 해법이다. 부수효과를 수반해야만 하는 작업은 반드시 순수한 영역과 분리한다. 그리고 분리된 영역(부수효과가 발생하는 영역)이 외부로 드러나지 않도록 설계해야 한다. 이 외에도 유의해야 할 사항은 많다. 함수적으로 프로그램을 설계하고 작성하는 방법을 차근차근 익혀보자.

1.4 참조 투명성으로 프로그램을 더 안전하게 만들기

순수한 함수는 참조 투명성(referential transparency)을 만족시킨다. 참조 투명성이란, **프로그램의 변경 없이 어떤 표현식을 값으로 대체할 수 있다**는 뜻이다. 수학의 개념을 예로 들면 1 + 1은 값 2로 대체할 수 있다. 참조에 투명한 함수 f를 평가하면 동일한 입력에 대해서 동일한 결과를 돌려준다. 이때 함수 f는 순수한 함수이다. 순수한 함수 f의 표현식 $f(x)$가 y를 반환한다면, $f(x)$는 y로 대체될 수 있다.

참조 투명성은 프로그래머나 컴파일러가 평가 결과를 추론할 수 있게 한다. 그래서 프로그램이 실행되기 전에 컴파일러가 코드를 최적화하거나 코드가 평가되는 시점을 늦출 수 있다. 코드에 예외가 사라져서 간결해지고 버그가 발생할 가능성은 낮아진다. 멀티스레드 코드에서도 스레드 안전성(thread safety)에 대한 고민을 덜 수 있다.

참조 투명하지 않은 함수

참조 투명하지 않은 함수를 예로 들어 보자. 다음은 이름을 입력받아서 인사말을 반환하는 함수이다.

코드 1-7 전역 변수를 참조하는 Hello 함수

```kotlin
var someName: String = "Joe"

fun hello1() {
    println("Hello $someName")
}
```

hello1 함수는 외부 변수를 참조하여 출력하고 있기 때문에 참조에 투명하지 않다. hello1 함수를 호출할 때 결과는 전역 변수의 값에 따라 달라질 것이다. 전역 변수를 참조하지 않도록 코드 1-7을 수정해 보자.

코드 1-8 매개변수를 입력받는 Hello 함수

```kotlin
fun hello2(name: String) {
    println("Hello $name")
}
```

hello2 함수는 전역 변수를 참조하지 않고, 값을 매개변수로 받았다. 이제는 동일한 입력에 동일한 출력을 한다. 하지만 콘솔에 출력하는 작업 자체가 부수효과를 일으키기 때문에 여전히 참조에 투명하다고 보기 어렵다.

참조 투명한 함수

코드 1-8을 참조 투명하게 수정해 보자.

코드 1-9 참조 투명한 Hello 함수

```kotlin
fun main(args: Array<String>) {
    val result = transparent("Joe")
    print(result)
}

fun transparent(name: String): String {
    return "Hello $name"
}

fun print(helloStr: String) {
    println(helloStr)
}
```

hello2 함수에서 transparent 함수를 분리하였다. transparent 함수는 참조에 투명하다. 언제 어디서 호출해도 문제가 없기 때문에 재사용성이 높고, 테스트하기 쉽다. print 함수가 여전히 부수효과를 일으키지만, '인사말을 화면에 출력하라'는 프로그램 요구사항을 만족시키기 위해서 불가피한 부분이다.

아주 간단한 예를 들었기에 부수효과와 순수한 영역을 이렇게까지 분리해야 되나 하는 의문이 들 수도 있다. 하지만 이는 함수형 프로그래밍 관점에서 올바른 설계 방향이다. 부수효과를 일으키는 영역과 순수한 영역을 되도록 분리하고, 참조에 투명한 함수들로 구성하는 것이 좋다. 이렇게 하면 코드에 버그가 생길 확률이 줄어들고 더 안전한 프로그램을 작성할 수 있다.

1.5 일급 함수란?

함수형 프로그래밍에 관심이 있다면 일급 함수라는 단어는 어디선가 들어 봤을 것
이다. 일급 함수란 무엇을 말하는 걸까? 일급 함수가 무엇인지 알아보기 위해 우선
일급 객체는 무엇인지 알아보고 시작하자.

일급 객체(first-class object)

자바를 비롯한 대부분의 객체지향 언어는 일급 객체를 지원한다. 일급 객체는 다음
세 가지 조건을 만족시키는 객체를 의미한다.

- 객체를 함수의 매개변수로 넘길 수 있다.
- 객체를 함수의 반환값으로 돌려 줄 수 있다.
- 객체를 변수나 자료구조에 담을 수 있다.

예를 들어 코틀린의 최상위 객체인 Any는 일급 객체이다. 따라서 다음과 같이 선언
하여 사용할 수 있다.

코드 1-10 일급 객체의 조건을 만족하는 예

```
// Any를 함수의 매개변수로 넘길 수 있다.
fun doSomethingWithAny(any: Any) {
    // do something
}

// Any를 함수의 반환값으로 돌려 줄 수 있다.
fun doSomethingWithAny(): Any {
    return Any()
}

// Any를 List 자료구조에 담을 수 있다.
var anyList: List<Any> = listOf(Any())
```

일급 함수(first-class function)

동일한 조건들을 함수에 적용했을 때, 다음 조건들을 만족하면 함수는 일급 함수라
고 할 수있다.

- 함수를 함수의 매개변수로 넘길 수 있다.
- 함수를 함수의 반환값으로 돌려 줄 수 있다.

- 함수를 변수나 자료구조에 담을 수 있다.

일급 함수의 조건을 만족하는 함수로 예제를 작성해 보자.

코드 1-11 일급 함수의 조건을 만족하는 예

```
// 함수를 함수의 매개변수로 넘길 수 있다.
fun doSomething(func: (Int) -> String) {
    // do something
}

// 함수를 함수의 반환값으로 돌려 줄 수 있다.
fun doSomething(): (Int) -> String {
    return { value -> value.toString() }
}

// 함수를 List 자료구조에 담을 수 있다.
var funcList: List<(Int) -> String> = listOf({ value -> value.toString() })
```

함수형 프로그래밍은 일급 함수에서부터 시작한다고 봐도 과언이 아니다. 일급 함
수를 통해서 더 높은 추상화가 가능하고, 코드의 재사용성을 높일 수 있다. 뒤에서
설명하는 람다식, 고차 함수, 커링, 모나드 등의 함수적 개념들도 기본적으로 일급
함수가 아니면 존재할 수 없다.

1.6 일급 함수를 이용한 추상화와 재사용성 높이기

일급 함수를 활용하면 명령형 프로그래밍이나 객체지향 프로그래밍에서 할 수 없
는 추상화가 가능하다. 이번 절에서는 간단한 계산기를 명령형으로 만들어 보고,
그 코드를 객체지향과 함수형으로 리팩터링한다. 그 과정에서 일급 함수가 추상화
와 재사용성을 어떻게 높이는지 살펴본다.

간단한 계산기 예제

우선 덧셈과 뺄셈만 할 수 있는 아주 간단한 SimpleCalculator 계산기를 명령형으
로 구현해 보자.

코드 1-12 명령형 프로그래밍으로 만든 계산기

```
fun main(args: Array<String>) {
    val calculator = SimpleCalculator()
```

```kotlin
    println(calculator.calculate('+', 3, 1))    // "4" 출력
    println(calculator.calculate('-', 3, 1))    // "2" 출력
}

class SimpleCalculator {
    fun calculate(operator: Char, num1: Int, num2: Int): Int = when (operator)
{
        '+' -> num1 + num2
        '-' -> num1 - num2
        else -> throw IllegalArgumentException()
    }
}
```

정상적으로 동작하지만 좋은 코드는 아니다. calculate라는 하나의 함수에 여러 가지 기능이 포함되어 있다. 곱셈이나 나눗셈과 같은 기능을 추가하려면 calculate 함수가 변경되어야 한다. 이런 식으로 수정하면 덧셈이나 뺄셈 기능에 영향을 줄 수 있다. 기능 간의 결합도(coupling)가 높고, 응집도(cohesion)는 낮다. 또한 이 프로그램은 기능의 확장성이 고려되지 않았고, 다른 프로그램에서 재사용하기 어렵다.

✅ **결합도**란 프로그램의 어떤 구성요소가 다른 요소에 얼마나 의존하는지를 나타낸다. 결합도가 낮다는 것은 기능 간 또는 모듈 간의 의존도가 낮아 잘 분리되어 있음을 뜻한다. 결합도가 높은 프로그램은 어떤 모듈이 변경되면 연관된 다른 모듈이 같이 변경되어야 한다. 따라서 프로그래머는 한 모듈을 수정하기 위해서 수정 대상과는 관계없는 다른 모듈들까지 이해해야 할 수 있다. 그리고 결정적으로 다른 프로그램에서 그 모듈을 재사용하기 어렵다.

응집도란 프로그램의 어떤 구성요소가 동작하기 위해서 얼마만큼 관련된 기능들만으로 묶여 있는지를 나타내는 정도이다. 기능 구현에 필요한 연관 기능들이 잘 모여 있고, 너무 많은 일을 하지 않으면 응집도가 높다고 할 수 있다. 응집도가 낮은 프로그램은 이해하기 어렵고, 유지보수하기 힘들다. 그리고 재사용하기도 힘들다.

결합도가 낮고 응집도는 높을수록 잘 설계된 프로그램이라고 할 수 있다.

객체지향적으로 개선한 계산기 예제

이번에는 객체지향적으로 코드 1-12를 리팩터링해 보자.

코드 1-13 객체지향 프로그래밍으로 만든 계산기

```kotlin
fun main(args: Array<String>) {
    val plusCalculator = OopCalculator(Plus())
    println(plusCalculator.calculate(3, 1))    // "4" 출력
```

```kotlin
    val minusCalculator = OopCalculator(Minus())
    println(minusCalculator.calculate(3, 1))  // "2" 출력
}

interface Calculator {
    fun calculate(num1: Int, num2: Int): Int
}

class Plus : Calculator {
    override fun calculate(num1: Int, num2: Int): Int {
        return num1 + num2
    }
}

class Minus : Calculator {
    override fun calculate(num1: Int, num2: Int): Int {
        return num1 - num2
    }
}

class OopCalculator(private val calculator: Calculator) {
    fun calculate(num1: Int, num2: Int): Int {
        if (num1 > num2 && 0 != num2) {
            return calculator.calculate(num1, num2)
        } else {
            throw IllegalArgumentException()
        }
    }
}
```

의존성 주입(Dependency Injection, DI) 패턴이나 팩터리 패턴 등 요구사항에 따라서 다양한 패턴을 사용할 수도 있으나 여기서는 간단히 Calculator 인터페이스를 만들고, 덧셈과 뺄셈의 비즈니스 로직을 분리했다. 그리고 계산기에 해당하는 OopCalculator 클래스에 Calculator 인터페이스를 주입했다.

OopCalculator는 코드 1-12의 SimpleCalculator에 비해서 기능 간의 결합도가 낮아지고, 응집도는 높아졌다. OopCalculator는 Plus와 Minus 중 어떤 Calculator가 들어오는지 알 필요가 없다. 만약 곱셈이나 나누기 같은 기능이 추가된다면 해당하는 Calculator를 만들고 주입하면 된다. 코드를 객체지향적으로 작성하면 유지보수가 쉬워진다.

이러한 특징은 다음과 같은 장점을 가진다.

• 기능 추가 및 변경 시, 관련없는 모듈을 수정할 필요가 없고 내부에 대해서 알 필

요도 없다.

- 인터페이스를 이용해 기능을 쉽게 확장할 수 있다.
- 클래스나 함수들이 한 가지 일만 하기 때문에 코드 재사용성이 높다.
- 의존성 주입 덕분에 테스트하기가 쉽다.

이 장점들은 객체지향의 장점들과도 일맥상통한다.

함수형 프로그래밍 방식으로 개선한 계산기 예제

이번에는 코드 1-12를 함수형 프로그래밍 방식으로 리팩터링해 보자.

코드 1-14 함수형 프로그래밍으로 만든 계산기

```kotlin
fun main(args: Array<String>) {
    val fpCalculator = FpCalculator()

    println(fpCalculator.calculate({ n1, n2 -> n1 + n2 }, 3, 1))    // "4" 출력
    println(fpCalculator.calculate({ n1, n2 -> n1 - n2 }, 3, 1))    // "2" 출력
}

class FpCalculator {
    fun calculate(calculator: (Int, Int) -> Int, num1: Int, num2: Int): Int {
        if (num1 > num2 && 0 != num2) {
            return calculator(num1, num2)
        } else {
            throw IllegalArgumentException()
        }
    }
}
```

일급 함수를 사용해 덧셈과 뺄셈 같은 계산기에서 가장 중요한 로직을 추상화했다. 비즈니스 로직을 구현하기 위한 인터페이스와 구현 클래스도 모두 없어졌다. 코드가 훨씬 간결하고 유지보수하기도 쉬워졌다. 곱셈이나 나눗셈과 같은 요구사항이 추가된다면, 객체지향 프로그래밍 예제는 구현 클래스를 매번 추가해야 하지만, 함수형 프로그래밍 예제는 입출력 타입만 동일하다면 별도의 클래스 추가 없이 계산 기능을 덧붙일 수 있다.

이 예제는 함수형 프로그래밍을 사용한 추상화의 아주 기본적인 부분만 보여 준다. 앞으로 배울 고차 함수, 펑터, 모나드 등을 활용하면 훨씬 더 강력한 추상화를 구현할 수 있다.

1.7 게으른 평가로 무한 자료구조 만들기

일반적으로 명령형 언어는 코드가 실행되는 즉시 값이 평가(eager evaluation)된다. 함수형 언어는 기본적으로 값이 필요한 시점에 평가(lazy evaluation)되고 프로그래머가 평가 시점을 지정할 수도 있다. 값이 실제로 필요한 시점까지 실행하지 않기 때문에 시간이 오래 걸리는 작업을 효율적으로 동작시킬 수 있다. 간단한 예제를 보자.

코드 1-15 게으른 평가의 특성

```
val lazyValue: String by lazy {
    println("시간이 오래 걸리는 작업")
    "hello"
}

fun main(args: Array<String>) {
    println(lazyValue)
    println(lazyValue)
}
```

실행하면 다음과 같이 출력된다.

```
시간이 오래 걸리는 작업
hello
hello
```

*by lazy*는 코틀린에서 제공하는 문법이다. 값을 *by lazy*로 선언하고 매개변수로 람다식을 넘기면, 해당 인스턴스가 호출되는 시점에 람다식이 실행된다. 중요한 것은 `lazyValue`를 선언하는 시점에는 람다식을 실행하지 않고, `lazyValue`가 실제로 호출되는 시점인 `println(lazyValue)`에서 람다식을 실행한다는 점이다. 또한 *by lazy*는 여러 번 호출되더라도 최초에 한 번만 평가를 실행한다. 그리고 내부적으로 결괏값을 저장해 두고 필요할 때 가져온다. 이 경우 `println`으로 첫 번째 값이 평가되는 시점에 결괏값을 저장했기 때문에 두 번째 `println`은 저장된 결괏값을 가져오기만 한다.

값이 한 번만 평가되기 때문에 값을 바꿀 수 없다. 따라서 *lazy*는 *var*와 함께 사용할 수 없다. 만약 이 예제에서 *lazy*를 사용하지 않았다면, 시간이 오래 걸리는 작업이 두 번 평가되었을 것이다. 코틀린에서는 *lazy* 외에도 값 또는 함수를 게으르게 평가하기 위한 다양한 기능을 제공한다. 이 내용은 2장에서 살펴본다.

무한대 값을 자료구조에 담다

명령형 언어에서는 일반적으로 무한대 값을 자료구조에 담을 수 없다. 그러한 표현식이 있다고 해도 무한 루프에 빠져서 프로그램이 죽을 것이다. 그러나 함수형 언어에서는 게으른 평가라는 특성을 활용해서 무한대 값을 자료구조에 저장할 수 있다. 다음 예제를 보자.

코드 1-16 **무한대 값을 담은 시퀀스**

```
val infiniteValue = generateSequence(0) { it + 5 }
infiniteValue.take(5).forEach { print("$it ") }   // "0 5 10 15 20" 출력
```

코틀린에서 제공하는 generateSequence 함수를 이용해 0부터 5씩 증가하는 무한대 값을 infiniteValue 값에 담았다. 코틀린에서는 게으르게 평가되는 자료구조인 시퀀스(Sequence)를 제공한다. generateSequence는 이 자료구조를 생성하는 함수이다. generateSequence 함수가 호출된 시점에는 값이 평가되지 않기 때문에 이러한 표현이 가능하다. infiniteValue의 값은 print 함수를 통해서 값이 화면에 출력되는 시점에 평가될 것이다. 이 예제에서는 무한대 값을 화면에 찍을 수는 없기 때문에 take 함수를 사용해서 5개만 출력하였다.

1.8 마치며

지금까지 함수형 프로그래밍의 특징과 장점을 살펴보았다. 이번 장에서 소개한 개념들과 예제들이 아직은 피부에 와닿지 않을 것이다. 그러나 지금부터 다양한 함수적 개념들을 배우고 예제들을 직접 작성하면서 함수형 프로그래밍의 이점들을 체득해 갈 것이다. 처음에는 함수형 프로그래밍으로 코드 몇 줄을 짜기 위해서 많은 시간을 고민할 수도 있다. 하지만 코드를 완성해 보면 짧은 코드 몇 줄이 얼마나 많은 명령형 코드를 대체했는지 알 수 있을 것이다. 또한 매우 안전하고 완성도 높은 프로그램이 구현되었음을 깨닫게 될 것이다. 그리고 무엇보다도 프로그램을 함수형으로 작성하는 과정에서 큰 재미를 느낄 수 있을 것이라 믿는다.

2장

코틀린으로 함수형 프로그래밍 시작하기

이 책에서는 함수형 프로그래밍의 개념들을 설명할 때 코틀린을 활용한다. 이 장에서는 앞으로 나올 다양한 예제를 이해하기 위해 필요한 코틀린의 문법을 간단히 알아본다. 코틀린의 문법을 자세히 알고 싶다면 코틀린 공식 홈페이지(*https://kotlinlang.org/docs/reference/*)를 참고해도 좋다. 자바와 문법이 비슷하고 호환되는 기능도 많기 때문에 자바에 익숙한 개발자라면 쉽게 익힐 수 있을 것이다.

2.1 프로퍼티 선언과 안전한 널 처리

코틀린에서 프로퍼티(property)를 어떻게 선언하는지, 안전한 널 처리(null safety) 기능이 어떻게 구현되어 있는지 알아보자.

프로퍼티 선언

코틀린에서는 읽기 전용 프로퍼티와 가변 프로퍼티를 구별해서 선언할 수 있다. 다음은 읽기 전용 프로퍼티를 선언한 예다.

코드 2-1 읽기 전용 프로퍼티 선언

```
val value: Int = 10
```

이름은 `value`, 타입은 `Int`, 값이 `10`인 프로퍼티를 선언했다. 앞에 있는 *val*은 읽기 전용 프로퍼티를 선언하는 예약어로 자바에서 *final*로 선언한 변수와 기능이 유사하다.

다음은 가변 프로퍼티를 선언한 예다.

코드 2-2 가변 프로퍼티 선언

```
var variable: Int = 10
```

타입이 Int이고 값이 10인 프로퍼티를 *var* 예약어를 이용해 선언했다. *var*는 선언 이후에 수정이 가능한 가변(mutable) 프로퍼티를 나타내는 것으로 자바에서 일반 변수로 선언한 것과 기능이 같다.

코틀린은 다음과 같이 프로퍼티의 값을 보고 타입을 추론할 수 있다.

코드 2-3 타입 추론을 사용한 선언

```
val value = 10
var variable = 10
```

이 예제에서는 10이라는 값을 보고 코틀린 컴파일러가 타입이 Int라고 추론한다. 따라서 타입 선언을 생략할 수 있다. 원시 타입(Int, String, Long...)과 같이 타입이 명확한 경우에는 타입을 생략해도 괜찮지만, 코드가 복잡하다면 가독성을 위해 타입을 의도적으로 명시하는 게 좋다.

안전한 널 처리

코틀린은 언어 차원에서 안전한 널 처리(null safety) 기능을 제공한다. 다음 예제를 보자.

코드 2-4 null 할당이 가능한 프로퍼티 선언

```
val nonNull: Int = null        // 컴파일 오류 발생
val nullable: Int? = null
```

코틀린에서 타입 뒤에 ?를 붙이면 해당 프로퍼티는 값으로 널을 할당할 수 있다. ?가 없이 선언된 프로퍼티에 널을 할당하면 컴파일 오류가 발생한다. 안전한 널 처리 기능 활용하면 컴파일 타임에 널 허용 여부가 결정된다. 따라서 널로 인한 예외가 발생하지 않고 널 처리가 간결해진다.

2.2 함수와 람다

이번에는 코틀린 함수의 다양한 선언 및 활용 방법과 람다 표기법, 그리고 확장 함

수에 대해서 알아보자.

함수를 선언하는 다양한 방법

함수의 예약어는 *fun*이며 프로퍼티 선언 구조와 유사하다. 다음은 코틀린에서 값을 두 배하는 함수를 세 가지 다른 방법으로 선언한 코드다.

코드 2-5 함수 선언의 세 가지 예

```kotlin
fun twice1(value: Int): Int {
    return value * 2
}

fun twice2(value: Int): Int = value * 2

fun twice3(value: Int) = value * 2
```

twice1 함수는 코드 블록({})과 *return*을 모두 사용했다. {}로 감싸져 있는 부분은 프로퍼티와 다르게 타입 추론을 하지 않기 때문에 함수의 반환 타입을 항상 명시해야 한다. 반환 타입을 명시하지 않으면 Unit이라는 타입을 반환한다. 함수에서 Unit 타입은 아무것도 반환하지 않는 것을 뜻하며 자바의 *void*와 의미가 유사하다.

본문이 한 줄로 구성되는 경우, twice2 함수와 같이 코드 블록과 *return*을 생략할 수 있다. 프로퍼티 선언과 유사하게 = 연산자를 사용해서 함수의 이름에 함수의 본문을 할당한다. = 연산자를 사용한 경우는 타입 추론이 가능하기 때문에 twice3 함수와 같이 반환 타입 선언을 생략할 수 있다.

  Unit은 자바의 *void*와 같이 함수가 아무것도 반환하지 않을 때 사용한다. 자바에서 *void*는 원시형 타입(primitive type)이지만 Unit은 참조형 타입(object type)이다. 코틀린에 Unit은 다음과 같이 선언되어 있다.

코드 2-6 코틀린의 Unit 객체 선언

```kotlin
public object Unit {
    override fun toString() = "kotlin.Unit"
}
```

코틀린에서 *object*는 싱글턴 객체를 말한다. 따라서 반환 타입이 Unit인 함수들은 실제로는 싱글턴 객체를 반환한다. Unit을 반환 타입으로 사용하는 경우는 일반적으로 타입 선언을 생략한다.

매개변수가 두 개인 경우는 다음과 같이 선언할 수 있다.

코드 2-7 매개변수가 두 개인 함수 선언

```
fun add1(x: Int, y: Int): Int {
    return x + y
}

fun add2(x: Int, y: Int): Int = x + y

fun add3(x: Int, y: Int) = x + y
```

매개변수가 한 개인 함수와 동일하게 코드 블록과 *return*, 반환 타입을 생략하고 선언할 수 있다.

매개변수에 기본값 설정하기

코틀린은 함수의 매개변수에 기본값을 할당할 수 있다. 다음은 add 함수의 두 번째 매개변수에만 기본값을 할당한 예다.

코드 2-8 두 번째 매개변수에 기본값을 지정한 예

```
fun add(x: Int, y: Int = 3): Int = x + y

println(add(9, 1))     // "10" 출력
println(add(10))       // "13" 출력
```

매개변수를 y: Int = 3으로 선언하면 y에 기본값 3이 할당된다. add(10)처럼 호출할 때 매개변수를 생략할 경우 기본값이 할당된다. 여기서 주의할 것은 매개변수의 순서에 따라서 값이 할당된다는 점이다. 다음은 add 함수의 모든 매개변수에 기본값을 할당한 예이다.

코드 2-9 모든 매개변수에 기본값을 지정한 예

```
fun add(x: Int = 10, y: Int = 3): Int = x + y

println(add())     // "13" 출력
println(add(7))    // "10" 출력
```

x에 기본값 10, y에 기본값 3을 할당하였다. add()는 모든 매개변수에 기본값이 할당되어 13을 출력했다. add(7)에서 7은 첫 번째 매개변수이므로 x에 할당되고, y는 호출자가 값을 주지 않았기 때문에 기본값 3이 할당된다. 따라서 10을 출력했다.

x에 기본값을 할당하고, y의 값만 전달하고 싶다면 다음과 같이 할 수 있다.

코드 2-10 매개변수 순서와 관계없이 값을 할당하는 예

```kotlin
fun add(x: Int = 10, y: Int = 3): Int = x + y

println(add(y = 7))            // "17" 출력
println(add(y = 10, x = 20))   // "30" 출력
```

add(y = 7)에서 호출자가 값을 할당하고자 하는 매개변수명을 지정했다. 이렇게 값을 지정하여 기본값이 적용되는 매개변수 순서를 바꿀 수도 있다. 물론 실제 제품에서 매개변수의 순서를 바꾸어서 호출할 일이 많지는 않다.

익명 함수와 람다 표현식

익명 함수(anonymous function)는 함수 이름을 선언하지 않고, 구현부만 작성하는 함수를 표현하는 방식의 일종이다. 코틀린을 비롯한 함수형 프로그래밍 언어들은 람다식을 이용해 익명 함수를 간결하게 표현한다.

다음은 sum 함수가 받는 익명함수를 람다 표현식으로 호출한 예다.

코드 2-11 sum 함수

```kotlin
fun sum(x: Int, y: Int, calculate: (Int, Int) -> Int): Int {
    return calculate(x, y)
}

val value = sum(5, 10, { x, y -> x + y })
```

sum 함수의 세 번째 매개변수인 calculate의 타입은 (Int, Int) -> Int이다. 여기서 (Int, Int) -> Int는 두 개의 Int 타입 매개변수를 받아서 Int 타입 값을 반환한다. sum 함수가 매개변수로 함수를 입력받는 것이다.

호출할 때 받은 { x, y -> x + y }는 람다식으로 calculate에 바인딩된다. 여기서 x와 y의 타입은 선언되지 않았지만, 컴파일러가 타입 선언을 참고하여 Int 타입으로 추론한다. 따라서 x와 y가 각각 첫 번째, 두 번째 매개변수가 된다. ->의 뒷부분인 x + y는 함수의 구현부에 해당된다. 여기서 주의할 점은 { x, y -> x + y }는 평가되지 않고, 이름으로만 할당된다는 점이다. 그리고 람다식에서 *return*을 사용하지 않으면 마지막 라인의 결과가 반환된다. 따라서 예제의 람다식에서는 x + y의 결괏값이 반환된다.

확장 함수

코틀린에서는 상속을 하거나 내부를 수정하지 않고도 이미 작성된 클래스에 함수나 프로퍼티를 추가할 수 있다. 이렇게 새롭게 추가한 함수를 확장 함수(extension function)라 한다.

코틀린에 내장된 Int 객체에 product 함수를 새로 만들어 추가해 보자.

코드 2-12 **product 함수**

```
fun Int.product(value: Int): Int {
    return this * value
}

println(10.product(2))     // "20" 출력
```

이제 모든 Int 타입의 값에서 product 함수를 사용할 수 있게 되었다. 확장 함수는 별도의 인자를 받지 않고도 this를 사용해서 자기 자신의 값에 접근할 수 있다.

> 연습문제 2-1 String 값을 입력받아 "Hello, 입력받은 값"이 출력되는 확장함수를 구현하라. 예를 들어 "World"를 입력받으면 "Hello, World", "Kotlin"을 입력받으면 "Hello, Kotlin"을 출력한다.

2.3 제어 구문

이번에는 코틀린에서 쓰이는 제어 구문을 살펴보자.

if문

*if*문은 프로그래밍에서 가장 기본적인 분기를 위해서 사용되며, 조건에 따라 어떤 명령 줄을 수행한다. *if*문을 사용한 예제를 살펴보자. 이 예제는 분기에 따른 결괏값을 max에 할당한다.

코드 2-13 **if문을 구문으로 사용한 예**

```
val max: Int

if (x > y) {
    max = x
```

```
} else {
    max = y
}
```

자바처럼 *if*문이 표현식이 아닌 언어에서는 *if*문을 구문(syntax)으로만 사용할 수 있다. 구문으로 사용할 때 *if*문은 조건에 따라서 어떤 명령 줄을 수행하는 문법이다. 이 예제에서 *if*문이 구문으로 쓰였지만, **코틀린에서 *if*문은 기본적으로 표현식이다.** 표현식은 구문과 달리 결과로서 어떤 값을 반환한다. 코틀린에서 *if*문은 어떤 결괏값을 반환할 때는 표현식으로, 결괏값이 없을 때는 구문으로 사용된다. 다음은 *if*문을 표현식으로 사용한 예다.

코드 2-14 if문을 표현식으로 사용한 예

```
val max: Int = if (x > y) x else y
```

여기서는 *if*문이 x 또는 y를 반환한다. 따라서 표현식이고, 결괏값을 프로퍼티에 할당할 수 있다. *if*문을 표현식으로 사용할 때는 반드시 *else*가 필요하다. *else*를 작성하지 않으면 컴파일 오류가 발생한다.

when문

분기를 처리하기 위한 다른 방법으로 *when*문이 있다. *if*문처럼 *when*문도 표현식이다. *when*문은 자바의 *switch*문이나 스칼라의 패턴 매칭과 유사한 기능을 한다. 다음은 x 값에 따른 패턴 매칭 예제다.

코드 2-15 값에 따른 분기 처리의 예

```
when (x) {
    1 -> print("x == 1")
    2, 3 -> print("x == 2 or 3")
    parseInt("4") -> print("x = 4")
    else -> print("else number")
}
```

*when*문은 위에서부터 차례대로 매칭된다. 복수의 값에 대한 조건을 만들 때는 ','로 구분하여 나열한다. parseInt("4")와 같이 함수의 실행 결과를 매칭할 수도 있다. 여기서는 x의 값과 같은 값으로 매칭되었을 때 동작을 정의했다. x가 어떤 조건과 매칭되었을 때 동작을 다음과 같이 정의할 수 있다.

코드 2-16 조건문에 따른 분기 처리의 예

```
val numType = when {
    x == 0 -> "zero"
    x > 0 -> "positive"
    else -> "negative"
}
```

여기서는 코드 2-15와 달리 분기 조건을 조건문으로 작성하였다. 조건문을 표현식으로 직접 넣을 때는 when (x)에서 (x)를 생략한다. 이렇게 작성하면 *when*문으로 *if else*문을 정확히 대체할 수 있다. *when*문도 *if*문과 같이 표현식이므로 결괏값을 프로퍼티에 할당하기 위해서는 반드시 *else*를 작성해야 한다.

　*when*문은 이외에도 다양한 패턴의 분기조건으로 넣을 수 있는데, 이 부분은 2.5절에서 자세히 다룬다. 패턴 매칭에 대해서는 2.5절에서 좀 더 자세히 살펴본다.

for문

*for*문은 특정한 코드가 반복하여 수행되게 한다. 코틀린에서 *for*문은 다음과 같이 다양한 방식으로 사용할 수 있다.

코드 2-17 for문을 사용하여 루프를 작성한 예

```
val collection = listOf(1,2,3)

for (item in collection) {
    print(item)     // "123" 출력
}

for ((index, item) in collection.withIndex()) {
    println("the element at $index is $item")
}

// the element at 0 is 1
// the element at 1 is 2
// the element at 2 is 3
```

리스트와 같은 컬렉션에서 아이템을 하나씩 꺼내서 처리하려면 for (item in collection)과 같이 쓰면 된다. 아이템과 인덱스를 한꺼번에 꺼내고 싶다면 withIndex 함수를 사용할 수 있다. 코틀린에서는 루프를 작성할 때 다음과 같이 값의 범위 및 증감 규칙을 설정할 수 있다.

코드 2-18 값의 범위와 증감 규칙을 사용한 for문

```kotlin
for (i in 1..3) {
    print(i)  // "123" 출력
}

for (i until 1..3) {
    print(i)  // "12" 출력
}

for (i in 6 downTo 0 step 2) {
    print(i)  // "6420" 출력
}
```

첫 번째 *for*문은 *in*을 사용해서 값의 범위를 설정했다. **1..3**은 1부터 3까지를 의미하므로 123을 출력했다.

두 번째 *for*문은 *until*을 사용해서 값의 범위를 설정했다. *in*은 이하의 값을 꺼내고, *until*은 미만의 값을 꺼낸다. 따라서 12를 출력했다.

세 번째 *for*문은 downTo를 사용해서 값의 범위를 설정하고, step으로 증감 규칙을 정의했다. i in 6 downTo 0 step 2는 6부터 0까지 2씩 감소해서 i에 할당한다.

그밖에도 코틀린은 다양한 값의 범위와 증감 규칙 설정 방법을 제공한다. 자세한 내용은 공식 문서 *https://kotlinlang.org/docs/reference/ranges.html*을 참고하자.

2.4 인터페이스

일반적인 객체지향 언어처럼 코틀린에서도 인터페이스를 제공한다. 여기서는 코틀린 인터페이스의 특징과 선언 방법을 알아본다. 그리고 추상 함수와 추상 프로퍼티를 선언하는 방법과 활용법을 알아보고, 상속 및 다중 상속의 예를 살펴본다.

인터페이스의 특징

객체지향 언어에서 인터페이스는 클래스의 기능 명세다. 인터페이스를 선언하고 사용하는 방식에는 여러 가지 제약이 따르는데, 언어마다 제약의 정도와 제공하는 기능에 차이가 있다. 코틀린에서 제공하는 인터페이스는 다음과 같은 특징이 있다.

- 다중 상속이 가능하다.
- 추상(abstract) 함수를 가질 수 있다.

- 함수의 본문을 구현할 수 있다.
- 여러 인터페이스에서 같은 이름의 함수를 가질 수 있다.
- 추상 프로퍼티를 가질 수 있다.

인터페이스 선언하고 상속하기

코틀린은 인터페이스를 선언하기 위해 자바와 동일한 *interface*를 키워드로 사용한다. 다음은 두 개의 인터페이스를 선언하고 다중 상속한 예다.

코드 2-19 인터페이스

```
interface Foo {

}

interface Bar {

}

class Kotlin: Foo, Bar {

}
```

코틀린에서는 ':'로 상속을 표현한다. 그리고 여러 개의 인터페이스를 상속하기 위해서 ','를 구분자로 사용한다.

인터페이스에 추상 함수 선언하기

추상 함수란 해당 인터페이스를 상속한 클래스가 구현할 동작을 정의한 함수를 말한다. 다음은 코드 2-19에서 작성한 인터페이스에 추상 함수를 선언하고, 상속한 클래스에서 재정의하는 예다.

코드 2-20 추상 함수의 선언과 오버라이드

```
interface Foo {
    fun printFoo()
}

interface Bar {
    fun printBar()
}
```

```
class Kotlin: Foo, Bar {
    override fun printFoo() {
        // ...
    }

    override fun printBar() {
        // ...
    }
}
```

상속한 클래스에서 인터페이스의 추상 함수를 재정의할 때는 *override* 키워드를 사용한다.

추상 함수 구현하기

코틀린은 인터페이스 또는 상속한 클래스에서 추상 함수를 구현할 수 있다. 다음은 인터페이스와 상속한 클래스에 중복으로 추상 함수를 구현했을 때, 상속한 클래스에서 어떤 추상 함수를 사용하는지 확인할 수 있는 예제다.

코드 2-21 인터페이스에서 추상 함수를 구현한 예

```
fun main(args: Array<String>) {
    val kotlin = Kotlin()
    kotlin.printFoo()   // "Foo" 출력
    kotlin.printBar()   // "Kotlin - Bar" 출력
}

interface Foo {
    fun printFoo() {
        println("Foo")
    }
}

interface Bar {
    fun printBar() {
        println("Bar")
    }
}

class Kotlin : Foo, Bar {
    override fun printBar() {
        println("Kotlin - Bar")
    }
}
```

Foo, Bar 인터페이스에서 직접 추상 함수의 구현부를 작성했다. 그리고 Kotlin 클래스에서는 Foo의 추상 함수인 printFoo 함수는 구현하지 않고, Bar의 printBar 함수만 구현했다. 인터페이스에 함수의 본문이 작성된 추상 함수는 해당 인터페이스를 상속한 클래스에서 추상 함수를 구현하지 않아도 된다. 하지만 printBar 함수와 같이 인터페이스와 상속한 클래스에서 중복 작성된 경우는 클래스에서 작성한 추상 함수가 실행된다.

만약 두 인터페이스에 동일한 이름의 추상 함수가 선언되어 있다면, 다중 상속한 클래스에서는 어떻게 구분해서 호출할 수 있을까? 다음 예제에서 확인해 보자.

코드 2-22 다중 상속 사용 예

```kotlin
fun main(args: Array<String>) {
    val kotlin: Kotlin = Kotlin()
    kotlin.printBar()        // "Bar" 출력
    kotlin.printFoo()        // "Foo" 출력
    kotlin.printKotlin()     // "Foo Kotlin\nBar Kotlin" 출력
}

interface Foo {
    fun printFoo() {
        println("Foo")
    }

    fun printKotlin() {
        println("Foo Kotlin")
    }
}

interface Bar {
    fun printBar() {
        println("Bar")
    }

    fun printKotlin() {
        println("Bar Kotlin")
    }
}

class Kotlin : Foo, Bar {
    override fun printKotlin() {
        super<Foo>.printKotlin()
        super<Bar>.printKotlin()
    }
}
```

인터페이스 Foo와 Bar는 printKotlin()이라는 동일한 이름의 함수를 가지고 있다. 하위 클래스는 동일한 이름의 함수를 가진 두 개의 인터페이스를 다중 상속할 수 있다. 그리고 super<Foo>.printKotlin()과 같은 방식으로 상속받은 인터페이스의 함수를 선택해서 사용하면 된다.

추상 프로퍼티의 선언과 사용

추상 프로퍼티란 해당 인터페이스를 상속한 클래스가 가질 프로퍼티를 말한다. 코틀린에서는 다음 예제와 같이 추상 프로퍼티를 선언하고, 상속한 클래스에서 재정의한다.

코드 2-23 **추상 프로퍼티 선언과 재정의**

```kotlin
fun main(args: Array<String>) {
    val kotlin: Kotlin = Kotlin()
    println(kotlin.bar)    // "3" 출력
}

interface Foo {

    val bar: Int

    fun printFoo() {
        println("Foo")
    }
}

class Kotlin : Foo {
    override val bar: Int = 3
}
```

Foo 인터페이스에서 추상 프로퍼티를 선언하고, Foo를 상속한 클래스 Kotlin에서 재정의하였다. 코틀린에서는 추상 프로퍼티를 상속한 클래스에서 재정의할 때도 *override*를 키워드로 사용한다. 추상 함수와 달리 인터페이스에서는 추상 프로퍼티의 값을 직접 초기화할 수 없고, 다음과 같이 게터를 구현해야 한다.

코드 2-24 **추상 프로퍼티의 값을 초기화하는 방법**

```kotlin
fun main(args: Array<String>) {
    val kotlin: Kotlin = Kotlin()
    println(kotlin.bar)    // "3" 출력
}
```

```
interface Foo {

    val bar: Int
        get() = 3

    fun printFoo() {
        println("Foo")
    }
}

class Kotlin : Foo {

}
```

Foo 인터페이스는 게터를 사용해서 추상 프로퍼티 bar를 3으로 초기화했다. 추상 함수와 마찬가지로 인터페이스에서 이미 초기화된 추상 프로퍼티는 상속한 클래스에서 초기화하지 않아도 된다.

 자바의 인터페이스는 8 버전부터 인터페이스에서 구현부까지 작성할 수 있는 디폴트 메서드 (default method)를 제공한다. 반면에 인터페이스에서 추상 프로퍼티를 선언하고 상속하는 기능은 아직 제공되지 않는다.

2.5 클래스

코틀린의 클래스는 선언 방법이 자바와 비슷하지만, 기능은 더 다양하고 풍부하다. 여기서는 클래스의 기본적인 선언 방법과 활용법, 그리고 *data class*, *enum class*, *sealed class*의 특징과 사용 방법에 대해서 살펴본다.

클래스와 프로퍼티

코틀린에서는 자바와 달리 새로운 객체를 생성할 때 *new* 연산자를 사용하지 않는다. 다음은 클래스와 클래스의 프로퍼티를 선언하고, 생성자를 호출하는 예다.

코드 2-25 **클래스와 프로퍼티 선언**

```
class User(var name: String, val age: Int)

val user = User("FP", 32)
println(user.name)  // "FP" 출력
```

```
user.name = "kotlin"
println(user.name)  // "kotlin" 출력
```

코드에서 val user = User("FP", 32)는 새로운 User 객체를 생성하여 user에 할당한다.

User 클래스의 name과 age는 프로퍼티(property)다. 프로퍼티는 자바의 멤버변수와 달리 게터와 세터를 내부에서 자동으로 생성해 준다. 따라서 게터와 세터 메서드를 직접 작성하지 않아도 프로퍼티에 직접 접근하여 값을 얻어오거나 수정할 수 있다. *var*로 선언된 프로퍼티는 게터와 세터를 모두 사용할 수 있고, *val*로 선언된 프로퍼티는 게터만 사용할 수 있다.

또한 함수와 동일하게 클래스 생성자에서 프로퍼티의 기본값을 할당할 수 있다. 다음 예제를 보자.

코드 2-26 클래스 생성자에 기본값 지정

```
class User(var name: String, val age: Int = 18)

val user = User("FP")
println(user.name)  // "FP" 출력
println(user.age)   // "18" 출력
```

val user = User("FP")에서 age는 값을 주지 않았지만, 기본값 18이 할당된 것을 확인할 수 있다. 순서에 상관없이 기본값을 할당하기 위해서는 함수의 매개변수와 유사한 방식을 사용한다. 따라서 name과 age의 순서를 바꾸어서 호출하고 싶다면 User(age = 32, name = "FP")처럼 작성한다.

data 클래스

*data class*는 기본적으로 게터, 세터 함수를 생성해 주고, hashCode, equals, toString 함수와 같은 자바 Object 클래스에 정의된 함수들을 자동으로 생성한다.

 *data class*로 선언된 객체는 추가로 copy와 componentN 함수를 제공한다. copy 함수는 객체의 값을 그대로 복사한 새로운 객체를 생성할 때 사용된다. componentN 함수는 객체가 가진 프로퍼티의 개수만큼 호출할 수 있는데, 프로퍼티 이름으로 접근하는 대신에 사용된다. 예를 들어 component1 함수는 객체의 첫 번째 프로퍼티의 값을 반환한다.

코드 2-27 **Person data 클래스 선언**

```
data class Person(val firstName: String, val lastName: String, val age: Int)
```

위와 같이 코틀린으로 선언된 *data class*와 Person 클래스를 자바로 작성하면 다음 과 같다.

코드 2-28 **Person과 동일한 클래스를 자바로 선언한 예**

```java
public class JavaPerson {

    private String firstName;

    private String lastName;

    private int age;

    public String getFirstName() {
        return firstName;
    }

    public void setFirstName(String firstName) {
        this.firstName = firstName;
    }

    public String getLastName() {
        return lastName;
    }

    public void setLastName(String lastName) {
        this.lastName = lastName;
    }

    public int getAge() {
        return age;
    }
    public void setAge(int age) {
        this.age = age;
    }

    @Override
    public boolean equals(Object o) {
        if (this == o) {
            return true;
        }
        if (o == null || getClass() != o.getClass()) {
            return false;
        }
```

```
        JavaPerson that = (JavaPerson) o;

        if (age != that.age) {
            return false;
        }
        if (firstName != null ? !firstName.equals(that.firstName) :
                that.firstName != null) {
            return false;
        }
        return lastName != null ? lastName.equals(that.lastName) :
                that.lastName == null;
    }

    @Override
    public int hashCode() {
        int result = firstName != null ? firstName.hashCode() : 0;
        result = 31 * result + (lastName != null ? lastName.hashCode() : 0);
        result = 31 * result + age;
        return result;
    }

    ....
}
```

자바로 작성하면 앞의 예제와 같이 변수를 선언하고, 변수마다 게터와 세터를 직접 만들어 주고, hashCode, equals, toString 함수를 직접 구현해야 한다. 요즘은 롬복 (Lombok)이나 IDE의 기능을 활용하여 이 함수들을 비교적 쉽게 생성할 수 있지만, 언어 차원에서 지원하지는 않는다. 코틀린의 *data class* 클래스는 컴파일러가 알아서 함수들을 생성한다.

enum 클래스

*enum class*은 특정 상수에 이름을 붙여 주는 클래스다. *enum class*는 동일한 타입의 프로퍼티와 함수를 가진 이름들을 정의하여 사용할 수 있다. 먼저 다음 예제를 통해서 *enum class*를 선언하는 방법부터 살펴보자.

코드 2-29 **Error enum 클래스를 선언한 예**

```
enum class Error(val num: Int) {

    WARN(2) {
        override fun getErrorName(): String {
            return "WARN"
```

```
            }
    },

    ERROR(3) {
        override fun getErrorName(): String {
            return "ERROR"
        }
    },

    FAULT(1) {
        override fun getErrorName(): String {
            return "FAULT"
        }
    };

    abstract fun getErrorName(): String
}
```

Error가 가진 WARN, ERROR, FAULT는 모두 Int형 num 프로퍼티와 getErrorName 함수를 가지고 있다. *enum class*는 프로퍼티와 함수가 모두 타입이 동일해야 한다는 제약이 있다.

sealed 클래스

코틀린에서는 이와 같은 제약 없이 새로운 타입을 확장할 수 있는 *sealed class*를 제공한다. *sealed class*는 *enum class*의 확장 형태로, 클래스를 묶은 클래스다. *sealed class*는 서로 다른 프로퍼티와 함수를 가진 이름(여기서는 *class* 또는 *object*)들을 가질 수 있다. 다음 예제를 보자.

코드 2-30 **Expr sealed 클래스를 선언한 예**

```
// 출처: https://kotlinlang.org/docs/reference/sealed-classes.html
sealed class Expr
data class Const(val number: Double): Expr()
data class Sum(val e1: Expr, val e2: Expr): Expr()
object NotANumber: Expr()
```

Expr는 *sealed class*의 이름이다. 그리고 Const, Sum, NotANumber는 모두 Expr *sealed class*를 상속받고 있다. 따라서 세 개의 클래스가 모두 Expr의 하위 클래스다. *enum class*와는 달리 각 하위 클래스는 모두 다른 프로퍼티와 함수를 가질 수 있다. 단, 각 하위 클래스는 *sealed class*와 동일한 파일에서만 선언이 가능하다. *sealed class*는

when 표현식과 함께 클래스 패턴 매칭을 할 수 있게 한다(클래스 패턴 매칭은 2.6 절에서 자세히 다룬다). 다음 예제는 when의 구분을 sealed class로 매칭한 예다.

코드 2-31 eval 함수

```
// 출처: https://kotlinlang.org/docs/reference/sealed-classes.html
fun eval(expr: Expr): Double = when(expr) {
    is Const -> expr.number
    is Sum -> eval(expr.e1) + eval(expr.e2)
    NotANumber -> Double.NaN
    // the `else` clause is not required because we've covered all the cases
}
```

when을 사용해서 sealed class의 타입에 따른 분기 처리가 가능하다. enum class처럼 else를 작성할 필요는 없다.

2.6 패턴 매칭

패턴 매칭이란 값, 조건, 타입 등의 패턴에 따라서 매칭되는 동작을 수행하게 하는 기능을 말한다. 우리는 이미 2.3절에서 when이 값과 조건에 따른 패턴 매칭을 지원한다는 것을 알아보았다. 여기서는 코틀린에서 지원하는 패턴 정의 방법과 한계에 대해서 살펴본다.

다양한 패턴 정의 방법

when문에 값을 넣어서 사용하면, 값에 따른 패턴 매칭을 정의할 수 있다. 다음은 다양한 방식으로 값의 패턴을 정의한 예제다.

코드 2-32 값의 패턴에 따른 매칭

```
fun main(args: Array<String>) {
    println(checkValue("kotlin"))           // "kotlin" 출력
    println(checkValue(5))                  // "1..10" 출력
    println(checkValue(15))                 // "11 or 15" 출력
    println(checkValue(User("Joe", 76)))    // "User" 출력
    println(checkValue("unknown"))          // "SomeValue" 출력

}

data class User(val name: String, val age: Int)

fun checkValue(value: Any) = when (value) {
```

```
    "kotlin" -> "kotlin"
    in 1..10 -> "1..10"
    11, 15 -> "11 or 15"
    is User -> "User"
    else -> "SomeValue"
}
```

"kotlin" -> "kotlin"은 간단한 문자열 매칭으로 value가 kotlin이라는 문자열이면 kotlin을 반환한다. *in*을 사용하면 값의 범위에 대한 패턴 매칭을 할 수 있으며, ','를 사용하면 여러 개의 값을 한번에 매칭할 수 있다. *is*를 사용하면 객체의 타입에 따른 패턴 매칭을 할 수 있다. *else*는 앞에 있는 조건에 모두 포함되지 않을 때 매칭된다.

 코드 2-32에서 나오는 Any는 자바의 Object와 같은 코틀린의 최상위 객체다.

조건에 따른 패턴 매칭

*when*문에 값을 넣지 않으면, 조건문에 따른 패턴을 정의할 수 있다. 다음은 조건문에 따른 패턴 매칭의 예다.

코드 2-33 **조건에 따른 매칭**

```
fun main() {
    println(checkCondition("kotlin"))             // "kotlin" 출력
    println(checkCondition(5))                    // "1..10" 출력
    println(checkCondition(User("Joe", 76)))      // "== User(Joe, 76)" 출력
    println(checkCondition(User("Sandy", 65)))    // "is User" 출력
    println(checkCondition("unknown"))            // "SomeValue" 출력
}

data class User(val name: String, val age: Int)

fun checkCondition(value: Any) = when {
    value == "kotlin" -> "kotlin"
    value in 1..10 -> "1..10"
    value === User("Joe", 76) -> "=== User"
    value == User("Joe", 76) -> "== User(Joe, 76)"
    value is User -> "is User"
    else -> "SomeValue"
}
```

User 객체의 매칭을 세 가지 다른 방법으로 한 것에 주목하자. ===은 객체의 참조

값을 비교하고, ==은 객체의 값을 비교한다. *is*는 객체의 타입을 비교한다. check
Condition 함수에 입력받은 User("Joe", 76)과 checkCondition에서 비교를 위해
서 생성한 User("Joe", 76)은 값은 같지만 다른 객체이다. 객체는 생성할 때마
다 새로운 참조값이 할당되므로 두 객체는 참조값이 다르다. 따라서 checkCondi
tion(User("Joe", 76))은 ===을 사용한 구문에 매칭되지 않고 ==을 사용한 구문에
매칭되어 == User(Joe, 76)을 반환한다. checkCondition(User("Sandy", 65))는 참
조값과 값이 모두 다르기 때문에 타입에 매칭되어 is User를 반환한다.

코틀린 패턴 매칭의 제약

코틀린은 리스트와 같은 매개변수를 포함하는 타입이나 함수의 타입에 대한 패턴
매칭을 지원하지 않는다. 스칼라와 하스켈에서는 이러한 제약이 없어 다양한 패턴
매칭을 지원한다. 다음은 하스켈에서 패턴 매칭을 구현한 예다.

코드 2-34 하스켈 패턴 매칭의 예

```
sum :: (Num a) => [a] -> a
sum [] = 0
sum (x:xs) = x + sum' xs
```

하스켈 문법을 모르는 사람들을 위해 코드를 간단히 설명하겠다. sum 함수는 리
스트를 받아서 리스트가 가진 값들의 합을 반환한다. 입력 리스트가 비어 있는 경
우는 []에 매칭되어 0을 반환한다. 비어 있지 않은 경우 (x:xs)에 매칭된다. 그리
고 리스트의 첫 번째 값은 x에, 리스트의 나머지 값들의 리스트는 xs에 할당된다.
입력 리스트가 패턴 매칭되어 자동으로 리스트의 머리와 꼬리 부분으로 분해(de-
structure)되는 것이다.

이 외에도 타입 구조를 가지는 모든 것에 대한 패턴 매칭이 가능하다. 그리고 해
당 타입을 구성하는 구성요소들을 하나의 이름(예제의 x와 xs 같은 이름)에 바인딩
하여 사용할 수 있다.

코드 2-34와 동일한 기능을 코틀린의 패턴 매칭을 사용해서 작성하면 다음과
같다.

코드 2-35 코틀린의 패턴 매칭을 사용해서 작성한 sum 함수

```
fun sum(numbers: List<Int>): Int = when {
    numbers.isEmpty() -> 0
    else -> numbers.first() + sum(numbers.drop(1))
}
```

코틀린은 List<Int>와 같은 매개변수를 포함하는 타입은 패턴 매칭을 하지 못한다. is listOf()와 같이 패턴 매칭을 시도하면 컴파일 에러가 발생한다. 예제에서 sum 함수는 numbers.isEmpty()의 결과로 분기하는 *if else*문을 사용한 것과 동일하다.

2.7 객체 분해

코틀린은 객체 분해 기능을 제공한다. 객체 분해란 어떤 객체를 구성하는 프로퍼티를 분해하여 편리하게 변수에 할당하는 것을 말한다. 다음 예제를 살펴보자.

코드 2-36 **객체 분해의 예**

```kotlin
data class User(val name: String, val age: Int)

fun main(args: Array<String>) {

    val user: User = User("kotlin", 28)

    val (name, age) = user

    println("name : $name")    // "name : kotlin" 출력
    println("age : $age")      // "age : 28" 출력
}
```

User 인스턴스를 만들고, val (name, age) = user로 객체 분해를 했다. 여기서 user의 각 프로퍼티의 값은 name과 age에 할당된다. 객체 분해는 *for*문이나 패턴 매칭 등에서도 사용될 수 있는데, 여기서는 *for*문에서 사용되는 예를 살펴본다.

코드 2-37 **for문으로 리스트를 객체 분해한 예**

```kotlin
val user1: User = User("kotlin", 28)
val user2: User = User("java", 50)
val user3: User = User("scala", 40)

val users = listOf(user1, user2, user3)

for ((name, age) in users) {
    println("name: $name, age: $age")
}

// "name: kotlin, age: 28" 출력
// "name: java, age: 50" 출력
// "name: scala, age: 40" 출력
```

users에서 User를 하나씩 받아와서 각 프로퍼티들을 생성하고 변수에 직접 할당하는 작업은 하지 않아도 된다. 만약 일부만 변수로 할당하고 나머지는 무시하고 싶다면 언더스코어('_')를 사용한다. 예를 들어 val (name, _) = User("userName", 100)에서 userName은 name 변수에 할당되고 100은 무시된다.

*for*문에서의 객체 분해는 리스트(list)뿐만 아니라 맵(map) 등의 다양한 컬렉션에서도 가능하다. 다음은 맵을 객체 분해한 예제다.

코드 2-38 for문으로 세트를 객체 분해한 예

```
val map1 = mapOf<String, Int>(("kotlin" to 1))

for ((name, order) in map1) {
    println("name : $name, order : $order")   // "name : kotlin, order : 1" 출력
}
```

map1에 저장된 키와 값을 name과 order에 할당해서 사용했다.

 코틀린에서 객체 분해가 가능한 이유는 내부적으로 선언된 componentN 함수가 객체 분해 시 사용되기 때문이다. 맵을 예로 들면, 코틀린에는 다음과 같이 맵에 대한 확장 함수로 component1, component2 함수가 선언되어 있고, 각각 맵의 키와 값을 반환하도록 작성되었다.

코드 2-39 맵에서 componentN 함수를 사용한 예

```
// 출처: https://kotlinlang.org/docs/reference/multi-declarations.html
operator fun <K, V> Map<K, V>.iterator(): Iterator<Map.Entry<K, V>> =
    entrySet().iterator()
operator fun <K, V> Map.Entry<K, V>.component1() = getKey()
operator fun <K, V> Map.Entry<K, V>.component2() = getValue()
```

getKey와 getValue 함수는 component1과 component2 함수를 사용해서 만들어졌기 때문에 객체 분해가 가능하다.

객체 분해는 람다식에서도 사용된다. 다음 예제를 보자.

코드 2-40 람다식에서 객체 분해를 활용한 예

```
{ p1, p2 -> "$p1 $p2" }
{ (p1, p2) -> "$p1 $p2" }
```

첫 번째 람다 함수는 매개변수를 두 개 받았고, 두 번째 람다 함수는 튜플로 만들어진 매개변수 한 개 받아서 객체 분해를 했다. 튜플의 첫 번째 값은 p1에 두 번째 값

은 p2에 할당된다.

앞의 예제들과 같이 객체 분해는 다양한 영역에서 사용된다. 객체 분해를 잘 활용하면 불필요한 코드를 없애고, 함수에서 여러 개의 값을 반환하거나 간결한 루프를 작성하는 등 여러 가지 유용한 작업을 할 수 있다.

2.8 컬렉션

일반적으로 함수형 프로그래밍에서는 불변(immutable) 자료구조를 사용한다. 불변 자료구조는 객체의 상태 변화를 미연에 방지해서 부수효과를 근본적으로 방지한다. 또한 상태 변화에 대한 예외를 고려할 필요가 없어서 코드를 간결하게 작성할 수 있게 한다. 코틀린에서는 불변과 가변(mutable) 자료구조를 분리해서 제공하고 있고, List, Set, Map 등의 자료구조는 기본적으로 불변이다. 가변 자료구조는 MutableList, MutableSet, MutableMap처럼 Mutable을 접두사로 붙인 별도의 클래스로 제공된다.

리스트와 세트

리스트(list)는 비어 있거나 동일한 타입의 값들을 여러 개 넣을 수 있는 자료구조다. 세트(set)는 동일한 타입의 값들을 여러 개 넣을 수 있다는 점에서 리스트와 유사하나 중복값이 들어갈 수 없다는 점이 다르다. 리스트는 listOf, 세트는 setOf 함수를 사용해서 생성할 수 있고, 컬렉션을 다루기 위한 함수들이 제공된다. 하나의 컬렉션은 동일한 타입의 값으로 구성되어야 한다. 따라서 val list: List<Int> = listOf(1, 2, "3", 4)와 같이 다른 타입을 섞어서 생성하면 컴파일 오류가 발생한다. 리스트와 세트는 사용 방법이 유사하기 때문에 여기서는 리스트의 예만 살펴본다.

코드 2-41 List 사용 예

```
val list: List<Int> = listOf(1, 2, 3, 4, 5)
list.add(6)                 // 컴파일 오류
val newList = list.plus(6)  // 정상
println(list)               // "[1, 2, 3, 4, 5]" 출력
println(newList)            // "[1, 2, 3, 4, 5, 6]" 출력
```

List와 Set는 불변 자료구조이기 때문에 add 함수가 없다. 대신 plus 함수가 제공

된다. plus 함수는 원본 리스트를 변경하지 않고 새로운 리스트를 반환한다. 함수형 프로그래밍에서는 상태가 변경된 어떤 객체를 만들기 위해서 원본 객체를 바꾸지 않고, 상태가 변경된 새로운 객체를 반환하는 접근 방식을 취한다.

원본을 변경할 수 있는 리스트를 생성하려면 mutableListOf 함수를 사용한다.

코드 2-42 **MutableList 사용 예**

```kotlin
val list: MutableList<Int> = mutableListOf(1, 2, 3, 4, 5)
list.add(6)      // 정상

println(list)    // "[1, 2, 3, 4, 5, 6]" 출력
```

MutableList는 mutableListOf 함수를 사용해서 생성하고, add 함수를 사용해서 상태를 변경한다.

 컬렉션을 추가, 수정, 삭제하는 작업은 객체의 상태를 변경한다. 따라서 함수형 프로그래밍에서는 가급적이면 불변 자료구조를 사용하여 문제를 해결할 것을 권장한다. 변경 가능한 컬렉션은 외부에서 상태가 변경될 수 있어서, 항상 컬렉션의 상태에 대한 검증(validation)이 필요하다. 이러한 검증 작업은 다중 스레드 개발에서 동시성 문제를 다룰 때 더욱 어렵다.

맵

코틀린에서는 키와 값을 가진 자료구조인 Pair를 제공한다. 맵(map)은 키와 값인 Pair를 여러 개 가진 자료구조이다. 다음 예제를 통해서 Pair와 Map을 어떻게 사용하는지 살펴보자.

코드 2-43 **Map 사용 예**

```kotlin
val map1 = mapOf(1 to "One", 2 to "Two")
val map2 = map1.plus(Pair(3, "Three"))

println(map1)         // "{1=One, 2=Two}" 출력
println(map2)         // "{1=One, 2=Two, 3=Three}" 출력

val mutableMap = mutableMapOf(1 to "One", 2 to "Two")
mutableMap.put(3, "Three")

println(mutableMap)   // "{1=One, 2=Two, 3=Three}" 출력

mutableMap.clear()

println(mutableMap)   // "{}" 출력
```

Pair는 Pair(1, "One")과 같이 생성자를 호출하거나 1 to "One"과 같이 코틀린에서 제공하는 문법을 활용하여 생성한다. List나 Set와 동일하게 불변 자료구조에서는 plus 함수를 제공하고 기본적으로 원본을 변경하지 않는다. 가변 자료구조인 mutableMap은 put, clear 함수를 사용해 변경 및 삭제가 가능하다.

이번 절에서는 코틀린에서 제공하는 컬렉션 중 리스트, 세트, 맵의 특성과 생성 방법에 대해서만 아주 간단하게 살펴보았다. 컬렉션에서는 filter, map, fold, zip 등 유용한 유틸리티들을 많이 제공된다. 이러한 함수들의 체인을 사용해서 컬렉션을 다루는 것이 대표적인 함수형 스타일 프로그래밍이다. 컬렉션에서 제공하는 함수들의 동작 방식과 사용 방법은 '5장 컬렉션으로 데이터 다루기'에서 자세히 살펴볼 것이다.

2.9 제네릭

제네릭(generic)은 객체 내부에서 사용할 데이터 타입을 외부에서 정하는 기법이다. 제네릭을 사용하면 클래스를 선언할 때 타입을 확정 짓지 않고, 클래스가 객체화되는 시점에 타입이 결정된다. 다음은 제네릭을 사용하지 않고, 클래스를 선언할 때 타입을 지정한 예다.

코드 2-44 Int 값을 포함하는 Box 클래스

```
class Box(t: Int) {
    var value = t
}
```

Box 클래스는 타입이 Int인 value를 가지고 있다. 여기서는 클래스가 가진 값이 Int 타입으로 고정되어 있고, 따라서 생성자에서는 Int 값만 받을 수 있다.

그런데 Box에 숫자뿐만 아니라 다른 종류의 타입도 담을 수 있다고 가정해 보자. Box에 들어 있는 객체의 타입을 고정하지 않고, 다양한 타입의 객체를 가질 수 있게 하려면 제네릭을 사용해서 클래스를 일반화해야 한다. 제네릭을 사용해서 Box 클래스가 가진 값의 타입을 수정해 보자.

코드 2-45 제네릭 타입 T 값을 포함하는 Box 클래스

```
class Box<T>(t: T) {
    var value = t
}
```

이제 Box 클래스는 타입이 T인 value를 가진다. Box 클래스가 선언된 시점에서 t의 구체적인 타입(concrete type)은 아직 결정되지 않았다. t의 타입은 생성자 호출을 통해서 값이 입력되면 그때 입력된 값의 타입으로 확정된다. 이때 입력으로 들어올 타입 T를 타입 파라미터(type parameter)라 하며, 구체적인 타입이 결정되기 전의 Box 클래스는 타입 생성자(type constructor)라 한다. 다음 예제를 통해서 Box가 가진 값의 타입 T가 결정되는 것을 확인해 보자.

코드 2-46 Box 생성자 호출

```
val box = Box("kotlin")
```

Box("kotlin")으로 타입 생성자에 문자열 타입이 입력되었다. 이때 Box가 가진 타입 매개변수 T는 String이 되고, box의 구체적인 타입이 비로소 Box<String>으로 결정된다.

　제네릭을 사용해 클래스를 일반화하면 재사용성이 높아진다. 마찬가지로 제네릭으로 함수의 타입을 일반화하면 재사용성이 높은 함수를 만들 수 있다.

 예제 2-45에서 타입을 직접적으로 명시하지 않아도, 컴파일러는 "String"으로 타입을 추론한다. 따라서 val box = Box<String>("kotlin")과 같이 작성하지 않아도 된다.

제네릭 함수 선언

리스트에 포함된 숫자의 합을 구하는 함수라면 타입이 fun sum(list: List<Int>): Int와 같이 선언될 것이다. 여기서 Int 타입을 제네릭을 사용해서 일반화할 수 있을까? 일반화가 가능하기는 하지만 적합하지는 않다. 모든 타입에 더하기가 적용될 수는 없기 때문이다. 그러나 모든 타입에 관계없이 잘 동작하는 함수라면 다르다. 예를 들어 다음 코드와 같이 리스트의 첫 번째 값을 꺼내오는 함수라면 타입에 관계없이 동작하므로 제네릭을 활용해 일반화하기에 적합하다.

코드 2-47 head 함수

```
fun <T> head(list: List<T>): T {
    if (list.isEmpty()) {
        throw NoSuchElementException()
    }
    return list[0]
}
```

클래스에서 사용된 제네릭과 동일하게 타입 매개변수 T가 입력되기 전까지는 함수의 구체적인 타입이 결정되지 않는다. 따라서 head(listOf(1, 2, 3))일 때 head 함수의 구체적인 타입은 fun head(list: List<Int>): Int이고, head(listOf("One", "Two", "Three"))일 때는 fun head(list: List<String>): String이 된다.

2.10 코틀린 표준 라이브러리

코틀린 표준 라이브러리는 간결하고 명료한 코드를 작성하는 데 도움을 주는 확장 함수들을 제공한다. 본 절에서는 확장 함수들 중에서 let, with, apply, run, also 함수에 대해서 살펴본다. 이 함수들은 모두 어떤 객체를 사용하거나 변경하기 위해서 명령문들의 블록이 필요할 때 사용된다. 명령문들의 블록에서는 객체를 입력으로 받아서 다양한 동작을 수행할 수 있다. 여기서는 라이브러리들의 선언과 사용 예를 살펴보고, 각각의 차이점과 활용법을 알아본다.

let 함수

let 함수는 다음과 같이 선언되어 있다.

코드 2-48 let 함수의 선언

```
fun <T, R> T.let(block: (T) -> R): R
```

let 함수는 매개변수화된 타입(parameterized type) T의 확장 함수다. 객체가 자기 자신인 T를 받아서 R을 반환하는 block을 입력으로 받는다. 그리고 block 함수의 반환값 R을 반환한다.

　let 함수를 사용하면 어떤 객체의 상태를 변경할 수 있다. 일반적인 방법과 비교하기 위해 다음의 코드부터 살펴보자.

코드 2-49 일반적인 객체 변경의 예

```
val person = Person("FP", 30)
person.name = "Kotlin"
person.age = 10
println("$person")  // "Person(name=Kotlin, age=10)" 출력
```

동일한 동작을 let 함수를 사용해서 다음과 같이 작성할 수 있다.

코드 2-50 let을 사용해서 객체를 변경한 예

```kotlin
val person = Person("FP", 30)
val result = person.let {
    it.name = "Kotlin"
    it.age = 10
    it
}

println("$result")  // "Person(name=Kotlin, age=10)" 출력
```

person 객체의 확장 함수로 선언되었기 때문에, 마치 Person 객체에서 let 함수를 제공하는 것처럼 연결되었다. 입력받은 block 함수에서는 it을 사용해서 person 객체에 접근했다. 그리고 block 함수의 반환값 it이 result에 할당되어 출력되었다.

let 함수는 널 처리에도 유용하게 사용된다. 일반적인 널 처리 방법과 비교하기 위해서 *if*문을 사용한 코드를 먼저 살펴보자.

코드 2-51 널을 허용하는 객체의 일반적인 예외처리 예

```kotlin
data class User(val firstName: String, val lastName: String)

fun printUserName(user: User?) {
    if (user != null) {
        println(user.firstName)
    }
}
```

printUserName에서 user는 널을 허용하는(nullable) 입력이기 때문에, 널 체크를 한 후에 firstName 프로퍼티를 사용하였다. let을 활용해서 이 코드를 재작성하면 다음과 같다.

코드 2-52 널을 허용하는 객체를 let을 사용해 예외처리한 예

```kotlin
fun printUserName(user: User?) {
    user?.let { println(it.firstName) }
}
```

let에 입력된 { println(it.firstName) }은 user가 널이 아닐 때만 수행된다. 만약 널이 들어오면 아무것도 수행하지 않는다. let의 block 함수에서 어떤 값을 반환할 수도 있다. 다음은 user가 널이 아닐 때 *if else*문을 사용하지 않고 값을 할당하는 코드다.

코드 2-53 널을 허용하는 객체를 let으로 할당한 예

```
val user: User? = User("Joe", "Cho")
val name = user?.let { it.lastName + it.firstName }
```

user가 널이면 name은 널이 되고, 널이 아닌 경우에만 { it.lastName + it.first
Name }이 수행된다. 여기에 '?:(elvis operator)'를 활용하면 기본값을 지정할 수도
있다.

코드 2-54 객체가 널인 경우의 기본값 설정 예

```
val name = user?.let { it.lastName + it.firstName } ?: "lazysoul"
```

'?:'의 왼쪽 값이 널이라면 기본값인 lazysoul이 name에 할당된다.

with 함수

with 함수는 다음과 같이 선언되어 있다.

코드 2-55 with 함수의 선언

```
fun <T, R> with(receiver: T, block: T.() -> R): R
```

with 함수는 일반적인 함수로 선언되어 있다. 따라서 객체(receiver)를 직접 입력
받고, 객체를 사용하기 위한 block 함수를 두 번째 매개변수로 받는다. 여기서 T.()
를 람다 리시버라고 하는데, 람다 리시버는 첫 번째 매개변수로 받은 receiver의 타
입 T를 block 함수의 입력인 T.()로 전달한다. 이렇게 전달받으면 block 함수에서
receiver로 받은 객체에 this를 사용하지 않고 접근할 수 있다. 그리고 with 함수는
block 함수의 반환값을 그대로 반환한다.

 함수의 입력으로 람다 리시버를 받으면, 함수 내에서 this를 사용하지 않아도 입력받은 객체
의 함수나 프로퍼티에 접근이 가능하다. 다음은 람다 리시버를 입력으로 받는 함수의 예다.

코드 2-56 람다 리시버 예

```
val stringToInt: String.() -> Int = { toInt() }
```

예제에서 람다 리시버는 String.()이고, toInt는 String 객체에서 제공하는 함수다.
stringToInt 함수의 구현부에서 this를 사용하지 않고, toInt 함수를 사용했다.

with 함수도 let 함수와 동일하게 어떤 객체의 상태를 변경하는 데 활용될 수 있다. 다음은 코드 2-49와 동일한 기능을 with 함수로 작성한 것이다. 코드 2-50과 비교해 보면 let 함수와의 차이를 좀 더 쉽게 이해할 수 있다.

코드 2-57 with를 사용해서 객체를 변경한 예

```
val person = Person("FP", 30)
val result = with(person) {
    name = "Kotlin"
    age = 10
    this
}
println(result)  // "Person(name=Kotlin, age=10)" 출력
```

with 함수는 person 객체를 함수의 입력으로 받았고, 블록 내에서 객체의 프로퍼티에 직접 접근했다. let 함수와 같이 it을 사용하거나 this를 사용하지 않고, 객체의 프로퍼티에 바로 접근할 수 있는 것은 block의 첫 번째 매개변수가 람다 리시버이기 때문이다. let 함수와 동일하게 block 함수의 반환값을 그대로 result에 할당했다. 여기서 특이한 점은 람다 리시버에서도 객체 자체에 접근할 때는 this를 사용한다는 점이다.

 코틀린에서는 함수의 마지막 인자가 함수인 경우, 해당 블록을 괄호 밖으로 분리해서 작성할 수 있다.

코드 2-58 함수를 매개변수로 받는 test 함수

```
fun test(f: () -> Unit): Unit = println()
```

test 함수는 매개변수로 함수를 한 개 받는다. test 함수는 다음과 같은 형태로 호출될 수 있다.

코드 2-59 함수를 매개변수를 받는 함수 호출 예

```
test({ println() })
test() { println() }
test { println() }
```

첫 번째 호출은 람다식을 괄호 안에 넣었고, 두 번째 호출은 괄호 밖으로 분리했다. 세 번째 호출의 경우 매개변수 값이 없어 빈 괄호를 생략했다. 결과적으로 세 가지는 모두 같은 호출이다.

run 함수

run 함수는 두 가지 형태로 선언되어 있다. 먼저 첫 번째 run 함수의 선언과 활용 예를 살펴보고, 두 번째 run 함수에 대해서 알아보자.

코드 2-60 run 함수의 첫 번째 선언

```
fun <T, R> T.run(block: T.() -> R): R
```

첫 번째 run 함수는 매개변수화된 타입 T의 확장함수로 선언되었고, block 함수에 this가 람다 리시버로 전달된다. 그리고 block 함수의 반환값을 그대로 반환한다. 코드 2-49와 동일한 기능을 run 함수로 작성한 것이다. 코드 2-50, 코드 2-57과 비교해 보면 with와 let 함수와의 차이를 좀 더 쉽게 이해할 수 있다.

코드 2-61 run을 사용해서 객체를 변경한 예

```
val person = Person("FP", 30)
val result = person.run {
    name = "Kotlin"
    age = 10
    this
}
println(result)  // "Person(name=Kotlin, age=10)" 출력
```

let 함수가 확장 함수로 선언되었다는 점과 with 함수가 람다 리시버를 사용했다는 점을 생각해 보면 run 함수의 특징을 알 수 있다. run 함수는 확장 함수이기 때문에 객체로부터 연속적으로 호출될 수 있고, 람다 리시버로 받았기 때문에 it이나 this 없이 객체의 프로퍼티에 접근할 수 있다. 따라서 let과 with 함수의 각 특징을 섞은 형태로 작성되었다.

　run 함수의 두 번째 선언은 다음과 같다.

코드 2-62 run 함수의 두 번째 선언

```
fun <R> run(block: () -> R): R
```

두 번째 run 함수는 확장 함수가 아니고, block 함수에 입력값이 없다. 따라서 let, with 함수나 첫 번째 run 함수와 같이 어떤 객체로부터 연결되는 블록을 수행하기 위한 함수가 아니다. 두 번째 run 함수는 어떤 객체를 생성하기 위한 명령문을 하나의 블록으로 묶는 용도로 사용된다. 일반적으로 활용할 수 있을 만한 코드는 아니

지만, person 객체를 생성하는 명령문을 묶을 때는 다음과 같이 run 함수를 사용할 수 있다.

코드 2-63 run을 사용해서 객체를 생성한 예

```
val person = run {
    val name = "Kotlin"
    val age = 10
    Person(name, age)
}
println(person)  // "Person(name=Kotlin, age=10)" 출력
```

두 번째 run 함수의 블록은 입력값이 없기 때문에 Person 객체를 반환하는 기능만 한다. 이 예제에서는 run 함수를 사용하는 것이 더 번거롭지만, 일반적으로 코드의 가독성을 높이기 위해서 사용된다.

apply 함수

apply 함수는 다음과 같이 선언되어 있다.

코드 2-64 apply 함수의 선언

```
fun <T> T.apply(block: T.() -> Unit): T
```

T의 확장 함수이므로 apply 함수는 객체를 통해서 호출된다. 또한 block 함수의 입력을 람다 리시버로 받았으므로 block 내에서 this 없이 객체에 접근할 수 있다. apply 함수는 코드 2-60의 run 함수와 거의 유사하지만 block 함수의 반환값이 없고, 객체 자신 T를 반환하는 점이 다르다. apply 함수는 run 함수와 달리 block 함수 내에서 객체 자체를 변환한다. 코드 2-48과 동일한 기능을 첫 번째 apply 함수로 작성하면 다음과 같다.

코드 2-65 apply를 사용해서 객체를 변경한 예

```
val person = Person("FP", 30)
val result = person.apply {
    name = "Kotlin"
    age = 10
}
println(result)  // "Person(name=Kotlin, age=10)" 출력
```

person 객체로부터 apply 함수가 호출되었고, block 함수에서 this 없이 객체의 프로퍼티에 접근했다. 코드 2-61과의 차이점은 apply 함수에서 this를 반환하지 않아

도 result에 수정된 객체가 할당되었다는 점이다. apply 함수는 block 함수 내에서 객체 자체를 수정하고, 반환값이 없기 때문에 객체의 타입 자체를 다른 타입으로 바꾸어 반환할 수 없다. 하지만 객체만 변경할 때는 반환값을 명시하지 않아도 되기 때문에 let, with, run 함수보다 사용하기에 적합하다.

also 함수

also 함수는 다음과 같이 선언되어 있다.

코드 2-66 also 함수의 선언

```
fun <T> T.also(block: (T) -> Unit): T
```

block 함수의 반환값이 없고, 객체 자신인 T를 반환하는 점에서 let 함수와는 다르다. block 함수의 입력을 람다 리시버로 받지 않고 this로 받았다는 점에서는 apply 함수와 다르다. block 함수의 반환값이 없고 객체 자신 T를 반환하므로, apply 함수와 동일하게 객체 자체를 변경할 때만 사용된다. 코드 2-48과 동일한 기능을 첫 번째 also 함수로 작성하면 다음과 같다.

코드 2-67 also 사용해서 객체를 변경한 예

```
val person = Person("FP", 30)
val result = person.also {
    it.name = "Kotlin"
    it.age = 10
}
println(result)          // "Person(name=Kotlin, age=10)" 출력
```

person 객체로부터 apply 함수가 호출되었고, block 함수에서 객체의 프로퍼티에 접근하기 위해서 it을 사용했다. apply 함수와 동일하게 block 함수에는 반환값이 없고, result에는 수정된 객체가 할당되었다.

 apply와 also 함수는 빌더 패턴과 동일한 용도로 사용한다.

let, with, run, apply, also 함수 비교

let, with, run, apply, also 함수는 선언 형태나 사용법이 거의 유사하다. 또한 라이브러리를 사용하는 목적도 코드를 좀 더 간결하게 하기 위한 것으로 모두 같다. 동

일한 작업을 어떤 라이브러리로 구현할지는 개발자의 취향에 따라 다를 수 있다. 하지만 작업 내용에 따라서 코드를 가장 간결하게 할 수 있는 라이브러리는 분명히 있다. 따라서 팀에서 사용한다면 전체적인 코드의 통일성을 위해서 라이브러리에 대한 코드 컨벤션을 정하고 사용할 것을 권장한다.

다음은 지금까지 배운 내용을 정리한 표다. 이 표를 참고하여 상황에 따라서 적절한 라이브러리를 사용하자.

	let	run	with	apply	also
코드 블록	람다식	람다 리시버	람다 리시버	람다 리시버	람다식
접근	it	this	this	this	it
반환값	람다식 반환값	람다식 반환값	람다식 반환값	자기 자신	자기 자신

use 함수

클로저블 객체(closeable object)는 자원을 사용한 후 클로즈(close)해 주어야 한다. use는 이 클로즈 작업을 자동으로 해 주는 함수이다. 자바의 *try-with-resource*와 기능이 동일하다. 같은 기능을 하는 예제를 자바와 코틀린 코드로 작성하여 비교해 보자.

코드 2-68 자바의 try-with-resource를 사용한 예

```
// Java 1.7
Properties property = new Properties();

try (FileInputStream stream = new FileInputStream("config.properties")) {
    property.load(stream);
}    // FileInputStream는 자동으로 close됨
```

코드 2-69 코틀린의 use를 사용한 예

```
// Kotlin
val property = Properties()
FileInputStream("config.properties").use {
    property.load(it)
}    // FileInputStream이 자동으로 close됨.
```

use 함수의 블록 내 동작이 완료되면 property는 자동으로 클로즈되어 자원이 정리된다.

2.11 변성

변성(variance)은 자바나 코틀린뿐 아니라 다른 언어에서도 존재하는 개념으로, 제네릭을 포함한 타입의 계층 관계에서 타입의 가변성을 처리하는 방식이다. 변성을 제대로 이해하려면 "타입 S가 T의 하위 타입일 때, Box[S]가 Box[T]의 하위 타입인가?"라는 질문에서 시작하는 게 좋다. 이 질문에 대한 답이 어떤 변성을 가졌는지 결정한다.

- Box[S]와 Box[T]는 상속 관계가 없다. → 무공변
- Box[S]는 Box[T]의 하위 타입이다. → 공변
- Box[T]는 Box[S]의 하위 타입이다. → 반공변

여기서 각 변성의 이름은 타입 S와 T의 관계와 동일한 방향의 상하위 관계이면 공변, 반대이면 반공변, 관계가 없으면 무공변으로 이해하면 편하다. 이번 절에서는 무공변(invariant), 공변(covariant), 반공변(contravariant)의 개념과 코틀린에서의 활용 방법에 대해서 알아본다.

무공변의 의미와 예

무공변은 타입 S가 T의 하위 타입일 때, Box[S]와 Box[T] 사이에 상속 관계가 없는 것을 말한다. 설명을 위해서 자주 사용되는 몇 가지 클래스를 먼저 선언해 보자.

코드 2-70 **Box 선언**

```
interface Box<T>
open class Language
open class JVM : Language()
class Kotlin : JVM()
```

Box은 매개변수화된 타입 T를 가진 타입이다. Kotlin은 JVM의 하위 타입이고, JVM은 Language의 하위 타입이다. 따라서 Kotlin < JVM < Language의 상속 관계가 존재한다. 상속 관계를 가진 Language, JVM, Kotlin을 사용해서 Box의 인스턴스를 선언하면 다음과 같다.

코드 2-71 **Box 인스턴스 생성**

```
val languageBox = object : Box<Language> {}
val jvmBox = object : Box<JVM> {}
```

```kotlin
val kotlinBox = object : Box<Kotlin> {}
```

여기서 languageBox, jvmBox, kotlinBox 사이에는 상속 관계가 존재하지 않는다.

 JVM에서 각 타입(parameterized type)에 대한 정보는 Box 안에 담긴다. 이 정보는 컴파일 타임에 타입 유효성을 체크하는 데 사용된다. 그런데 런타임에는 제네릭 타입의 인스턴스에 대한 타입 정보를 가지고 있지 않는다. 이러한 한계를 타입 소거(type erasure)라 한다. 타입 소거 때문에 Box 안의 타입들이 상속 관계임에도 불구하고, Box[T] 타입에 대한 상속 관계는 사라진다.

무공변으로 선언한 Box의 인스턴스들을 실제 코드를 통해 살펴보자.

코드 2-72 무공변 타입의 예

```kotlin
fun main(args: Array<String>) {
    invariant(languageBox)      // 컴파일 오류
    invariant(jvmBox)
    invariant(kotlinBox)        // 컴파일 오류
}

fun invariant(value: Box<JVM>) {}
```

상속 관계가 없기 때문에 컴파일러는 함수의 입력 매개변수의 타입 Box<JVM>을 Box<Language>, Box<Kotlin>과 완전히 다른 타입으로 인식할 것이다. 따라서 invariant 함수에는 jvmBox 외에 입력으로 들어갈 수 없다. 여기서 Box<JVM>의 변성은 무공변이 된다.

공변의 의미와 예

공변은 타입 S가 T의 하위 타입일 때, Box[S]가 Box[T]의 하위 타입인 것을 말한다. 코틀린에서는 공변을 <out T>로 선언한다.

코드 2-73 공변 타입의 예

```kotlin
fun main(args: Array<String>) {
    covariant(languageBox)  // 컴파일 오류
    covariant(jvmBox)
    covariant(kotlinBox)
}

fun covariant(value: Box<out JVM>) {}
```

covariant 함수의 매개변수 value는 타입이 Box<out JVM>으로 선언되었기 때문에 공변이다. 공변인 경우는 Kotlin < JVM < Language의 상속 관계와 같은 방향으로 Box<Kotlin> < Box<JVM> < Box<Language>의 상속 관계가 성립된다. 따라서 covariant 함수는 상위 타입의 languageBox를 매개변수로 전달하면 컴파일 오류가 발생하고, 동일 타입과 하위 타입인 jvmBox와 kotlinBox는 허용한다.

 자바에서는 Box<? extends T>로 표기하는 어퍼바운드(upper bound)를 사용해서 공변을 만든다. 코틀린에서도 유사한 방법으로 공변을 만들 수 있다.

코드 2-74 코틀린에서 어퍼바운드로 공변을 만드는 예

```
fun main(args: Array<String>) {
    covariant(languageBox)     // 컴파일 오류
    covariant(jvmBox)
    covariant(kotlinBox)

    upperBound(languageBox)    // 컴파일 오류
    upperBound(jvmBox)
    upperBound(kotlinBox)
}

fun covariant(value: Box<out JVM>) {}
fun <T : JVM> upperBound(value: Box<T>) {}
```

upperBound 함수는 covariant 함수와 동일하게 동작한다. out 키워드와 상속을 통한 어퍼바운드는 모두 공변이지만 안전성 면에서 분명한 차이가 있다. out 키워드를 사용한 공변에서는 Box 안의 값을 꺼내서 읽을 때는 문제가 없지만, Box에 값을 넣으려고 할 때 컴파일 오류가 발생한다. 반면 upperBound의 방법을 사용하면 컴파일 타임에는 문제가 없지만 런타임 오류가 발생할 수 있다.

코틀린에서는 자바에서 제공하는 super와 같은 키워드는 없기 때문에 로바운드(low bound)를 사용해서 반공변을 만들 수는 없다(버전 1.2.61 기준). 따라서 일관성을 위해서라도 *out*과 다음에 배울 *in*을 사용해서 공변과 반공변을 선언하는 것이 좋다.

반공변의 의미와 예

반공변은 타입 S가 T의 하위 타입일 때, Box[S]가 Box[T]의 상위 타입인 것을 말한다. S와 T의 순서와 반대로 상속 관계를 가진다. 코틀린에서는 반공변을 선언할 때, <in T>를 사용한다.

코드 2-75 **반공변의 예**

```
fun main(args: Array<String>) {
    contravariant(languageBox)
    contravariant(jvmBox)
    contravariant(kotlinBox)  // 컴파일 오류
}

fun contravariant(value: Box<in JVM>) {}
```

contravariant 함수의 매개변수는 반공변이다. Box<in JVM>과 같이 선언되면 Kotlin < JVM < Language와 반대 방향으로 Box<Language> < Box<JVM> < Box<Kotlin>의 상속 관계가 성립된다. 따라서 contravariant 함수는 JVM의 하위 타입인 kotlinBox를 매개변수로 전달하면 컴파일 오류가 발생한다. 동일 타입인 Jvm Box와 상위 타입인 languageBox는 허용한다.

in, out으로 변성 선언하기

지금까지 각 변성의 정의와 예제를 통해서 무공변, 공변, 반공변이 어떤 의미를 가지는지 살펴보았다. 코틀린에서는 변성을 *in*, *out* 키워드를 사용해서 선언한다. 타입 매개변수를 이렇게 선언하면, 기본적으로 변성을 가지게 될 뿐만 아니라 타입 매개변수에 대한 몇 가지 정보를 컴파일러에 알려 준다. 타입 매개변수를 무공변으로 선언한 다음 예제를 통해 살펴보자.

코드 2-76 **무공변 타입 T를 가진 Box2 인터페이스**

```
interface Box2<T> {
    fun read(): T
    fun write(value: T)
}
```

Box2의 타입 매개변수 T는 무공변이다. 여기서 매개변수 T는 변성이 존재하지 않는다. 따라서 이때는 Box2에서 T를 읽어서 반환하거나, Box2에 T 타입의 값을 쓰는 것이 모두 안전하다. 왜냐하면 T는 상하위 타입에 대한 제한이 없기 때문이다. 생성자에 의해 인스턴스가 만들어지고, 그 인스턴스의 타입으로 T의 타입이 결정된다. 이번에는 타입 매개변수를 공변으로 선언해 보자.

코드 2-77 **공변 타입 T를 가진 Box2 인터페이스**

```
interface Box2<out T> {
    fun read(): T
```

```
    fun write(value: T)      // 컴파일 오류
}
```

타입 매개변수를 공변으로 선언하면 write 함수에 컴파일 오류가 발생한다. 이것은 코틀린의 선언 단계에서 변성(declaration-site variance)을 명시하는 것으로, 변성을 잘못 사용했을 때 발생할 수 있는 런타임 오류를 막아준다.

Box2에서 T를 읽어서 반환(produce)할 때는 어떤 상위 타입에 하위 타입을 할당하는 것이 가능하기 때문에 문제가 발생할 여지가 없다. 그러나 write 함수에서는 value값을 받아서 처리(consume)할 때 어떤 하위 타입이 들어올지 알 수 없기 때문에 런타임 오류가 발생할 가능성이 있다. 다음은 타입 매개변수를 반공변으로 선언한 예다.

코드 2-78 반공변 타입 T를 가진 Box2 인터페이스

```
interface Box2<in T> {
    fun read(): T           // 컴파일 오류
    fun write(value: T)
}
```

반공변으로 선언했을 때는 반대로 read 함수에서 컴파일 오류가 발생한다. 그 이유는 호출자가 선언한 T 타입의 변수에 T보다 상위 타입의 값을 할당하면 런타임 오류가 발생하기 때문이다. 반대로 write 함수를 사용하면 안전하다. T의 상위 타입에 대한 정보는 하위 타입이 이미 상속을 받아서 알고 있기 때문에 런타임 오류가 발생하지 않기 때문이다.

in, out 키워드의 의미는 문자 그대로 이해하면 쉽다. *in*으로 선언된 타입은 입력값에만 활용(읽기 전용)할 수 있고, *out*으로 선언된 타입은 반환값의 타입(출력 전용)으로만 사용할 수 있다. 따라서 타입을 선언할 때 타입 제한을 명시하면 프로그래머의 의도치 않은 실수를 컴파일 타임에 막을 수 있다.

2.12 마치며

이번 장에서는 함수형 프로그래밍을 다루면서 필요한 코틀린 문법들만 요약해서 정리했다. 코틀린은 모던 언어들의 실용적인 장점을 많이 가지고 있으며, 자바 개발자들이 코틀린을 쉽게 배울 수 있도록 많은 노력을 기울였다. 코틀린이 순수 함수형 언어는 아니기 때문에 코틀린으로 함수형 프로그래밍을 설명하는 것이 어색

하게 느껴질 수도 있다. 그러나 반대로 생각해 보면, 함수형 프로그래밍을 위해서 아직 갖춰져 있지 않은 부분을 직접 만들어 볼 수 있는 기회가 되기도 한다. 코틀린은 빠른 속도로 진화하고 있고 함수형 프로그래밍을 지원하기 위한 기능도 계속해서 추가되고 있다.

3장

F u n c t i o n a l   P r o g r a m m i n g   i n   K o t l i n

재귀

함수형 프로그래밍에서는 명령문을 반복할 때 루프 대신에 재귀를 사용한다. 이 장에서는 함수형 프로그래밍에서 재귀가 가지는 의미를 알아보고, 재귀적으로 생각하고 설계하는 방법을 살펴본다. 재귀에 익숙해지기 위해서 많은 예제를 만들고 테스트해 본다. 그리고 속도를 개선하기 위해 메모이제이션 기법을 배우고 적용해 본다. 꼬리 재귀 최적화의 경우 메모이제이션을 사용하지 않고도 성능을 향상시키고 스택 오버플로를 방지할 수 있다. 이 꼬리 재귀 최적화에 대해서 공부하고, 일반 재귀로 작성된 코드를 꼬리 재귀로 변경해 본다.

3.1 함수형 프로그래밍에서 재귀가 가지는 의미

재귀는 어떤 함수의 구현 내부에서 자기 자신을 호출하는 함수를 정의하는 방법을 말한다. 특히 수학에서 재귀는 빈번하게 사용되는 개념이다. 예를 들어 수학에서 피보나치 수열의 경우 점화식으로 $F(0) = 0$, $F(1) = 1$, $F(n) = F(n-1) + F(n-2)$로 정의된다. $F(0)$과 $F(1)$은 첫 번째 값과 두 번째 값을 의미하고 상수로 정의하였다. $F(n)$은 $F(n-1)$과 $F(n-2)$를 호출한 결과를 더한 결과다. 즉, 이전 값 두 개의 합을 의미한다. $F(n)$의 내부에서 자기 자신인 $F(n-1)$, $F(n-2)$를 호출했기 때문에 이 점화식은 재귀이다.

피보나치 수열을 명령형 프로그래밍으로 구현한 예제

명령형 프로그래밍에서는 값을 변경할 수 있기 때문에 재귀를 사용하지 않아도 피보나치 수열 문제를 풀 수 있다. 복잡한 프로그램을 명령형 방식으로 풀기 위해서는 간단한 문제로 나누어 접근하는 방식이 좋은데, 이러한 접근 방법을 동적 계획법이라 한다. 다음 예제에서는 동적 계획법을 이용하여 피보나치 수열을 구현하였다.

코드 3-1 fiboDynamic 함수

```kotlin
fun main(args: Array<String>) {
    println(fiboDynamic(10, IntArray(100)))     // "55" 출력
}

private fun fiboDynamic(n: Int, fibo: IntArray): Int {
    fibo[0] = 0
    fibo[1] = 1

    for (i in 2..n) {
        fibo[i] =  fibo[i - 1] + fibo[i - 2]
    }

    return fibo[n]
}
```

fiboDynamic 함수는 피보나치 수열의 결괏값을 한번에 얻으려고 하지 않고 단계별 결괏값을 구해서 합하였다. 이 과정에서 피보나치 수열의 이전 값들을 기억하기 위한 메모리 IntArray(100)을 확보해 놓았다. 루프가 반복되면서 이전 값이 필요하면 메모리에 저장된 값을 사용한다.

코드 3-1의 루프 내에서 fibo 배열에 값을 할당하는 걸 볼 수 있는데, 순수한 함수형 프로그래밍에서는 이러한 값 할당 자체가 불가능하다. 미리 할당된 배열의 크기는 100으로 고정되어 있는데, 명령형 프로그래밍에서는 무한대를 자료구조에 담을 수 없기 때문이다. 따라서 본 예제에서는 피보나치 수열을 100개까지만 계산할 수 있다.

피보나치 수열을 재귀로 구현한 예제

이번에는 피보나치 수열을 재귀로 풀어 보자.

코드 3-2 fiboRecursion 함수

```kotlin
fun main(args: Array<String>) {
    println(fiboRecursion(10))     // "55" 출력
}
```

```kotlin
private fun fiboRecursion(n: Int): Int = when (n) {
    0 -> 0
    1 -> 1
    else -> fiboRecursion(n - 1) + fiboRecursion(n - 2)
}
```

fiboRecursion 함수에서는 내부에서 자기 자신을 호출하여 재귀로 피보나치 수열 문제를 해결하였다. 재귀로 구현한 예제에는 고정 메모리 할당이나 값의 변경이 없다. 메모리를 직접 할당해서 사용하지 않고, 스택을 활용한다. 재귀 호출을 사용하면 컴파일러는 내부적으로 현재 호출하는 함수에 대한 정보들을 스택에 기록해 두고 다음 함수를 호출한다. 프로그래머가 직접 메모리를 할당하지 않아도 컴파일러에 의해서 관리된다.

여기서는 피보나치 수열의 크기에 제한을 두지 않았다. 그렇다면 충분히 큰 수를 호출해도 문제가 없을까? fiboRecursion(150)을 실행해 보고, 문제가 있다면 원인이 무엇인지 고민해 보자.

함수형 프로그래밍에서 재귀

함수형 프로그래밍에서는 어떻게(how) 값을 계산할 수 있을지 선언하는 대신 **무엇을(what)을 선언할지를 고민해야** 한다. *for*나 *while*문과 같은 반복 명령어(iteration)는 구조적으로 어떻게 동작해야 하는지를 명령하는 구문이다. 따라서 함수형 프로그래밍에서는 루프를 사용해서 해결하던 문제들을 재귀로 풀어야 한다.

순수한 함수형 언어 하스켈은 반복 명령어를 아예 제공하지 않는다. 하지만 코틀린은 멀티 패러다임 언어이기 때문에 반복 명령어를 지원한다. 모든 반복문은 재귀로 구현할 수 있다. 마찬가지로 재귀로 작성된 프로그램은 모두 반복문을 사용하도록 변경할 수 있다. 재귀는 반복문에 비하여 복잡한 알고리즘을 간결하게 표현할 수 있지만, 다음과 같은 문제점을 가진다.

- 동적 계획법 방식에 비해서 성능이 느리다.
- 스택 오버플로 오류(stack overflow error)가 발생할 수 있다.

앞으로 많은 예제를 통해서 재귀를 설계하는 방법을 익히고, 이 같은 문제점을 해결하는 방법도 알아갈 것이다. 함수형 프로그래밍에 익숙해지기 위해서 이 책을 학습하는 동안만큼은 반복문 대신 재귀를 사용할 것을 권장한다.

3.2 재귀를 설계하는 방법

이번 절에서는 문자를 출력하는 예제와 최댓값을 구하는 예제를 재귀로 구현한다.
이 예제들을 구현하면서 재귀를 설계하는 방법에 익숙해져 보자.

Hello를 출력하는 프로그램을 다음과 같이 재귀 함수로 작성해 보자.

코드 3-3 helloFunc 함수 1

```
private fun helloFunc() {
    println("Hello")
    helloFunc()
}
```

"Hello"가 화면에 무한히 출력되며 프로그램이 끝나지 않는다. 종료를 위한 조건이
없기 때문이다. 따라서 코드 3-3을 다음과 같이 수정해야 한다.

코드 3-4 helloFunc 함수 2

```
private fun helloFunc(n: Int) {
    when {
        n < 0 -> return
        else -> {
            println("Hello")
            helloFunc(n - 1)
        }
    }
}
```

helloFunc 함수가 자기 자신을 다시 호출할 때, 입력 매개변수로 받는 값 n을 감소
시켜 주고 있다. 재귀를 반복하면 n이 1씩 감소되고, n이 0보다 작아지면 프로그램
은 종료된다.

재귀 함수 설계 방법

재귀가 무한루프에 빠지지 않으려면 재귀에서 빠져 나오는 종료조건(edge condi-
tion)이 적어도 한 개 이상 존재해야 하고 재귀를 반복할수록 종료조건으로 수렴해
야 한다. 앞으로 작성할 재귀 함수는 항상 다음과 같은 접근 방식을 사용할 것이다.

- 종료조건(edge condition) 정의
- 함수의 입력을 분할하여 어떤 부분에서 재귀 호출을 할지 결정

- 함수의 입력값이 종료조건으로 수렴하도록 재귀 호출의 입력값을 결정

종료조건을 정의할 때는 자료구조가 더는 쪼개지지 않아 재귀의 과정이 더 이상 의미 없는 값을 사용한다. 일반적으로 이런 값은 항등값이다.

항등값이란 어떤 값에 연산을 취해도 항상 자기 자신이 되는 값을 의미한다. 예를 들어 곱셈에서 1과 덧셈에서 0은 해당 값을 원본 값에 곱하거나 더해도 동일한 값이기 때문에 항등값이라고 할 수 있다. 또한 리스트에서는 빈 리스트, 트리에서는 자식이 없는 노드가 이에 해당한다.

함수의 입력을 분할할 때는 수학적 귀납법과 동일한 패턴을 적용한다. 어떤 구성요소(예를 들면 리스트의 첫 번째 값)와 나머지 구성요소로 최종 결괏값을 만들기 위한 함수의 동작을 구현한다. 재귀 호출을 할 때는 종료조건으로 수렴하도록 입력값을 사용해야 한다.

재귀가 수행되는 흐름 관찰해 보기

이번에는 1부터 5까지를 더하는 프로그램을 구현해서 실행해 보자.

코드 3-5 func 함수

```kotlin
fun main(args: Array<String>) {
    println(func(5))     // "15" 출력
}

fun func(n: Int): Int = when {
    n < 0 -> 0
    else -> n + func(n - 1)
}
```

n이 0보다 작으면 재귀가 종료된다. 그리고 재귀 호출마다 n을 1씩 줄였으므로 종료조건으로 수렴한다. 내부적으로 재귀가 수행되는 흐름을 보면 다음과 같다.

- func(5)을 호출
- 5 + func(4)
- 5 + (4 + func(3))
- 5 + (4 + (3 + func(2)))
- 5 + (4 + (3 + (2 + func(1))))
- 5 + (4 + (3 + (2 + (1 + func(0)))))

- 5 + (4 + (3 + (2 + (1 + 0))))
- 5 + (4 + (3 + (2 + 1)))
- 5 + (4 + (3 + 3))
- 5 + (4 + 6)
- 5 + 10
- 15

종료조건을 만날 때까지 재귀 함수가 반복 호출된 후에 거꾸로 뒤에서부터 값이 더해진다.

 모든 재귀 함수는 논리적으로 수학적 귀납법으로 증명이 가능하다. 코드 3-5를 수학적 귀납법으로 증명해 보자.

- 명제: func(n)은 음이 아닌 정수 n에 대해서 0부터 n까지의 합을 올바르게 계산한다.
- n = 0인 경우, 0을 반환하므로 참이다.
- 임의의 양의 정수 k에 대해서 n < k인 경우, 0에서 n까지의 합을 올바르게 계산하여 반환한다고 가정한다.
- n = k인 경우, func(k − 1)을 호출할 때 2번 가정에 의해서 0부터 k - 1까지의 합이 올바르다. 이렇게 나온 값에 다시 n을 더하여 반환하므로, func 함수는 0에서 n까지의 합을 올바르게 계산한다.

이처럼 재귀 함수는 수학에서 어떤 명제를 증명하는 방법 중 하나인 수학적 귀납법과 동일한 원리를 가진다. 재귀를 설계할 때 이런 수학적 귀납법을 원리를 활용하는 것도 좋은 접근 방법이다.

연습문제 3-1 재귀로 구현한 피보나치 문제를 수학적 귀납법으로 증명해 보자.

연습문제 3-2 X의 n 승을 구하는 함수를 재귀로 구현해 보자.

HINT 함수의 선언 타입은 다음과 같다.

```
fun power(x: Double, n: Int): Double
```

> **연습문제 3-3** 입력 n의 팩터리얼(Factorial)인 n!을 구하는 함수를 재귀로 구현해 보자.
>
> > **HINT** 팩터리얼을 수학적으로 표현하면 다음과 같다.
> >
> > $0! = 1$
> >
> > $n! = n * (n - 1) * (n - 2) * \ldots * 3 * 2 * 1$

재귀 함수 설계 방법을 사용하여 코드를 구현하기

maximum은 순서가 있는 값들의 리스트를 받아서 가장 큰 값을 돌려주는 함수다. 명령형 프로그래밍 방식으로 구현한다면 최댓값을 작은 수로 초기화시킨 후 모든 구성요소를 순회하면서 구성요소의 값이 지금까지의 최댓값보다 크면 값을 업데이트할 것이다. 이 함수를 재귀로 구현해 보자.

먼저 종료조건(edge condition)을 정의해야 한다. 다음과 같이 각 리스트의 상태에 따른 maximum 함수의 결과를 생각해 보자.

- 입력 리스트가 비어 있을 경우, 최댓값을 구할 수 없기 때문에 오류가 발생한 후 종료될 것이다.
- 입력 리스트에 구성요소가 한 개인 경우, 그 값이 최댓값이므로 종료될 것이다.
- 입력 리스트에 구성요소가 여러 개인 경우는 다음과 같다. 리스트의 첫 번째 값이 나머지 값들의 최댓값보다 크다면 첫 번째 값이 최댓값이다. 나머지 값들의 최댓값이 첫 번째 값보다 크다면 나머지 값들의 최댓값이 입력 리스트의 최댓값이다.

이제 정리된 조건들을 고려해서 maximum 함수를 작성해 보자.

코드 3-6 **maximum 함수**

```kotlin
// 이해를 돕기 위해서 코틀린 확장 함수로 정의했다. 다른 예제에서는 이 정의를 생략한다.
fun List<Int>.head() = first()
fun List<Int>.tail() = drop(1)

fun main(args: Array<String>) {
    println(maximum(listOf(1, 3, 2, 8, 4)))  // "8" 출력
}
```

```
fun maximum(items: List<Int>): Int = when {
    items.isEmpty() -> error("empty list")
    1 == items.size -> items[0]
    else -> {
        val head = items.head()
        val tail = items.tail()
        val maxVal = maximum(tail)
        if (head > maxVal) head else maxVal
    }
}
```

maximum 함수는 입력 리스트를 items으로 받아 리스트 내의 최댓값을 반환한다. 앞에서 정리한 maximum 함수의 특징을 기반으로 종료조건을 정의하고, 그대로 구현하였다. 그리고 종료조건에 부합하지 않는 경우에는 리스트를 head와 tail로 나누고, head가 maximum(tail)보다 크면 head를 반환하고, 그렇지 않으면 maximum(tail)을 다시 호출하였다. 이런 일련의 호출 과정을 나열하면 다음과 같다.

- maximum(1, 3, 2, 8, 4)
- head = 1, maximum(3, 2, 8, 4)
- head = 3, maximum(2, 8, 4)
- head = 2, maximum(8, 4)
- head = 8, maximum(4)
- maximum(4)는 아이템이 한 개이므로 4를 반환
- 5번에서 head = 8, maxVal = maximum(4) = 4이므로 8을 반환
- 4번에서 head = 2, maxVal = maximum(8, 4) = 8이므로 8을 반환
- 3번에서 head = 3, maxVal = maximum(2, 8, 4) = 8이므로 8을 반환
- 2번에서 head = 1, maxVal = maximum(3, 2, 8, 4) = 8이므로 8을 반환
- 1번에서 8을 반환

앞의 호출과정을 머릿속으로 그려 보자. 재귀를 통해서 최댓값 8이 반환되는 과정을 쉽게 이해할 수 있을 것이다.

3.3 재귀에 익숙해지기

이번 절에서는 재귀를 사용해서 다양한 함수를 만들고 연습해 볼 것이다. 본문의

예제를 충분히 이해하고, 코드를 직접 실행해 보자. 제시된 연습문제는 반드시 스스로 풀어 보자.

reverse 함수 예제

입력으로 들어온 리스트의 값들을 뒤집는 재귀 함수를 만들어 보자.

코드 3-7 reverse 함수

```kotlin
// 이해를 돕기 위해서 코틀린 확장 함수로 정의했다. 다른 예제에서는 이 정의를 생략한다.
fun String.head() = first()
fun String.tail() = drop(1)

fun main(args: Array<String>) {
    println(reverse("abcd"))     // "dcba" 출력
}

fun reverse(str: String): String = when {
    str.isEmpty() -> ""
    else -> reverse(str.tail()) + str.head()
}
```

reverse 함수에서는 종료조건으로 빈 문자열을 사용했다. 그리고 reverse 함수를 재귀 호출할 때마다 입력으로 첫 번째 문자를 제외한 str.tail()을 넣기 때문에 종료조건으로 수렴한다. 문자열의 첫 번째 글자 str.head()를 문자열의 맨 뒤에 붙이므로 재귀 호출이 완료되면 뒤집힌 문자열을 반환한다.

 빈 문자열은 뒤집어도 빈 문자열이기 때문에 항등값이다. 따라서 재귀에서 문자열을 다룰 때는 빈 문자열이 종료조건으로 자주 사용된다.

함수형 패러다임을 지원하는 언어들은 대부분 패턴 매칭 기능을 제공한다. 코드 3-7의 reverse 함수를 하스켈로 작성하면 다음과 같다.

코드 3-8 하스켈의 reverse 함수

```haskell
reverse :: String -> String
reverse [] = []
reverse (x:xs) = reverse xs ++ [x]
```

패턴 매칭을 지원하는 함수형 언어들은 재귀 함수를 작성할 때 패턴 매칭을 활용할 수 있다. 입력 리스트가 빈 리스트이면 []에 매칭되고, 빈 리스트가 아니면 (x:xs)에 매칭되는 식이다(참고로 하스켈에서는 String도 리스트로 취급된다). 여기서 (x:xs)는 언어에서 자동으로 객체 분해(de-structuring)하여 리스트의 첫 번째 아이템이 x에 바인딩되고, 나머지 아이템들은 xs

에 바인딩되어 동작한다.

자세히 살펴보면 코드 2-35의 sum 함수와 비슷한 패턴을 보인다는 걸 알 수 있다. 이와 같이 재귀로 작성된 코드는 대체로 유사한 패턴을 보인다.

연습문제 3-4 10진수 숫자를 입력받아서 2진수 문자열로 변환하는 함수를 작성하라.

> **HINT** 함수의 선언 타입은 다음과 같다.

```
fun toBinary(n: Int): String
```

연습문제 3-5 숫자를 두 개 입력받은 후 두 번째 숫자를 첫 번째 숫자만큼 가지고 있는 리스트를 반환하는 함수를 만들어 보자. 예를 들어 replicate(3, 5)를 입력하면 5가 3개 있는 리스트 [5, 5, 5]를 반환한다.

> **HINT** 함수의 선언 타입은 다음과 같다.

```
fun replicate(n: Int, element: Int): List<Int>
```

take 함수 예제

입력 리스트에서 입력받은 숫자만큼의 값만 꺼내오는 take 함수를 만들어 보자.

코드 3-9 **take 함수**

```
fun main(args: Array<String>) {
    println(take(3, listOf(1, 2, 3, 4, 5)))    // "[1, 2, 3]" 출력
}

fun take(n: Int, list: List<Int>): List<Int> = when {
    n <= 0 -> listOf()
    list.isEmpty() -> listOf()
    else -> listOf(list.head()) + take(n - 1, list.tail())
}
```

take 함수는 입력 매개변수로 리스트와 숫자를 받는다. 따라서 입력 매개변수에 대한 종료조건을 각각 따로 생각해야 한다. 만약 빈 리스트가 입력된다면, take 함수는 항상 빈 리스트만 반환할 것이다. 또한 입력받은 숫자가 0인 경우는 리스트에서

0개의 구성요소를 가져오므로 항상 빈 리스트가 반환된다. 따라서 이 두 가지가 종료조건이 된다.

첫 번째 조건에서 입력 n이 0보다 작거나 같으면 빈 리스트를 반환한다. 두 번째 조건에서는 입력 리스트가 빈 리스트인 경우, 빈 리스트를 반환한다. 마지막으로 종료조건에 해당되지 않는 경우는 리스트에서 head와 tail을 분리하여 입력 n과 입력 리스트가 모두 종료조건에 수렴하도록 take 함수를 다시 호출한다.

> **연습문제 3-6** 입력값 n이 리스트에 존재하는지 확인하는 함수를 재귀로 작성해 보자.
>
> **HINT** 함수의 선언 타입은 다음과 같다.
>
> ```
> fun elem(num: Int, list: List<Int>): Boolean
> ```

repeat 함수 예제

앞에서 재귀 함수에 종료조건이 없으면 무한루프에 빠지고 스택 오버플로 오류가 발생한다고 했다. 그러나 순수한 함수형 언어에서는 무한 자료구조를 지원하기 때문에 종료조건이 없으면 무한하게 동작하거나 무한한 자료구조를 만든다. 코틀린은 순수한 함수형 언어는 아니지만, 시퀀스(sequence)를 활용하여 무한 자료구조를 만들 수 있다.

1장에서 함수형 언어로 무한대를 표현해 보았다. 여기서는 숫자를 입력받아 무한히 반복 호출하는 repeat 함수를 만들어 보자.

코드 3-10 시퀀스를 사용해서 작성한 repeat 함수

```
fun repeat(n: Int): Sequence<Int> = generateSequence(n) { it }
```

repeat 함수를 재귀를 이용해 직접 구현해 보자. 물론 시퀀스를 반환하는 함수를 실제로 작성하기에는 코드 3-10이 훨씬 간결하지만, 재귀에 익숙해지기 위해서 연습하는 것이다.

코드 3-11 시퀀스를 재귀로 작성한 repeat 함수

```
fun main(args: Array<String>) {
    println(takeSequence(5, repeat(3)))    // StackOverflowError 발생
}

fun repeat(n: Int): Sequence<Int> = sequenceOf(n) + repeat(n)
```

코드에서 takeSequence는 무한 자료구조를 테스트하기 위한 함수이다. 그런데 코
드를 실행해 보면 스택 오버플로가 발생한다. 코틀린에서는 기본적으로 + 연산자
가 게으른 연산을 하지 않기 때문이다. 재귀를 사용하여 repeat 함수를 구현하려면
시퀀스와 시퀀스를 더할 때 게으르게 동작하는 + 연산자를 정의해야 한다. 사용자
정의 + 연산자는 다음과 같이 정의할 수 있다.

코드 3-12 + 연산자 재정의를 위한 plus 함수

```
// 출처: https://agilewombat.com/2016/02/06/kotlin-sequences/
operator fun <T> Sequence<T>.plus(other: () -> Sequence<T>) = object : Sequence<T> {
    private val thisIterator: Iterator<T> by lazy { this@plus.iterator() }
    private val otherIterator: Iterator<T> by lazy { other().iterator() }
    override fun iterator() = object : Iterator<T> {
        override fun next(): T =
                if (thisIterator.hasNext())
                    thisIterator.next()
                else
                    otherIterator.next()

        override fun hasNext(): Boolean = thisIterator.hasNext() || otherIterator.hasNext()
    }
}
```

이 코드를 이해하는 게 목적은 아니므로 시퀀스의 게으른 더하기 연산이 가능해졌
다는 것만 알고 넘어 가자. 이제 정의된 + 연산자를 사용하여 repeat 함수를 재귀로
작성해 보자.

코드 3-13 게으른 + 연산자를 사용한 repeat 함수

```
fun main(args: Array<String>) {
    println(takeSequence(5, repeat(3)))    // "[3, 3, 3, 3, 3]" 출력
}

fun repeat(n: Int): Sequence<Int> = sequenceOf(n) + { repeat(n) }
```

새롭게 정의된 + 연산자는 게으른 실행을 위해서 람다를 매개변수로 받았다. 시퀀스와 + 연산자가 모두 게으르게 실행되기 때문에 무한대를 자료구조에 담을 수 있다.

연습문제 3-7 코드 3-9의 take 함수를 참고하여 repeat 함수를 테스트하기 위해서 사용한 takeSequence 함수를 작성해 보자. 그리고 repeat 함수가 잘 동작하는지 테스트해 보자.

HINT 함수의 선언 타입은 다음과 같다. 빈 시퀀스는 sequence.none()으로 표현한다.

```
fun takeSequence(n: Int, sequence: Sequence<Int>): List<Int>
```

 순수한 함수형 언어인 하스켈에서는 + 연산자(하스켈에서는 함수)도 기본적으로 게으른 연산을 한다. 따라서 연산자 정의를 별도로 할 필요는 없다. 다음과 같이 작성하면 repeat 함수를 무한대로 만들 수 있다.

코드 3-14 하스켈의 repeat 함수

```
repeat :: a -> [a]
repeat x = x : repeat x
```

zip 함수 예제

두 개의 리스트를 입력으로 받아서 하나의 리스트로 조합하는 함수 zip을 만들어 보자. 예를 들어 [1,3,5]와 [2,4]를 입력받으면 [(1,2), (3,4)]를 반환한다. 두 개의 리스트 중, 길이가 작은 리스트를 기준으로 잘라낸다는 점에 주의하자. 여기서 괄호는 튜플(코틀린에서는 Pair)을 의미한다. 본 예제에서는 리스트에 포함된 값의 타입을 Int로 제한한다.

코드 3-15 zip 함수

```
fun main(args: Array<String>) {
  println(zip(listOf(1, 3, 5), listOf(2, 4)))      // "[(1, 2), (3, 4)]" 출력
}
```

```
fun zip(list1: List<Int>, list2: List<Int>): List<Pair<Int, Int>> = when {
    list1.isEmpty() || list2.isEmpty() -> listOf()
    else -> listOf(Pair(list1.head(), list2.head())) + zip(list1.tail(), list2.tail())
}
```

길이가 작은 리스트를 기준으로 잘라내기 때문에 입력 리스트 중 하나라도 빈 리스트가 들어오면 조합한 결과도 빈 리스트이므로 종료조건이 된다. zip 함수를 재귀 호출할 때, 리스트의 첫 번째 값은 버린 tail()을 입력값으로 사용하기 때문에 종료조건으로 수렴한다. 각 리스트의 head를 Pair로 묶어서 첫 번째 튜플을 만들고 각 리스트의 tail들을 재귀 호출을 하면, 길이가 작은 리스트가 빈 리스트가 될 때까지 재귀적으로 head를 묶어서 최종 결과를 만들어 낸다.

> **연습문제 3-8** 퀵정렬 알고리즘의 quicksort 함수를 작성해 보자.
>
> **HINT 1** 퀵정렬 알고리즘의 동작 방식은 다음 사이트를 참고하자.
>
> *https://en.wikipedia.org/wiki/Quicksort*
>
> **HINT 2** 리스트를 분할하기 위해 함수 partition을 활용하자.
>
> **연습문제 3-9** 최대공약수를 구하는 gcd 함수를 작성해 보자.
>
> **HINT** 함수의 선언 타입은 다음과 같다.
>
> ```
> fun gcd(m: Int, n: Int): Int
> ```

3.4 메모이제이션으로 성능 개선하기

메모이제이션(memoization)이란, 어떤 반복된 연산을 수행할 때 이전에 계산했던 값을 캐싱해서 중복된 연산을 제거하는 방법이다. 연산 횟수가 줄어 속도가 개선되므로 동적 계획법의 핵심이 되는 기술이기도 하다.

재귀적인 방식의 피보나치 수열 예제

코드 3-2 피보나치 수열의 예를 다시 한번 살펴보자. 결과를 확인하기 위해 fibo Recursion 함수에 로그를 추가했다.

코드 3-16 **fiboRecursion 함수**

```kotlin
fun fiboRecursion(n: Int): Int {
    println("fiboRecursion($n)")
    return when (n) {
        0 -> 0
        1 -> 1
        else -> fiboRecursion(n - 2) + fiboRecursion(n - 1)
    }
}
```

fiboRecursion(6)을 실행해 보면 다음과 같이 출력된다.

코드 3-17 **fiboRecursion 결과**

```
fiboRecursion(6)
fiboRecursion(4)
fiboRecursion(2)
fiboRecursion(0)
fiboRecursion(1)
fiboRecursion(3)
fiboRecursion(1)
fiboRecursion(2)
fiboRecursion(0)
fiboRecursion(1)
fiboRecursion(5)
fiboRecursion(3)
fiboRecursion(1)
fiboRecursion(2)
fiboRecursion(0)
fiboRecursion(1)
fiboRecursion(4)
fiboRecursion(2)
fiboRecursion(0)
fiboRecursion(1)
fiboRecursion(3)
fiboRecursion(1)
fiboRecursion(2)
fiboRecursion(0)
fiboRecursion(1)
```

총 24번이 호출되었다. 더 큰 값을 테스트할수록 로그는 기하급수적으로 늘어난다. 함수 내부에서 자기 자신을 두 번 호출하기 때문에 단계가 지날 때마다 호출 개수는 두 배씩 늘어난다. 따라서 n이 N일 때 시간 복잡도는 $O(2^N)$이 된다. 그리고 이전에 했던 연산 결과를 저장해 두지 않았기 때문에 같은 연산을 여러 번 호출한다. 상당히 비효율적인 걸 알 수 있다.

메모이제이션을 사용한 피보나치 수열 예제

메모이제이션을 이용하면 불필요한 재귀 호출을 줄이고, 성능을 개선할 수 있다. 코드 3-16을 메모이제이션으로 작성해 보자.

코드 3-18 **fiboMemoization 함수**

```
var memo = Array(100, { -1 })

fun fiboMemoization(n: Int): Int = when {
    n == 0 -> 0
    n == 1 -> 1
    memo[n] != -1 -> memo[n]
    else -> {
        println("fiboMemoization($n)")
        memo[n] = fiboMemoization(n - 2) + fiboMemoization(n - 1)
        memo[n]
    }
}
```

배열 memo를 연산의 결괏값이 될 수 없는 -1로 초기화해 놓고, 중간 연산 결과를 저장하여 사용했다. 중간 결과의 값이 -1이 아니라면 이미 연산된 것이므로 종료조건을 추가했다. fiboMemoization(6)을 실행하면 다음과 같이 출력된다.

코드 3-19 **fiboMemoization(6) 출력**

```
fiboMemoization(6)
fiboMemoization(4)
fiboMemoization(2)
fiboMemoization(3)
fiboMemoization(5)
```

fiboMemoization은 총 5번 호출되었다. 시간 복잡도는 O(N)으로 개선된다. 동일한 값으로 두 번 재귀 호출하지 않는다. 이와 같이 메모제이션을 사용하면 비효율적인 호출을 제거해서 성능을 개선할 수 있다.

> **연습문제 3-10** 연습문제 3-3에서 작성한 factorial 함수를 메모이제이션을 사용해서 개선해 보라.

재귀의 문제점을 함수적으로 해결하기

메모이제이션을 이용해 재귀의 효율성을 높이기는 했는데, 이 방법이 함수적인 해법인지는 살펴봐야 한다. 순수한 함수의 요건을 다시 따져보자.

순수한 함수는 부수효과가 없어야 한다. 그러나 예제에서는 memo라는 전역변수를 선언함으로써 부수효과가 발생했다. 또한 순수한 함수는 불변성을 띤다. 그러나 memo를 생성하고 재귀 함수 내에서 값을 수정하였으므로 불변성을 지키지 못하였다. 따라서 이 해법은 함수적이지 않다.

그렇다면 함수형 프로그래밍에서는 어떻게 메모이제이션으로 재귀의 성능을 개선할 수 있을까? 부수효과를 없애기 위해 이미 계산된 값을 별도의 메모리에 저장하지 않고, 재귀 함수의 매개변수로 받아서 캐싱을 대신하면 된다.

코드 3-20 **fiboFP 함수**

```kotlin
fun main(args: Array<String>) {
    println(fiboFP(6))     // "8" 출력
}

fun fiboFP(n: Int): Int = fiboFP(n, 0, 1)

tailrec fun fiboFP(n: Int, first: Int, second: Int): Int = when (n) {
    0 -> first
    1 -> second
    else -> fiboFP(n - 1, second, first + second)
}
```

첫 번째 fiboFP 함수는 재귀 함수의 입력을 제한하기 위한 함수로 내부에서 실제로 재귀 호출을 수행하는 함수를 호출한다. 두 번째 fiboFP 함수는 재귀 호출을 수행하는 함수로 이전에 계산된 값을 매개변수로 받는다. 입력 n은 피보나치 수열의 크기를 의미하며 하나씩 감소되어 1이 되면 second를 반환하고 종료한다. first는 현재 피보나치 수열의 바로 이전 값이고, second는 현재 피보나치 수열의 두 단계 이전 값이다.

이번 예제에서는 특이하게 함수 앞에 *tailrec*이라는 키워드가 붙었다. 이것은 꼬리 재귀 함수라는 의미의 어노테이션(annotation)이다. 꼬리 재귀는 메모이제이션과는 다른 개념으로 다음 절에서 다룬다.

연습문제 3-11 연습문제 3-10에서 작성한 factorial 함수를 함수형 프로그래밍에 적합한 방식으로 개선해 보라.

3.5 꼬리 재귀로 최적화하기

3.4 절의 마지막 예제에서 *tailrec*라는 키워드를 보았다. *tailrec*은 언어 차원에서 제공하는 어노테이션이다. 만약 *tailrec*이 명시된 함수가 꼬리 재귀(tail recursion)의 조건에 부합하지 않으면, IDE에서는 경고(warning) 메시지를 주고, 컴파일러 최적화가 발생하지 않는다. 그렇다면 꼬리 재귀란 무엇이고, 최적화는 어떻게 하는지 알아보자.

꼬리 재귀 최적화란?

꼬리 재귀란 어떤 함수가 직간접적으로 자기 자신을 호출하면서도 그 호출이 마지막 연산인 경우를 말한다. 그리고 이 마지막 연산인 호출을 꼬리 호출(tail call)이라 한다. 여기서 주의할 점은 마지막 호출에서 재귀 함수만 호출되어야 한다는 것이다. 일반적인 재귀는 호출이 반복되므로 깊이가 깊어지면 스택 오버플로(stack overflow)가 발생할 수 있다. 그러나 꼬리 호출일 때는 스택 오버플로 문제를 일으키는 스택 프레임(stack frame)을 컴파일러가 재사용할 수 있다.

재귀가 꼬리 호출인 경우, 재귀의 마지막 결과가 재귀 호출 전체의 결과와 일치한다. 따라서 컴파일러는 새로운 스택 프레임을 생성해서 재귀 호출하지 않고, 현재 스택 프레임에서 함수의 시작 지점으로 점프하여 재귀 호출을 할 수 있다. 이 경우 재귀를 사용했지만, 반복문(*while*, *for* 등)을 사용한 것처럼 최적화할 수 있다.

이렇게 꼬리 재귀 조건에 부합하는 코드라는 것을 컴파일러가 인지하여 최적화하는 것을 꼬리 재귀 최적화라 한다. 꼬리 재귀 최적화가 일어나면 메모이제이션과 같은 방법을 사용하지 않고도 성능을 향상시키고 스택 오버플로를 방지할 수 있다.

다음 예제를 통해서 꼬리 재귀를 사용한 경우와 반복문을 사용한 경우를 비교해 보자.

코드 3-21 findFixPoint 함수

```
// 출처: https://kotlinlang.org/docs/reference/functions.html
tailrec fun findFixPoint(x: Double = 1.0): Double
        = if (x == Math.cos(x)) x else findFixPoint(Math.cos(x))
```

1.0에서부터 수학의 코사인(cosine) 함수를 수행하여 더 이상 값이 변하지 않을 때까지 반복하는 재귀 함수다. 함수의 마지막 연산에서 재귀 호출이 이루어졌기 때문에 꼬리 재귀이다. 그리고 *tailrec*을 명시하여 꼬리 재귀임을 컴파일러에게 알렸다. 이 코드는 코틀린 컴파일러에 의해서 다음과 같이 최적화된다. 만약 컴파일러가 최적화할 수 없다면 예외를 던진다.

코드 3-22 findFixPoint 함수

```
// 출처: https://kotlinlang.org/docs/reference/functions.html
fun findFixPoint(): Double {
    var x = 1.0
    while (true) {
        val y = Math.cos(x)
        if (x == y) return x
        x = y
    }
}
```

두 함수는 결과와 동작이 동일하다. 표현하는 방식에 차이가 있을 뿐이다. 어떤 코드가 더 가독성이 좋은가? (이 부분은 독자의 판단에 맡기겠다.)

> **연습문제 3-12** 연습문제 3-11에서 작성한 factorial 함수가 꼬리 재귀인지 확인해 보자. 만약 꼬리 재귀가 아니라면 최적화되도록 수정하자.
>
> **HINT** *tailrec* 어노테이션을 활용하자.
>
> **연습문제 3-13** 연습문제 3-2에서 작성한 power 함수가 꼬리 재귀인지 확인해 보자. 만약 꼬리 재귀가 아니라면 개선해 보자.
>
> **HINT** *tailrec* 어노테이션을 활용하자.

재귀는 재귀 호출이 배치되는 위치에 따라서 머리 재귀(head recursion)와 꼬리 재귀(tail recursion)로 분류된다. 머리 재귀는 함수의 다른 처리 앞에서 재귀 호출이 수행되고, 꼬리 재귀는 모든 처리가 완료되고 마지막에 재귀 호출이 수행된다. 다음은 머리 재귀와 꼬리 재귀의 예다.

코드 3-23 **headRecursion, tailRecursion 함수**

```
fun tailRecursion(n: Int): Int = when (n) {
    0 -> 0
    else -> tailRecursion(n - 1)
}

fun headRecursion(n: Int): Int = when {
    n > 0 -> headRecursion(n - 1)
    else -> 0
}
```

두 함수는 기능적으로 동일하다. 하지만 꼬리 재귀는 스택 프레임을 재사용하여 최적화가 가능하다. 그러나 함수형 언어를 포함한 대부분의 모던 언어들은 꼬리 재귀에 의한 컴파일러 최적화를 지원하므로 함수형 프로그래밍에서는 가능하면 꼬리 재귀로 작성한다.

컴파일러 최적화를 지원하지 않는 언어를 사용한다면 가독성을 고려하여 적당한 방식을 선택하면 된다.

maximum 함수를 꼬리 재귀로 다시 작성하기

이제부터는 그동안 풀었던 예제들을 꼬리 재귀를 사용하는 코드로 바꾸어 보자. 꼬리 재귀로 설계하는 방법도 일반 재귀를 설계하는 것과 크게 다르지 않다. 먼저 종료조건을 정의하고, 입력을 분할하여 종료조건에 수렴하도록 재귀 호출을 한다. 단, 재귀 호출을 함수의 마지막 부분에서 수행해야 한다. 이때 필요하면 내부 캐싱를 위해서 중간 결괏값을 재귀 함수의 매개변수를 통해서 전달하는데, 이 매개변수를 보통 누산값(accumulator)이라 한다. 먼저 maximum 함수를 꼬리 재귀를 사용하도록 수정해 보자.

코드 3-24 **maximum, tailrecMaximum 함수**

```
fun maximum(items: List<Int>): Int = when {
    items.isEmpty() -> error("empty list")
    items.size == 1 -> {
        println("head : ${items[0]}, maxVal : ${items[0]}")
        items[0]
    }
```

```
    else -> {
        val head = items.head()
        val tail = items.tail()
        val maxValue = maximum(tail)
        println("head : $head, maxVal : $maxValue")
        if (head > maxValue) head else maxValue
    }
}

tailrec fun tailrecMaximum(items: List<Int>, acc: Int = Int.MIN_VALUE): Int = when {
    items.isEmpty() -> error("empty list")
    items.size == 1 -> {
        println("head : ${items[0]}, maxVal : $acc")
        acc
    }
    else -> {
        val head = items.head()
        val maxValue = if (head > acc) head else acc
        println("head : $head, maxVal : $maxValue")
        tailrecMaximum(items.tail(), maxValue)
    }
}
```

maximum 함수를 꼬리 재귀 호출로 변경하였다. 여기서는 꼬리 재귀로 변경하기 위해서 바로 이전 호출까지의 최댓값을 누산값(acc)으로 전달해야 한다. 이전에 작성했던 일반 재귀 호출과 비교해서 생각해 보자. 일반 재귀 호출의 예에서는 최댓값을 최종 반환값으로만 전달할 수 있었다. 따라서 이전 호출에서의 최댓값을 알기 위해서 재귀 호출을 먼저 수행한 후, head와 크기를 비교하는 연산을 수행할 수밖에 없다.

꼬리 재귀의 예에서는 이 최댓값을 매개변수로 전달함으로써 마지막 연산을 재귀 호출의 상단으로 이동시켰다. 꼬리 재귀에 아직 익숙하지 않다면, 이렇게 코드를 일반 재귀로 먼저 만들고 꼬리 재귀로 변환하자.

일반 재귀와 꼬리 재귀는 결괏값은 같지만 과정은 다르다. listOf(1, 2, 10, 5, 7, 3)을 입력값으로 두 함수를 호출하면 다음과 같은 순서로 출력된다.

일반 재귀	꼬리 재귀
head : 3, maxVal : 3	head : 1, maxVal : 1
head : 7, maxVal : 3	head : 1, maxVal : 1
head : 5, maxVal : 7	head : 2, maxVal : 2

head : 10, maxVal : 7	head : 10, maxVal : 10
head : 2, maxVal : 10	head : 5, maxVal : 10
head : 1, maxVal : 10	head : 7, maxVal : 10

일반 재귀인 maximum 함수의 내부 호출 순서는 다음과 같다.

- maximum(1, 2, 10, 5, 7, 3)
- maximum(1, (2, 10, 5, 7, 3))
- maximum(1, maximum(2,(10, 5, 7, 3)))
- maximum(1, maximum(2,maximum(10, (5, 7, 3))))
- maximum(1, maximum(2,maximum(10, maximum(5, (7, 3)))))
- maximum(1, maximum(2,maximum(10, maximum(5, maximum(7, (3))))))
- maximum(1, maximum(2, maximum(10, maximum(5, maximum(7, maximum(3))))))
- maximum(1, maximum(2, maximum(10, maximum(5, maximum(7, 3)))))
- maximum(1, maximum(2, maximum(10, maximum(5, 7))))
- maximum(1, maximum(2, maximum(10, 7)))
- maximum(1, maximum(2, 10))
- maximum(1, 10)
- 10

꼬리 재귀인 tailrecMaximum 함수의 내부 호출 순서는 다음과 같다.

- tailrecMaximum(1, 2, 10, 5, 7, 3)
- tailrecMaximum((2, 10, 5, 7, 3), 1)
- tailrecMaximum((10, 5, 7, 3), 2)
- tailrecMaximum((5, 7, 3), 10)
- tailrecMaximum((7, 3), 10)
- tailrecMaximum((3), 10)
- 10

maximum 함수는 재귀 호출을 위해서 스택을 이용하지만, tailrecMaximum 함수는 스택을 사용하지 않고, 반복문과 동일한 호출 과정을 보인다.

reverse 함수를 꼬리 재귀로 다시 작성하기

코드 3-7의 reverse 함수를 꼬리 재귀로 다시 작성하면 다음과 같다. 일반 재귀와 꼬리 재귀의 종료조건은 마찬가지로 동일하다.

코드 3-25 **reverse 함수**

```kotlin
fun reverse(str: String): String = when {
    str.isEmpty() -> ""
    else -> reverse(str.tail()) + str.head()
}

tailrec fun reverse(str: String, acc: String = ""): String = when {
    str.isEmpty() -> acc
    else -> {
        val reversed = str.head() + acc
        reverse(str.tail(), reversed)
    }
}
```

최종 결괏값은 문자열을 누산값(acc)으로 하였다. 그리고 maximum 예제와 유사하게 종료조건에서 최종적으로 누산값을 반환한다.

> 연습문제 3-14 연습문제 3-4에서 작성한 toBinary 함수가 꼬리 재귀인지 확인해 보자. 만약 꼬리 재귀가 아니라면 개선해 보자.
>
> 연습문제 3-15 연습문제 3-5에서 작성한 replicate 함수가 꼬리 재귀인지 확인해 보자. 만약 꼬리 재귀가 아니라면 개선해 보자.

take 함수를 꼬리 재귀로 다시 작성하기

코드 3-9의 take 함수를 꼬리 재귀로 다시 작성하면 다음과 같다.

코드 3-26 **take 함수**

```kotlin
tailrec fun take(n: Int, list: List<Int>, acc: List<Int> = listOf()):
List<Int> = when {
    0 >= n -> acc
    list.isEmpty() -> acc
    else -> {
        val takeList = acc + listOf(list.head())
```

```
        take(n - 1, list.tail(), takeList)
    }
}
```

이제 어느 정도 패턴이 보일 것이다. 이번 예제를 통해서 몇 가지 꼬리 재귀 패턴을 정리해 보자.

- 누산값(accumulator)의 타입은 최종 반환값의 타입과 같다.
- 종료조건의 반환값은 누산값이거나 누산값을 포함한 연산 결과이다.
- 중간 결괏값(take 함수에서는 takeList)을 만드는 순서는 보통 '누산값 + 새로운 값'이다.

세 번째 경우는 중간 결괏값이 실제로 만들어지는 순서를 생각하면 된다. reverse 나 toBinary 함수는 결괏값을 반대로 출력해야 하기 때문에 '새로운 값 + 누산값'인 것을 알 수 있다. 그런데 꼬리 재귀에 항상 누산값이 필요한 것은 아니다. 따라서 이 패턴도 항상 적용되는 것은 아니니 유의하자.

> **연습문제 3-16** 연습문제 3-6에서 작성한 elem 함수가 꼬리 재귀인지 확인해 보자. 만약 꼬리 재귀가 아니라면 개선해 보자.

zip 함수를 꼬리 재귀로 다시 작성하기

코드 3-15의 zip 함수를 꼬리 재귀로 다시 작성하면 다음과 같다.

코드 3-27 zip 함수

```
tailrec fun zip(list1: List<Int>, list2: List<Int>, acc: List<Pair<Int, Int>> = listOf())
    : List<Pair<Int, Int>> = when {
    list1.isEmpty() || list2.isEmpty() -> acc
    else -> {
        val zipList = acc + listOf(Pair(list1.head(), list2.head()))
        zip(list1.tail(), list2.tail(), zipList)
    }
}
```

앞에서 설명한 패턴이 그대로 적용되었다. 반환값 acc와 타입이 같고, 종료조건에서 acc를 반환했다. 그리고 중간 결괏값인 zipList를 만들기 위해서 acc에 새로운 값을 추가했으며 꼬리 호출로 zip 함수를 호출했다.

3.6 상호 재귀를 꼬리 재귀로 최적화하기

꼬리 재귀를 이용하면 상호 재귀를 최적화할 수 있다. 여기서는 상호 재귀가 무엇인지 알아보고, 상호 재귀를 최적화하기 위한 방법인 트램펄린을 살펴본다.

상호 재귀

상호 재귀(mutual recursion)는 함수 A가 함수 B를 호출하고, 함수 B가 다시 함수 A를 호출하는 것을 말한다. 상호 재귀의 예로 홀수, 짝수를 판단하는 예를 보자.

코드 3-28 **even, odd 함수**

```kotlin
fun main(args: Array<String>) {
    println(even(9999))      // "false" 출력
    println(odd(9999))       // "true" 출력
    println(even(999999))    // java.lang.StackOverflowError 발생
}

fun even(n: Int): Boolean = when (n) {
    0 -> true
    else -> odd(n - 1)
}

fun odd(n: Int): Boolean = when (n) {
    0 -> false
    else -> even(n - 1)
}
```

even 함수는 odd 함수를 호출하고, odd 함수가 다시 even 함수를 호출함으로써 반복적으로 상호 재귀 호출을 하고 있다. 두 함수의 종료조건 중, 한 가지에 만족하면 재귀 호출은 종료되고 원하는 결과를 얻을 수 있다. 동작 과정을 그림으로 표현하면 다음과 같다.

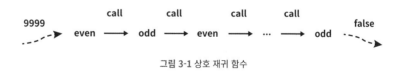

그림 3-1 상호 재귀 함수

even(999999)는 매개변수의 값이 매우 높아, 스택 오버플로가 발생한 것이다. 함수

형 언어의 컴파일러도 일반적으로는 상호 재귀를 최적화할 수는 없다. 스택 오버플로가 발생하지 않게 하려면 상호 꼬리 재귀(mutual tail recursion)로 변경해야 한다.

연습문제 3-17 입력값 n의 제곱근을 2로 나눈 값이 1보다 작을 때까지 반복하고, 최초의 1보다 작은 값을 반환하는 함수를 상호 재귀를 사용하여 구현하라. 이때 입력값 n은 2보다 크다.

> **HINT 1** 제곱근을 구하는 함수와 2로 나누는 함수를 쪼개라.
>
> **HINT 2** 제곱근은 java.lang.Math.sqrt() 함수를 사용하여 구할 수 있다.

트램펄린

상호 꼬리 재귀를 가능하게 하려면 트램펄린(trampoline)을 사용하면 된다. 트램펄린은 반복적으로 함수를 실행하는 루프(loop)다. 이때 실행되는 함수를 성크(thunk)라고 하는데, 성크는 다음에 실행될 함수를 매번 새로 생성하여 반환한다. 트램펄린에서 성크는 한 번에 하나만 실행된다. 프로그램을 충분히 작은 성크로 쪼갠 후 트램펄린에서 점프하듯이 반복 실행하면 스택이 커지는 것을 막을 수 있다. 이제 코드 3-28을 트램펄린을 사용해서 다시 작성해 보자.

코드 3-29 trampoline 함수

```
sealed class Bounce<A>
data class Done<A>(val result: A): Bounce<A>()
data class More<A>(val thunk: () -> Bounce<A>): Bounce<A>()

tailrec fun <A> trampoline(bounce: Bounce<A>): A = when (bounce) {
    is Done -> bounce.result
    is More -> trampoline(bounce.thunk())
}
```

Bounce라는 클래스를 정의하고, Bounce 클래스를 확장한 Done과 More 클래스를 정의했다. 트램펄린이 끝나면 Bounce는 Done이 되고, 더 호출할 게 남아 있다면 More가 된다. Done은 최종적으로 반환할 결과인 result를 매개변수로 받고, More는 다음에 실행할 함수 thunk를 매개변수로 받는다. 언어마다 표현은 다르지만 트램펄린은 종료조건을 의미하는 Done과 다음 트램펄린에 성크를 넘기기 위한 More가 포함되어야 한다.

trampoline 함수는 Bounce를 매개변수로 받아서 Done이면 결과를 반환하고 종료하고, More면 다음에 실행할 함수를 매개변수로 trampoline 함수를 재귀 호출한다. 이때 **값을 넘기는 것이 아니라 함수를 넘긴다는 것**에 유의하자. 값이 아니라 함수를 넘기기 때문에 재귀 호출하는 시점이 아니라 실제로 값이 사용되는 시점에 값이 평가된다.

trampoline 함수를 보면 *tailrec*으로 선언되어 있다. 따라서 trampoline 함수는 코틀린 컴파일러에 의해서 최적화된다. 이제 trampoline 함수를 활용해서 코드 3-29의 홀수, 짝수 함수를 다시 작성하자.

코드 3-30 **odd, even 함수**

```
fun main(args: Array<String>) {
    println(trampoline(even(999999)))    // "false" 출력
    println(trampoline(odd(999999)))     // "true" 출력
}

fun odd(n: Int): Bounce<Boolean> = when (n) {
    0 -> Done(false)
    else -> More { even(n - 1) }
}

fun even(n: Int): Bounce<Boolean> = when (n) {
    0 -> Done(true)
    else -> More { odd(n - 1) }
}
```

ood와 even 함수의 최종 반환 타입은 Boolean이고, trampoline 함수에 매개변수로 넘겨야 하므로 반환 타입은 Bounce<Boolean>이다. 함수의 구현부에서는 종료조건에는 최종 결과를 포함한 Done을 반환하고, 종료조건에 부합하지 않으면 다음에 실행할 함수를 포함한 More를 반환한다. 이때 이 함수는 객체 내부의 상태값(예를 들면, accumulator)을 매개변수로 할 수 있다. 이렇게 작성된 프로그램은 다음과 같이 트램펄린에서 점프하듯이 함수를 반복 호출한다.

그림 3-2 트램펄린

> ☑️ 스칼라나 클로저 같은 함수형 언어들은 언어 자체적으로 트램펄린을 위한 타입과 기능을 내장하고 있다. 그러나 코틀린은 트램펄린을 위한 재료들을 내장하고 있지 않기 때문에 직접 구현하였다. 이해를 돕기 위해서 트램펄린을 간단한 형태의 함수로 작성하였으나, 실제로는 프리모나드(free monad)를 사용하여 트램펄린 자체를 하나의 타입으로 추상화하여 사용하기도 한다.

연습문제 3-18 trampoline 함수를 사용하여 연습문제 3-17의 함수를 다시 작성해 보자.

연습문제 3-19 trampoline 함수를 사용하여 연습문제 3-12의 factorial 함수를 다시 작성해 보자. 100000! 값은 얼마인가?

HINT java.math.BigDecimal을 사용하라.

3.7 실전 응용

이번에는 멱집합을 구하는 함수 powerset을 구현해 보자. 먼저 powerset 함수를 재귀의 조건에 맞는 함수로 작성하고, 꼬리 재귀 함수로 다시 작성한다. 그리고 powerset 함수를 컬렉션의 확장 함수로 정의한다. 완성된 powerset 함수는 각종 컬렉션에서 유용하게 활용할 수 있을 것이다.

멱집합을 구하는 함수

멱집합이란 어떤 집합의 모든 부분 집합의 집합이다. 예를 들어 집합 S = {1, 2, 3}이 있을 때, S의 멱집합은 P(S) = {{}, {1}, {1, 2}, {1, 3}, {2}, {2, 3}, {3}, {1, 2, 3}}이다. 먼저 멱집합을 구하는 함수의 원형을 생각해 보자. 함수의 입력은 집합 S이므로 Set<T>이고, 출력 P(S)는 Set<Set<T>>가 된다. powerset 함수의 원형은 다음과 같다.

코드 3-31 powerset 함수의 원형

```
fun <T> powerset(s: Set<T>): Set<Set<T>>
```

이 함수를 재귀로 작성하기 위해서 먼저 종료조건을 생각해 보자. 입력이 리스트인 경우, 종료조건은 일반적으로 리스트가 비어 있을 때다. 입력 s가 비어 있는 세트 (Set)로 수렴할 수 있다면 S = {}일 때, P(S) = {{}}이다. 따라서 다음과 같이 종료조건을 추가할 수 있다.

코드 3-32 powerset 함수에 종료조건 추가

```kotlin
fun <T> powerset(s: Set<T>): Set<Set<T>> = when {
        s.isEmpty() -> setOf(setOf())
        else -> {
            TODO()
        }
}
```

이제 멱집합의 특징을 분석해 보자. P(S)를 구성하는 집합의 첫 번째 요소 중, 1을 포함하는 집합들만 추려 보면 {1}, {1, 2}, {1, 3}, {1, 2, 3}이 된다. 그리고 추려낸 집합을 제외한 나머지는 {}, {2}, {3}, {2, 3}이다. 그런데 여기에 1을 추가하면 1을 포함하는 집합들의 집합과 동일하다. 이러한 특징을 이용해서 재귀의 본문을 작성해 보자.

코드 3-33 powerset 함수의 본문 작성

```kotlin
fun main(args: Array<String>) {
    println(powerset(setOf(1, 2, 3)))   // "[[], [3], [2], [2, 3], [1],
                                        //   [1, 3], [1, 2], [1, 2, 3]]" 출력
}

fun <T> Set<T>.head() = first()
fun <T> Set<T>.tail() = drop(1).toSet()

fun <T> powerset(s: Set<T>): Set<Set<T>> = when {
    s.isEmpty() -> setOf(setOf())
    else -> {
        val head = s.head()
        val restSet = powerset(s.tail())
        restSet + restSet.map { setOf(head) + it }.toSet()
    }
}
```

먼저 powerset 함수의 핵심 로직을 명확하게 보여주기 위해서 Set에 head, tail 함수를 추가했다. 그리고 코드 3-32의 TODO() 부분에 멱집합의 특징을 구현했다. 이 재귀 함수의 실행 과정을 보면 다음과 같다.

- powerset({1, 2, 3}) = powerset({2, 3}) + powerset({2, 3}).map { 1 + it }

- powerset({2, 3}) = powerset({3}) + powerset({3}).map { 2 + it }

- powerset({3}) = powerset({}) + powerset({}).map { 3 + it }

- powerset({}) = {{}}

- powerset({3}) = {{}, {3}}

- powerset({2, 3}) = {{}, {3}} + {{2}, {2, 3}} = {{}, {2}, {3}, {2, 3}}

- powerset({1, 2, 3}) = {{}, {2}, {3}, {2, 3}} + {{1}, {1, 2}, {1, 3}, {1, 2, 3}} = {{}, {1}, {2}, {3}, {1, 2}, {1, 3}, {2, 3}, {1, 2, 3}}

집합의 첫 번째 구성요소를 포함한 집합과 나머지 집합을 만들고, 합쳐서 멱집합을 만드는 과정이다. 이제 코드 3-33의 powerset 함수를 꼬리 재귀로 다시 작성해 보자.

코드 3-34 꼬리 재귀로 작성한 powerset 함수

```
fun main(args: Array<String>) {
    println(powerset(setOf(1, 2, 3), setOf(setOf())))    // "[[], [1], [2], [1, 2], [3],
                                                         [1, 3], [2, 3], [1, 2, 3]]" 출력
}

tailrec fun <T> powerset(s: Set<T>, acc:Set<Set<T>>): Set<Set<T>> = when {
    s.isEmpty() -> acc
    else -> powerset(s.tail(), acc + acc.map { it + s.head() })
}
```

더 간결하고 효율적인 코드가 만들어졌다. 이번에는 확장 함수를 사용하여 모든 컬렉션에서 powerset 함수를 사용할 수 있도록 재사용성을 강화해 보자. powerset(setOf(1, 2, 3))과 같이 호출하던 것을 setOf(1, 2, 3).powerset()과 같이 호출할 수 있도록 확장 함수로 정의하는 것이다.

모든 컬렉션에서 동작하기 위해서 작성한 꼬리 재귀 함수의 입력을 다음과 같이 Collection으로 변경한 후 확장 함수로 감싸면 된다.

코드 3-35 powerset 함수 사용 예

```
fun main(args: Array<String>) {
    println(setOf(1, 2, 3).powerset())    // "[[], [1], [2], [1, 2], [3], [1, 3],
                                          [2, 3], [1, 2, 3]]" 출력
    println(listOf(1, 2, 3).powerset())   // "[[], [1], [2], [1, 2], [3], [1, 3],
                                          [2, 3], [1, 2, 3]]" 출력
}
```

```
fun <T> Collection<T>.head() = first()
fun <T> Collection<T>.tail() = drop(1)

fun <T> Collection<T>.powerset(): Set<Set<T>> = powerset(this, setOf(setOf()))

tailrec fun <T> powerset(s: Collection<T>, acc:Set<Set<T>>): Set<Set<T>> = when {
    s.isEmpty() -> acc
    else -> powerset(s.tail(), acc + acc.map { it + s.head() })
}
```

3.8 마치며

이번 장에서는 함수형 프로그래밍에서 매우 자주 사용되는 재귀의 개념에 대해서 배우고, 다양한 예제들을 살펴봤다. 명령형 프로그래밍에 익숙한 사람에게는 이러한 풀이 방식이 어렵게 느껴질 수 있다. 그러나 연습문제까지 모두 풀어 본 독자라면, 개념에 대한 이해를 넘어서 재귀적으로 생각하고 설계하는 방법을 체득할 수 있었을 것이다.

4장

고차 함수

함수형 프로그래밍에서는 함수를 객체처럼 다룬다. 따라서 객체만큼 함수를 이해하고 활용할 수 있어야 한다. 이번 장에서는 함수를 좀 더 유연하게 다루기 위한 고차 함수에 대해서 알아보고, 몇 가지 예를 통해서 고차 함수의 장점을 살펴본다. 부분 함수나 커링, 함수 합성 등은 함수형 프로그래밍을 구성하는 아주 기본적인 개념으로, 고차 함수를 사용해서 만들 수 있다. 4장에서는 부분 함수와 커링 함수를 직접 만들어 보며 이해한다. 또한 함수 합성을 어떻게 활용할 수 있는지 알아본다.

4.1 고차 함수란?

코틀린의 함수들은 함수를 인자로 받거나 반환값으로 반환하는 것이 가능하다. 이게 가능한 이유는 코틀린에서 함수는 일급 함수(first-class function)이기 때문이다. 함수형 프로그래밍에서는 다음 두 가지 조건 중 하나 이상을 만족하는 함수를 고차 함수(higher order function)라 한다.

- 함수를 매개변수로 받는 함수
- 함수를 반환하는 함수

명령형 언어에서는 문제를 해결하기 위해서 상태를 변경하거나 반복문을 사용하여 단계별로 정의한다. 함수형 언어에서 문제를 해결할 때는 반드시 고차 함수를 사용해야 한다.

고차 함수 조건을 만족하는 예

고차 함수를 사용하면 코드의 재사용성을 높일 수 있고, 기능을 확장하기 쉬우며, 코드를 간결하게 작성할 수 있다. 고차 함수 조건을 만족하는 다음 두 가지 예제를 살펴보자.

코드 4-1 고차 함수의 두 가지 예

```kotlin
fun higherOrderFunction1(func: () -> Unit): Unit {
    func()
}

fun higherOrderFunction2(): () -> Unit {
    return { println("Hello, Kotlin") }
}
```

higherOrderFunction1은 매개변수로 함수를 전달 받고, higherOrderFunction2는 함수를 반환하므로 두 함수 모두 고차 함수이다.

코드의 재사용성을 높인다

고차 함수로 코드의 재사용성을 얼마나 높일 수 있는지 알아보기 위해 상속을 사용한 계산기를 먼저 작성해 보자.

코드 4-2 상속을 사용해서 작성한 계산기

```kotlin
fun main(args: Array<String>) {
    val calcSum = Sum()
    val calcMinus = Minus()
    val calcProduct = Product()

    println(calcSum.calc(1, 5))      // "6" 출력
    println(calcMinus.calc(5, 2))    // "3" 출력
    println(calcProduct.calc(4, 2))  // "8" 출력
}

interface Calcable {
    fun calc(x: Int, y: Int): Int
}

class Sum : Calcable {
    override fun calc(x: Int, y: Int): Int {
        return x + y
    }
}
```

```
class Minus : Calcable {
    override fun calc(x: Int, y: Int): Int {
        return x - y
    }
}

class Product : Calcable {
    override fun calc(x: Int, y: Int): Int {
        return x * y
    }
}
```

여기서 중요한 것은 x + y, x - y, x * y와 같은 핵심 비즈니스 로직이다. 그런데 override fun calc(x: Int, y: Int) : Int와 같은 의미 없는 코드(boilerplate code)들이 반복해서 나타나 핵심 비즈니스 로직이 한눈에 들어오지 않는다. 따라서 유지보수가 어려울 뿐 아니라 요구사항이 추가될 때마다 의미 없는 코드도 점점 늘어난다.

고차 함수를 활용하면 좀 더 간결하고 재사용성 높은 코드로 만들 수 있다.

코드 4-3 고차 함수를 사용해서 작성한 계산기

```
fun main(args: Array<String>) {
    val sum: (Int, Int) -> Int = { x, y -> x + y }
    val minus: (Int, Int) -> Int = { x, y -> x - y }
    val product: (Int, Int) -> Int = { x, y -> x * y }

    println(higherOrder(sum, 1, 5))      // "6" 출력
    println(higherOrder(minus, 5, 2))    // "3" 출력
    println(higherOrder(product, 4, 2))  // "8" 출력
}

fun higherOrder(func: (Int, Int) -> Int, x: Int, y: Int): Int = func(x, y)
```

higherOrder는 함수를 매개변수로 받고 있으므로 고차 함수이다. 매개변수로 받은 함수는 오직 타입으로만 일반화되어 있다. 비즈니스 로직은 호출자로부터 주입받는다. 의미 없는 코드도 없고, 핵심 비즈니스 로직도 한꺼번에 잘 정리되어 있다.

 추상화(abstraction)와 일반화(generalization)는 뜻을 구분하지 않고 사용하기도 한다. 하지만 이 책에서는 뜻을 구분하기 위해 추상화는 관심 있는 부분만 노출하고 나머지는 숨기는 것, 일반화는 여러 대상에서 공통 부분만 추출하여 새로운 대상을 만드는 것으로 구분해서 사용한다.

기능의 확장이 쉽다

고차 함수를 이용하면 기능을 확장하기도 쉽다. 계산기 기능에 입력받은 두 개의 값을 더해서 두 배하는 기능을 추가해 보자. 이번에도 상속을 사용한 코드를 먼저 살펴본다.

코드 4-4 상속을 사용한 계산기에 TwiceSum 기능 추가

```
fun main(args: Array<String>) {
    val calcTwiceSum = TwiceSum()
    println(calcTwiceSum.calc(8, 2)) // "20" 출력
}

class TwiceSum : Calcable {
    override fun calc(x: Int, y: Int): Int {
        return (x + y) * 2
    }
}
```

(x + y) * 2의 비즈니스 로직을 추가하기 위해 override fun calc(x: Int, y: Int): Int{.. } 같은 불필요한 코드를 작성해야 한다. 고차 함수를 활용하면 어떨까?

코드 4-5 고차 함수를 사용한 계산기에 TwiceSum 기능 추가

```
fun main(args: Array<String>) {
    val twiceSum: (Int, Int) -> Int = { x, y -> (x + y) * 2 }
    println(higherOrder(twiceSum, 8, 2))    // "20" 출력
}
```

핵심 비즈니스 로직인 (x + y) * 2만 적절히 추가하면 된다.

코드를 간결하게 작성할 수 있다

고차 함수를 사용하면 코드를 간결하게 작성할 수 있다. 여기서는 입력 리스트의 값들을 두 배해서 10보다 큰 수의 리스트를 반환하는 예제를 작성해 본다. 먼저 명령형 프로그래밍으로 작성해 보자.

코드 4-6 명령형 프로그래밍으로 작성한 예

```
val over10Values: ArrayList<Int> = ArrayList()

for (i in 0 until ints.size) {
    val twiceInt = ints[i] * 2
    If (twiceInt > 10){
```

```
        over10Values.add(twiceInt)
    }
}

println(over10Values)    // "[12, 14, 16, 18, 20]" 출력
```

*for*문을 사용해서 리스트 내의 모든 값을 두 배하고, *if*문을 사용해서 10보다 큰 수만 걸러 내었다.

　동일한 코드를 코틀린의 컬렉션 API와 고차 함수를 사용해서 작성하면 다음과 같이 작성할 수 있다.

코드 4-7 컬렉션 API와 고차 함수를 활용해서 작성한 예

```
val ints: List<Int> = listOf(1, 2, 3, 4, 5, 6, 7, 8, 9, 10)
val result = ints
        .map { value -> value * 2 }
        .filter { value -> value > 10 }

println(result)  // "[12, 14, 16, 18, 20]" 출력
```

`map`, `filter`를 사용하여 코드가 간결하고 가독성이 좋다. 이런 표현이 가능한 이유는 `map`과 `filter`가 함수를 인자로 받는 고차 함수이기 때문이다. 짧은 코드가 항상 좋은 것은 아니지만, 관리할 코드가 줄어들면 유지보수가 쉽고 버그가 발생할 확률도 낮아진다.

　예제에서 사용한 `map` 함수는 입력값을 변환해 주는 함수를 입력받고, `filter` 함수는 조건 함수를 입력받는다. `map`과 `filter` 함수에 대한 자세한 내용과 예제는 '5장 컬렉션으로 데이터 다루기'에서 자세히 살펴본다.

 코틀린은 람다 표현식에서 `value -> value`처럼 매개변수로 받는 값이 하나인 경우에 *it*으로 생략이 가능하다. 코드 4-7에서 *it*을 사용하면 다음과 같이 작성할 수 있다.

코드 4-8 람다 표현식에 it을 사용한 예

```
val result = ints
        .map { it * 2 }
        .filter { it > 10 }

println(result)              // "[12, 14, 16, 18, 20]" 출력
```

4.2 부분 함수

일반적으로 허용되지 않는 입력값으로 함수를 호출하면 예외를 던지거나, 비정상적인 상황을 알려 주는 값을 반환한다. 하스켈과 같은 함수형 언어에서는 메이비(Maybe)나 이더(Either)를 반환하고, C나 자바와 같은 명령형 언어에서는 널 값이나 음수 등을 반환하기도 한다. 그렇다면 어떤 함수의 입력이, 특정한 값이나 범위 내에 있을 때만 함수를 정상적으로 동작시키려면 어떻게 해야 할까? 함수형 언어에서는 부분 함수를 사용해서 이 문제를 해결할 수 있다.

부분 함수란 모든 가능한 입력 중, 일부 입력에 대한 결과만 정의한 함수를 의미한다. 수학에서 $f: X \rightarrow Y$인 함수가 있을 때, $f': X' \rightarrow Y$ 함수에서 X'가 X의 부분 집합이면 f'는 f의 부분 함수이다. 이때 함수의 입력 X'가 X의 부분 집합이면, 부분 함수 관계가 성립한다. 함수형 프로그래밍의 부분 함수도 동일한 개념이다. 몇 가지 부분 함수의 예를 살펴보자.

부분 함수의 예

다음 twice와 partialTwice 함수는 입력값을 두 배한 결과를 반환한다.

코드 4-9 partialTwice 함수

```
fun twice(x: Int) = x * 2

fun partialTwice(x: Int): Int =
    if (x < 100) {
        x * 2
    } else {
        throw IllegalArgumentException()
    }
```

twice 함수는 모든 입력을 두 배 하지만, partialTwice 함수는 입력값이 100보다 작은 경우에만 두 배 한다. 여기서 partialTwice 함수의 x값은 twice 함수의 x값의 부분 집합이다. 따라서 partialTwice는 twice의 부분 함수다. 이것은 앞에서 설명한 수학의 부분 함수의 개념과 같다.

다른 예제를 보자. sayNumber1 함수는 입력받은 숫자 x를 문자열로 바꾸어 준다. 입력받은 숫자가 1, 2, 3이 아니면 범위 내 입력이 아니라는 메시지를 반환한다.

코드 4-10 **sayNumber1 함수**

```
fun sayNumber1(x: Int): String = when (x) {
    1 -> "One!"
    2 -> "Two!"
    3 -> "Three!"
    else -> "Not between 1 and 3"
}
```

sayNumber1 함수는 모든 입력값에 대한 결과를 정의했다. 따라서 sayNumber1 함수는 부분 함수가 아니다.

다음은 특정 입력값에 대해서 예외가 발생하도록 sayNumber1을 수정한 코드다.

코드 4-11 **sayNumber2 함수**

```
fun sayNumber2(x: Int): String = when (x) {
    1 -> "One!"
    2 -> "Two!"
    3 -> "Three!"
    else -> throw IllegalArgumentException()
}
```

sayNumber2 함수는 입력값 1, 2, 3에 대한 결과만 정의하였다. 이 외의 값이 들어오면 예외가 발생한다. 따라서 sayNumber2는 부분 함수다.

부분 함수 만들기

스칼라와 같은 일부 함수형 언어에서는 부분 함수를 만들기 위한 추상화된 클래스를 제공한다. 그러나 코틀린에는 언어 차원에서 제공하는 부분 함수 클래스가 존재하지 않는다. 실제로 프로그래밍에 활용할 수 있는 부분 함수를 만들어 보자.

다음은 부분 함수를 생성하기 위한 클래스다.

코드 4-12 **PartialFunction 클래스**

```
class PartialFunction<in P, out R>(
    private val condition: (P) -> Boolean,
    private val f: (P) -> R
) : (P) -> R {

    override fun invoke(p: P): R = when {
        condition(p) -> f(p)
        else -> throw IllegalArgumentException("$p isn't supported.")
    }
```

```
    fun isDefinedAt(p: P): Boolean = condition(p)
}
```

PartialFunction의 생성자는 입력값을 확인하는 함수 condition과, 조건에 만족했을 때 수행할 함수 f를 매개변수로 받는다. invoke 함수의 입력값 p가 condition 함수에 정의된 조건에 맞을 때만 f 함수가 실행되고, 조건에 맞지 않으면 예외를 발생시킨다. 추가로 입력값 p가 입력 조건에 맞는지를 사전에 확인할 수 있는 isDefinedAt 함수를 제공한다. PartialFunction을 사용하여 부분 함수를 만들면 다음과 같다.

코드 4-13 PartialFunction을 사용한 oneTwoThree 부분 함수

```
val condition: (Int) -> Boolean = { it in 1..3 }
val body: (Int) -> String = {
    when (it) {
        1 -> "One!"
        2 -> "Two!"
        3 -> "Three!"
        else -> throw IllegalArgumentException()
    }
}

val oneTwoThree = PartialFunction(condition, body)
if (oneTwoThree.isDefinedAt(3)) {
    print(oneTwoThree(3))
} else {
    print("isDefinedAt(x) return false")
}
```

입력값 p가 1, 2, 3 중 하나인지를 확인하는 함수 condition을 만들고, when을 사용하여 body 함수를 만들었다. 그리고 PartialFunction을 사용하여 입력값으로 1, 2, 3만 허용하는 부분 함수 oneTwoThree를 생성했다. 그러면 isDefineAt 함수를 사용하여 예외 발생을 방지하고, 부분 입력에 대한 처리를 할 수 있다.

PartialFunction을 활용하는 좀 더 실용적인 예를 보자. 다음 부분 함수 isEven 은 주어진 값이 짝수인지 여부를 확인한다.

코드 4-14 PartialFunction를 사용한 isEven 부분 함수

```
val isEven = PartialFunction<Int, String>({ it % 2 == 0 }, { "$it is even" })

if (isEven.isDefinedAt(100)) {
    print(isEven(100))    // "100 is even" 출력
```

```
} else {
    print("isDefinedAt(x) return false")
}
```

여기서는 condition과 body를 따로 만들지 않고, 직접 람다 함수를 매개변수로 넘겼다. 이때는 컴파일러가 부분 함수의 입력(P)를 추론할 수 없기 때문에 Partial Function에 타입 <Int, String>을 명시했다. 이 부분 함수를 좀 더 간결하게 생성하기 위해서 toPartialFunction 확장 함수를 만들어 보자.

코드 4-15 toPartialFunction 함수

```
fun <P, R> ((P) -> R).toPartialFunction(definedAt: (P) -> Boolean)
        : PartialFunction<P, R> = PartialFunction(definedAt, this)
```

toPartialFunction을 사용하면 다음과 같이 부분 함수를 만들 수 있다.

코드 4-16 toPartialFunction 함수 사용 예

```
val condition: (Int) -> Boolean = { it.rem(2) == 0 }
val body: (Int) -> String = { "$it is even" }

val isEven = body.toPartialFunction(condition)

if (isEven.isDefinedAt(100)) {
    print(isEven(100))      // "100 is even!" 출력
} else {
    print("isDefinedAt(x) return false")
}
```

> **연습문제 4-1** 코드 4-12에서 구현한 PartialFunction 클래스에 invokeOrElse 함수와 orElse 함수를 추가해 보자. 각 함수의 프로토타입은 다음과 같다.
>
> ```
> fun invokeOrElse(p: P, default: R): R
> fun orElse(that: PartialFunction<P, R>): PartialFunction<P, R>
> ```
>
> invokeOrElse 함수는 입력값 p가 조건에 맞지 않을 때 기본값 default를 반환한다.
> orElse 함수는 PartialFunction의 입력값 p가 조건에 맞으면 PartialFunction을 그대로(this) 반환하고, 조건에 맞지 않으면 that을 반환한다.

부분 함수의 필요성

코드 4-16을 보면 부분 함수(PartialFunction)를 만들고, isDefinedAt 함수로 미리 확인해서 정상적인 동작이 보장될 때만 함수 f를 실행하는 것을 확인할 수 있다. 이 방법은 함수가 예외를 던지거나 오류값을 반환하도록 만드는 것에 비해 다음과 같은 장점을 가진다.

- 호출하는 쪽에서 호출하기 전에 함수가 정상적으로 동작하는지 미리 확인할 수 있다.
- 호출자가 함수가 던지는 예외나 오류값에 대해서 몰라도 된다.
- 부분 함수의 조합으로 부분 함수 자체를 재사용할 수도 있고, 확장할 수도 있다.

물론 가장 좋은 방법은 부분 함수를 만들어야 하는 상황을 만들지 않는 것이다. 함수형 프로그래밍에서 함수를 만들 때는 가급적 모든 입력에 대한 결과를 정의하는 것이 좋다. 특정 입력에 대해 예외를 만들면 프로그램의 동작을 예측하기 어렵고, 컴파일된 코드가 실제로 동작하지 않을 가능성이 있기 때문이다. 물론 불가피하게 부분 함수를 사용해야 하는 경우도 있다. 예를 들어 리스트의 첫 번째나 마지막 값을 꺼내는 함수(first, drop)를 작성한다면, 빈 리스트가 들어왔을 때 어떻게 처리해야 할지 불확실하다. 이럴 때 부분 함수를 활용한다.

✅ 하스켈의 메이비(Maybe)와 이더(Either)는 함수형 언어에서 다양한 이름으로 존재한다. 스칼라에는 옵션(Option)과 이더가 있고, 자바에는 옵셔널(Optional)만 있으며, 이더는 없다. 코틀린은 '?'를 사용해 널에 안전한(null-safety) 처리를 할 수 있어서인지 둘 다 없다. 이 책에서는 7장에서 메이비와 이더를 직접 만들어 본다. 여기서는 간단히 개념만 알고 넘어 가자.

메이비는 어떤 값을 가지고 있거나 아무것도 없는 상태다. 함수가 실행에 성공한다면 어떤 값을 가진 Just a를 반환한다. 만약 함수가 실패한다면 Nothing을 반환한다.

이더는 Left a 또는 Right b가 된다. 함수가 실행에 성공한다면 수행 결괏값을 가진 Right b를 반환한다. 만약 함수가 실패한다면 Left a가 되고 a는 비정상적인 결과에 대한 정보가 된다. 따라서 이더는 메이비와 다르게 비정상적인 상황을 한 가지 이상의 상태로 표현할 수 있다.

4.3 부분 적용 함수

부분 적용 함수는 부분 함수와 이름이 비슷하지만 관계는 없다. 일반적으로 함수를 만들 때는 필요한 매개변수를 모두 전달받고, 함수의 구현부에서 받은 매개변수를 사용하여 동작을 구현한다. 함수형 프로그래밍에서는 매개변수의 일부만 전달할 수도 있고 아예 전달하지 않을 수도 있다. 이렇게 매개변수의 일부만 전달받았을 때, 제공받은 매개변수만 가지고 부분 적용 함수를 생성한다. 코틀린은 부분 적용 함수를 기본 함수로 제공하지 않으므로 부분 적용 함수를 생성하기 위한 확장 함수를 만들어 본다.

코드 4-17 partial1, partial2 함수

```
fun <P1, P2, R> ((P1, P2) -> R).partial1(p1: P1): (P2) -> R {
    return { p2 -> this(p1, p2) }
}

fun <P1, P2, R> ((P1, P2) -> R).partial2(p2: P2): (P1) -> R {
    return { p1 -> this(p1, p2) }
}
```

매개변수 두 개를 받아서 값을 반환하는 함수((P1, P2) -> R)의 확장 함수 partial1, partial2를 만들었다. partial1(p1: P1) 함수는 첫 번째 매개변수 p1만 받아서 적용하고 (P2) -> R 함수를 반환한다. 이때 (P2) -> R 함수는 첫 번째 매개변수만 적용된 부분 적용 함수다. partial2는 partial1과 반대로 p2만 받아서 적용하고 (P1) -> R 함수를 반환한다. 이제 partial1과 partial2 함수를 사용해서 부분 적용 함수를 생성해 보자.

코드 4-18 partial1, partial2 함수를 사용해 부분 적용 함수 생성하기

```
fun main(args: Array<String>) {
    val func = { a: String, b: String -> a + b }

    val partiallyAppliedFunc1 = func.partial1("Hello")
    val result1 = partiallyAppliedFunc1("World")

    println(result1)  // "Hello World" 출력

    val partiallyAppliedFunc2 = func.partial2("World")
    val result2 = partiallyAppliedFunc2("Hello")

    println(result2)  // "Hello World" 출력
}
```

partiallyAppliedFunc1은 값으로 평가되지 않고, 남은 매개변수를 받아서 결과를 반환하는 함수의 참조만 가지고 있다. partiallyAppliedFunc1은 첫 번째 매개변수

만 적용된 부분 적용 함수다. 여기에 두 번째 매개변수에 "World"를 넣어서 호출하면 "Hello World"가 출력된다. partiallyAppliedFunc2 경우도 원리는 동일하다. 여기서는 입력 매개변수가 두 개인 확장 함수만 만들었지만, 매개변수를 많이 받는함수에 대한 확장 함수도 만들 수 있다.

부분 적용 함수는 코드를 재사용하기 위해서 쓸 수도 있지만, 바로 다음 절에서 배울 커링 함수(curried functions)를 만들기 위해서도 필요한 개념이다.

> ✅ 앞으로 "함수에 어떤 값을 적용(applied)했다"는 표현을 자주 보게 될 것이다. 이 표현은 "어떤 값을 함수의 매개변수로 넣는다"는 의미이다. 이때 실제 호출이 일어나서 결과를 받는다는의미가 아니라는 것에 주의해야 한다. 따라서 함수형 프로그래밍에서는 함수에 매개변수를 넣는 것을 "호출한다" 대신 "적용한다"고 표현한다.

연습문제 4-2 매개변수 3개를 받는 부분 적용 함수 3개를 직접 구현하라.

4.4 커링 함수

커링(currying)이란 여러 개의 매개변수를 받는 함수를 분리하여, 단일 매개변수를받는 부분 적용 함수의 체인으로 만드는 방법이다. 커링에 대한 이해를 돕기 위해서 여러 개의 매개변수를 받는 함수를 커링 함수로 만들어 보자.

다음은 입력받은 3개의 Int형 값을 곱하는 함수 multiThree이다.

코드 4-19 3개의 인자를 받는 multiThree 함수

```
fun multiThree(a: Int, b: Int, c: Int): Int = a * b * c
```

multiThree 함수를 부분 적용 함수(partially applied functions)를 사용해서 체인을만들면 다음과 같이 작성할 수 있다.

코드 4-20 부분 적용 함수를 반환하는 multiThree 함수

```
fun multiThree(a: Int) = { b: Int -> { c: Int -> a * b * c } }
```

첫 번째 multiThree 함수와는 달리 하나의 매개변수 a만 받아서 Int -> (Int ->Int) 형태의 부분 적용 함수를 반환한다. 부분 적용 함수에서는 두 번째 매개변수

b를 받아서 Int -> Int 형태의 부분 적용 함수를 반환한다. 이런 방식으로 한 개의 매개변수를 받는 부분 적용 함수를 체인 형태로 처리했다. 결과적으로 multiThree 함수는 매개변수가 한 개인 부분 적용 함수의 체인이므로 커링 함수다. 작성한 함수는 다음과 같이 호출된다.

코드 4-21 multiThree 함수 사용 예

```
fun main(args: Array<String>) {
    println(multiThree(1, 2, 3))      // "6" 출력

    val partial1 = multiThree(1)
    val partial2 = partial1(2)
    val partial3 = partial2(3)

    println(partial3)                 // "6" 출력

    println(multiThree(1)(2)(3))      // "6" 출력
}
```

매개변수 3개를 받아서 곱하는 함수를 매개변수 1개를 받는 부분 적용 함수 3개로 쪼갰다. 함수를 커링으로 쪼갰기 때문에 multiThree(1)(2)(3)과 같은 형태로 호출이 가능한 것이다.

　함수형 프로그래밍에서 복잡해 보이는 커링을 사용하는 이유는 무엇일까? 코드 4-21에서 partial1이나 partial2와 같은 변수는 부분 적용 함수이다. 커링의 장점 중 하나는 이런 부분 적용 함수를 **다양하게 재사용할 수 있다는** 점이다. 또한 마지막 매개변수가 입력될 때까지 함수를 실행을 늦출 수 있다.

 하스켈의 경우, 모든 함수의 매개변수가 한 개다. 따라서 매개변수가 여러 개인 함수를 만들려면 커링을 사용해야 한다. 하스켈은 언어 차원에서 커링을 지원하기 때문에 다음과 같이 간단히 사용할 수 있다.

코드 4-22 하스켈의 multiThree 함수

```
multiThree :: (Num a) => a -> a -> a -> a
multiThree x y z = x * y * z
```

여기서 multiThree 1 2 3으로 호출하면, 매개변수가 한 개인 함수로 쪼개지므로 내부적으로는 (((multiThree 1) 2) 3)과 동일하다.

> **연습문제 4-3** 두 개의 매개변수를 받아서 큰 값을 반환하는 max 함수를, 커링을
> 사용할 수 있도록 구현하라.

코틀린용 커링 함수 추상화하기

코틀린에서는 기본 함수로 커링을 제공하지 않는다. 따라서 매개변수가 한 개인
부분 적용 함수의 체인을 만들기 위해서는 multiThree와 같이 복잡하게 함수를 정
의해야 한다. 여기서는 커링을 일반화하여 코틀린에서도 커링 함수(curried func-
tions)를 쉽게 만들 수 있도록 해 본다.

코틀린 확장 함수를 사용하여 multiThree 함수와 같이 매개변수가 3개인 커링 함
수를 일반화하면 다음과 같이 작성할 수 있다.

코드 4-23 curried, uncurried 함수

```
fun <P1, P2, P3, R> ((P1, P2, P3) -> R).curried(): (P1) -> (P2) -> (P3) -> R =
    { p1: P1 -> { p2: P2 -> { p3: P3 -> this(p1, p2, p3) } } }

fun <P1, P2, P3, R> ((P1) -> (P2) -> (P3) -> R).uncurried(): (P1, P2, P3) -> R =
    { p1: P1, p2: P2, p3: P3 -> this(p1)(p2)(p3) }
```

curried 확장 함수를 사용하여 매개변수가 3개인 함수를 커링 함수로 변환할 수 있
다. 반대로 커링 함수를 일반 함수로 변환하는 uncurried 함수를 작성하여 상호 변
환을 용이하게 할 수 있다.

코드 4-24 curried, uncurried 함수 사용 예

```
fun main(args: Array<String>) {
    val multiThree = { a: Int, b: Int, c: Int -> a * b * c }
    val curried = multiThree.curried()
    println(curried(1)(2)(3))    // "6" 출력

    val uncurried = curried.uncurried()
    println(uncurried(1, 2, 3))   // "6" 출력
}
```

curried와 uncurried 함수를 사용하면 매개변수가 3개인 함수를 쉽게 커링 함수로
전환하고, 본래의 형태로 되돌릴 수도 있다. 매개변수가 더 많거나 적은 함수도 예
제와 동일한 방법으로 curried, uncurried 확장 함수를 만들 수 있다.

연습문제 4-4 두 개의 매개변수를 받아서 작은 값을 반환하는 min 함수를 curried 함수를 사용해서 작성하라.

4.5 합성 함수

합성 함수란 함수를 매개변수로 받고, 함수를 반환할 수 있는 고차 함수를 이용해서 두 개의 함수를 결합하는 것을 말한다. 수학에서 합성 함수(function composition)는 $(f \circ g)(x) = f(g(x))$로 표현한다. $(f \circ g)(x)$는 g 함수가 x를 매개변수로 받아서 호출한 결과를 f 함수의 매개변수로 호출한 결과와 같다. 함수형 프로그래밍에서의 합성 함수도 동일한 수식으로 설명된다.

다음은 두 개의 함수를 합성해서 하나의 함수를 생성하는 예이다.

코드 4-25 **함수 합성의 예**

```kotlin
fun main(args: Array<String>) {
    println(composed(3))    // "9" 출력
}

fun composed(i: Int) = addThree(twice(i))

fun addThree(i: Int) = i + 3

fun twice(i: Int) = i * 2
```

addThree를 $f(x)$ 함수로, twice를 $g(x)$ 함수로 본다면 composed는 $f(g(x))$ 함수이다. 즉, $(f \circ g)(x)$이다. 여기서 $f(x)$의 매개변수 x의 타입은 $g(x)$의 반환값과 같아야 한다.

함수 합성 일반화하기

순수한 함수형 언어 하스켈에서는 합성 함수를 표현하기 위한 연산자(operator) '.'가 있다. 예를 들어 addThree . twice와 같이 함수를 합성할 수 있다. 수학에서의 합성 함수와 표현이 거의 유사하다. 코틀린에는 함수 합성을 간결하게 할 수 있는 연산자가 없다. 따라서 이번에는 합성 함수를 간결하게 생성하기 위한 확장 함수를 만들어 본다.

코드 4-26 **compose 함수**

```kotlin
fun main(args: Array<String>) {
    val addThree = { i: Int -> i + 3 }
    val twice = { i: Int -> i * 2 }
    val composedFunc = addThree compose twice
    println(composedFunc(3)) // "9" 출력
}

infix fun <F, G, R> ((F) -> R).compose(g: (G) -> F): (G) -> R {
    return { gInput: G -> this(g(gInput))}
}
```

compose 확장 함수를 정의하여 하스켈의 '.' 연산자와 유사한 함수를 선언하였다. 입력 함수 (F) -> R의 반환값의 타입과 g 함수의 매개변수 타입이 같으면 compose 함수를 사용하여 함수 합성이 가능하다. 예제에서 사용된 infix는 입력 매개변수를 양쪽으로 받을 수 있도록 한다. addThree compose twice로 합성 함수가 만들어지면, 실제 실행은 뒤에서부터 된다는 점에 유의하자. 먼저 twice가 실행되고, 반환값이 addThree의 입력으로 들어간다.

포인트 프리 스타일 프로그래밍

compose 함수를 사용하지 않고, 함수를 매개변수로 넣어서 호출하는 예를 살펴보자. 여기서는 입력 숫자들의 리스트를 모두 음수로 만든 후, 최솟값을 구하는 함수를 만들어 볼 것이다.

코드 4-27 **매개변수를 사용한 합성 예**

```kotlin
val absolute = { i: List<Int> -> i.map { it -> abs(it) } }
val negative = { i: List<Int> -> i.map { it -> -it } }
val minimum = { i: List<Int> -> i.min() }

minimum(negative(absolute(listOf(3, -1, 5, -2, -4, 8, 14))))
```

코틀린의 컬렉션에서 제공하는 map 함수를 사용하면 더 간단하게 작성할 수 있지만, 여기서는 설명을 위해서 각 동작을 분리하여 선언하였다. absolute는 리스트의 모든 값을 절댓값으로 변경하며, negative는 리스트의 모든 값을 음수로 변환하고, minimum은 리스트 내의 최솟값을 반환한다.

함수 합성을 사용해서 코드 4-27을 다시 작성하면 다음과 같다.

코드 4-28 **compose 함수를 사용한 합성 예**

```
val composed = minimum compose negative compose absolute
val result2 = composed(listOf(3, -1, 5, -2, -4, 8, 14))
println(result2)    // "-14" 출력
```

composed 함수를 만들기 위해서 타입이나 매개변수에 대한 선언을 하지 않았다.

이처럼 함수 합성을 사용해서 매개변수나 타입 선언 없이 함수를 만드는 방식을 **포인트 프리 스타일**(point free style) **프로그래밍**이라 한다. 많은 경우에 포인트 프리 스타일은 코드의 가독성을 높이고 간결하게 한다. 또한 단순한 함수들을 만들고, 그 함수들을 조합하여 복잡한 함수를 만들 수 있다. 그러나 지나치게 많은 함수를 함수들의 체인으로 만드는 것이 가독성을 해치기도 한다. 따라서 적절하게 함수를 분리해서 합성 함수를 만드는 것이 좋다.

> **연습문제 4-5** 숫자(Int)의 리스트를 받아서 최댓값의 제곱을 구하는 함수를 작성해 보자. 이때 반드시 max 함수와 power 함수를 만들어 합성해야 한다.
>
> **연습문제 4-6** 연습문제 4-5에서 작성한 함수를 compose 함수를 사용해서 다시 작성해 보자.

하나 이상의 매개변수를 받는 함수의 합성

이번에는 하나 이상의 매개변수를 받는 함수의 합성에 대해서 살펴보자. 여기서는 두 개의 값을 받아서 각 값을 제곱한 값의 최대공약수를 구하는 합성 함수를 만들어 볼 것이다. 먼저 합성을 위해 필요한 gcd, power 함수부터 작성하자.

코드 4-29 **gcd 함수**

```
tailrec fun gcd(m: Int, n: Int): Int = when (n) {
    0 -> m
    else -> gcd(n, m % n)
}
```

코드 4-30 **power 함수**

```
tailrec fun power(x: Double, n: Int, acc: Double = 1.0): Double = when (n) {
    0 -> acc
    else -> power(x, n - 1, x * acc)
}
```

gcd 함수는 연습문제 3-9, power 함수는 연습문제 3-13에서 이미 다루었다. 스스로 풀어 보지 않았다면 지금이라도 반드시 직접 작성해 보자.

우선 compose 함수를 사용하지 않고, 두 값을 각각 제곱한 후 그 값의 최대공약수를 구해 보자.

코드 4-31 gcdPowerOfTwo 함수

```
fun main(args: Array<String>) {
    val powerOfTwo = { x: Int -> power(x.toDouble(), 2).toInt() }
    val gcdPowerOfTwo = { x1: Int, x2: Int -> gcd(powerOfTwo(x1), powerOfTwo(x2)) }

    println(gcdPowerOfTwo(25, 5))    // "25" 출력
}
```

powerOfTwo 함수는 제곱을 하는 함수를 power 함수의 지숫값을 2로 고정해서 작성했다. 그리고 gcdPowerOfTwo 함수는 gcd 함수에 powerOfTwo의 결과를 각각 입력으로 넣고, 함수로 만들어 gcdPowerOfTwo에 할당했다. 실제로 호출하면 의도한 대로 동작하는 것을 확인할 수 있다.

이번에는 코드 4-31과 동일한 함수를, compose를 사용해서 합성해 보자. compose 함수는 입력 매개변수가 한 개인 함수에서만 동작할 수 있다. 하지만 gcd 함수는 입력 매개변수가 두 개다. 따라서 4.3절에서 배운 커링을 사용해서 입력 매개변수가 여러 개인 함수를 입력 매개변수가 한 개인 함수의 체인으로 변경해야 한다. gcd 함수를 입력 매개변수가 한 개인 함수의 체인으로 분리하고, compose를 사용해서 제곱 함수와 합성해 보자.

코드 4-32 composedGcdPowerOfTwo1 함수

```
fun main(args: Array<String>) {
    val curriedGcd1 = :: gcd.curried()
    val composedGcdPowerOfTwo1 = curriedGcd1 compose powerOfTwo

    println(composedGcdPowerOfTwo1(25)(5))    // "5" 출력
}
```

먼저 gcd 함수를 커링해서 curriedGcd1을 만들었다. 커링을 통해서 입력 매개변수가 한 개인 함수의 체인으로 만들었기 때문에 compose 함수를 호출할 수 있다. 마지막으로 powerOfTwo 함수를 합성하여 composedGcdPowerOfTwo1 함수를 만들고 테스

트했다. 그러나 결과는 잘못된 값인 5가 출력된다. 합성 함수가 정상적으로 동작하지 않는 원인은 무엇일까? 합성 함수의 체이닝 과정을 머릿속으로 그리며, 스스로 생각해 보자.

 예제에서 나온 ::는 함수의 레퍼런스를 얻기 위한 키워드다. gcd.curried()와 같은 식으로는 호출되지 않는다. 왜냐하면 gcd의 타입은 반환 타입이 Int이기 때문이다. 이전 절에서 작성한 curried 함수는 ((P1, P2) -> R)과 같이 매개변수가 두 개인 함수에서만 호출할 수 있다. 따라서 :: gcd로 함수의 레퍼런스를 얻어오면, 함수의 반환 타입인 Int가 아니라 gcd 함수의 원형인 ((Int, Int) -> Int) 타입을 얻는다. 따라서 :: gcd는 { (m: Int, n: Int) -> gcd(m, n) }과 동일하다.

gcd를 그대로 쓰면 함수의 반환 타입이 된다는 것은 고차 함수를 다룰 때 혼돈하기 쉬운 부분이다. 따라서 예제를 통해서 gcd를 그대로 쓰는 것과 함수의 레퍼런스를 사용하는 것의 차이를 이해하고 넘어 가길 바란다.

함수 합성은 입력 매개변수가 한 개인 함수로 체이닝되어야 한다. 그러나 입력이 두 개인 함수를 커링을 사용해서 분리했기 때문에 powerOfTwo 함수의 결괏값은 첫 번째 매개변수에만 반영되고, 두 번째 매개변수까지는 전달되지 않았다. 커링과 합성을 복합적으로 사용하다 보면 결괏값이 어디까지 전달되는지 헷갈리기 쉽다. 따라서 두 개 이상의 매개변수를 받는 함수를 사용해서 합성할 때는 늘 주의해야 한다.

코드 4-32의 결괏값이 제대로 나오게 하려면 다음과 같이 합성 함수를 만들 수 있다.

코드 4-33 composedGcdPowerOfTwo2 함수

```kotlin
fun main(args: Array<String>) {
    val curriedGcd2 = { m: Int, n: Int -> gcd(m, powerOfTwo(n)) }.curried()
    val composedGcdPowerOfTwo2 = curriedGcd2 compose powerOfTwo

    println(composedGcdPowerOfTwo2(25)(5))    // "25" 출력
}
```

curried 함수를 만들 때, 두 번째 매개변수에 대한 처리를 했다. 문제는 해결되었지만 좋은 코드라고 보긴 어렵다. 여러 개의 매개변수에 동일한 함수를 적용해야 할 때, 함수 합성을 사용하는 것은 적합하지 않다. 이 경우 코드 4-30과 같이 일반적인 고차 함수로 연결하는 것이 좋다.

4.6 실전 응용

지금까지 부분 함수, 부분 적용 함수, 커링, 합성 함수, 포인트 프리 프로그래밍까지 고차 함수의 특징을 활용해서 할 수 있는 다양한 개념을 배웠다. 그러나 중요한 것은 실제 프로그램을 만들 때 고차 함수를 만들고 활용하는 것이다. 이번 절에서는 함수형 언어에서 기본적으로 제공하는 고차 함수들을 직접 작성해 볼 것이다.

zipWith 함수

zipWith는 한 개의 함수와 두 개의 리스트를 입력으로 받은 후 두 개의 리스트 값을 입력받은 함수에 적용하고 합쳐진 리스트를 반환하는 함수다. 3장에서 구현한 zip 함수와는, 조합 함수(joining function)을 매개변수로 받는다는 점만 다르다. 제네릭(generic)을 사용해서 좀 더 일반화된 zipWith 함수를 만들어 보자.

코드 4-34 **zipWith 함수**

```
tailrec fun <P1, P2, R> zipWith(func: (P1, P2) -> R, list1: List<P1>, list2: List<P2>,
        acc: List<R> = listOf()): List<R> = when {
    list1.isEmpty() || list2.isEmpty() -> acc
    else -> {
        val zipList = acc + listOf(func(list1.head(), list2.head()))
        zipWith(func, list1.tail(), list2.tail(), zipList)
    }
}
```

zipWith 함수는 func 함수를 매개변수로 받는 고차 함수다. 함수 func는 두 개의 매개변수 P1, P2를 받아서 R을 반환한다. 여기서 P1, P2, R은 동일하거나 다른 타입일 수 있다. 그러나 두 개의 리스트는 각각 P1과 P2 타입의 값들을 포함한 리스트여야 한다. func 함수에서는 각 리스트의 P1, P2 타입의 값을 하나씩 꺼내서 적용한 후, R을 반환한다. 그리고 결과적으로 R은 zipWith 함수가 반환하는 List<R>에 구성요소로 포함될 것이다. 마지막으로는 꼬리 재귀를 위해서 acc를 받았다. zipWith 함수를 직접 활용해 보면 다음과 같다.

코드 4-35 **zipWith 함수 사용한 예**

```
fun main(args: Array<String>) {
    val list1 = listOf(6, 3, 2, 1, 4)
    val list2 = listOf(7, 4, 2, 6, 3)
```

```
    val add = { p1: Int, p2: Int -> p1 + p2 }
    val result1 = zipWith(add, list1, list2)
    println(result1)    // "[13, 7, 4, 7, 7]" 출력

    val max = { p1: Int, p2: Int -> max(p1, p2) }
    val result2 = zipWith(max, list1, list2)
    println(result2)    // "[7, 4, 2, 6, 4]" 출력

    val strcat = { p1: String, p2: String -> p1 + p2 }
    val result3 = zipWith(strcat, listOf("a", "b"), listOf("c", "d"))
    println(result3)     // "[ac, bd]" 출력

    val product = { p1: Int, p2: Int -> p1 * p2 }
    val result4 = zipWith(product, replicate(3, 5), (1..5).toList())
    println(result4)     // "[5, 10, 15]" 출력
}
```

하나의 일반화된 고차 함수는 이처럼 다양한 기능을 구현하는 데 재사용될 수 있다. 코드 4-35를 명령형 프로그래밍 방식으로 작성한다고 상상해 보자. 수많은 *for*, *while*, 변수 할당 및 변경이 필요할 것이다.

zipWith 함수가 제공하는 리스트를 조합하는 기능은 프로그래밍할 때 매우 빈번하게 사용되는 패턴이다. 함수형 프로그래밍은 이와 같이 **코드를 작성할 때 자주 사용되는 패턴을 추상화하기 위해서 고차 함수를 사용**한다.

연습문제 4-7 리스트의 값을 조건 함수에 적용했을 때, 결괏값이 참인 값의 리스트를 반환하는 takeWhile 함수를 꼬리 재귀로 작성해 보자. 예를 들어 입력 리스트가 1, 2, 3, 4, 5로 구성되어 있을 때, 조건 함수가 3보다 작은 값이면 1과 2로 구성된 리스트를 반환한다.

연습문제 4-8 연습문제 4-7에서 작성한 takeWhile를 수정하여, 무한대를 입력받을 수 있는 takeWhile을 꼬리 재귀로 작성해 보자.

HINT generateSequence(1) { it + 1 }은 초깃값 1에서 시작하여 무한대로 1씩 증가하는 무한대의 리스트를 표현한다.

콜백 리스너를 고차 함수로 대체하기

옵서버(observer) 디자인 패턴에서는 객체의 상태 변화를 함수를 통해서 전달한다. 이때 사용되는 함수를 콜백 함수(callback function)라 한다. 특히 비동기 프로그래밍 코드를 작성하다 보면 콜백 함수를 중첩해서 사용해야 하는 경우가 많이 생긴다. 다음 예제를 보자.

코드 4-36 콜백 리스너를 중첩해서 사용한 예

```kotlin
fun main(args: Array<String>) {

    val result = object : CallBack1 {
        override fun callBack(x1: String): CallBack2 {
            return object : CallBack2 {
                override fun callBack(x2: String): CallBack3 {
                    return object : CallBack3 {
                        override fun callBack(x3: String): CallBack4 {
                            return object : CallBack4 {
                                override fun callBack(x4: String): CallBack5 {
                                    return object : CallBack5 {
                                        override fun callBack(x5: String): String {
                                            return x1 + x2 + x2 + x3 + x4 + x5
                                        }
                                    }
                                }
                            }
                        }
                    }
                }
            }
        }
    }
    println(result
        .callBack("1")
        .callBack("2")
        .callBack("3")
        .callBack("4")
        .callBack("5"))     // "12345" 출력
}

interface CallBack1 {
    fun callBack(x: String): CallBack2
}

interface CallBack2 {
    fun callBack(x: String): CallBack3
}
```

```
interface CallBack3 {
    fun callBack(x: String): CallBack4
}

interface CallBack4 {
    fun callBack(x: String): CallBack5
}

interface CallBack5 {
    fun callBack(x: String): String
}
```

극단적인 예제로 보일 수 있지만, 비동기 프로그래밍에서는 자주 등장하는 코드 패턴이다. 일명 콜백 지옥(callback hell)이라고 불리며, 코드의 가독성이 매우 좋지 않다. 또한 콜백 함수 호출이 단계별로 일어나는 과정에서 즉시 평가되어 비효율적으로 실행된다. 고차 함수와 커링을 사용하면 코드 4-36을 다음과 같이 개선할 수 있다.

코드 4-37 고차 함수와 커링을 사용해서 개선한 예

```
fun main(args: Array<String>) {

    val result = callback("1")("2")("3")("4")("5")

    println(result)     // "12345" 출력
}

val callback: (String) -> (String) -> (String) -> (String) -> (String) -> String = { v1 ->
    { v2 ->
        { v3 ->
            { v4 ->
                { v5 ->
                    v1 + v2 + v3 + v4 + v5
                }
            }
        }
    }
}
```

가독성을 크게 개선된 것을 알 수 있다. 뿐만 아니라 고차 함수의 체이닝을 사용하므로 단계마다 평가되는 게 아니라 값이 필요한 시점에서 게으르게 평가된다. 조금 더 개선할 여지가 있다. 커링을 이용하면 부분 적용 함수를 만들어 재사용성을 높일 수 있다. 다음 예제를 보자.

코드 4-38 **부분 적용 함수를 만들어서 재사용한 예**

```
val partialApplied = callback("prefix")(":")

println(partialApplied("1")("2")("3"))  // "prefix:123" 출력
println(partialApplied("a")("b")("c"))  // "prefix:abc" 출력
```

partialApplied는 처음부터 두 개의 콜백 함수만 정의한 부분 적용 함수다. 예제에서는 partialApplied를 재사용해서 공통 영역을 처리했다. 공통 처리 영역을 부분 적용 함수를 만들어서 재사용하는 것은 자주 활용될 수 있는 프로그래밍 패턴이다.

4.7 마치며

고차 함수, 부분 함수, 부분 적용 함수, 커링, 합성 함수는 함수형 프로그래밍을 하는데 기본적인 개념들이다. 함수형 프로그래밍을 능숙하게 하기 위해서는 개념에 대한 이해뿐만 아니라 충분한 연습이 필요하다. 앞으로 만날 다양한 예제와 연습문제를 직접 풀어 보면서 배운 내용이 언제 어떻게 사용되는지 확인하고 체득하자.

5장

F u n c t i o n a l   P r o g r a m m i n g   i n   K o t l i n

컬렉션으로 데이터 다루기

이 장에서는 컬렉션으로 데이터를 다루는 대표적인 함수들을 직접 작성하고, 내부 동작 원리와 사용법을 익힌다. 먼저 함수형 컬렉션 리스트를 만들고, 리스트 머리 (head)와 꼬리(tail)에 값을 추가하는 함수와 가져오는 함수를 작성해 본다. 그리고 리스트에서 데이터를 걸러 내고 데이터를 변경하는 함수를 추가한다. 리스트 내의 데이터를 단계별로 줄이는 함수를 직접 구현하고, 각각의 특징과 차이점을 알아본다. 또한 두 컬렉션 데이터를 합치는 함수를 만들고 동작 원리를 살펴본다. 코틀린의 List를 사용해서 명령형과 함수형 구현 방식의 성능을 비교해 본다. 그리고 게으른 리스트 컬렉션을 만들고, 기존의 리스트와 성능을 비교한다. 마지막으로 게으른 컬렉션을 활용해서 무한대 값을 만들어 사용해 본다.

5.1 함수형 컬렉션의 데이터 처리

함수형 프로그래밍에서 사용되는 대표적인 컬렉션으로 리스트, 세트, 배열, 맵 등이 있다. 이러한 컬렉션들은 부수효과가 없는 맵, 필터 등 다양한 형태의 고차 함수를 제공한다. 이러한 함수들을 콤비네이터(combinator)라고 부르고, 컬렉션의 데이터를 여러 가지 형태로 조작하는 데 사용한다. 컬렉션과 콤비네이터들은 함수형 프로그래밍에서 다양한 형태로 조합되어 광범위하게 재사용될 수 있다.

코틀린에서 제공하는 컬렉션인 리스트, 세트, 맵은 2장에서 이미 공부했다. 그리고 무한대 값을 표현할 수 있는 Sequence도 1장에서 간단히 알아보았다. 이번 절에서는 대표적인 콤비네이터들을 소개하고 직접 만들어 볼 것이다. 콤비네이터를 직접 구현해 보기 위해 먼저 리스트의 뼈대를 만들어 보자.

간단한 리스트 자료구조 만들기

함수형 언어에서 리스트는 보통 Cons(construct의 줄임말)라고 불리는 구성요소의 연결 구조를 가진다. 다음 그림을 통해서 Cons의 구조를 확인해 보자.

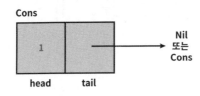

그림 5-1 Cons의 구조

그림과 같이 Cons는 head와 tail로 구성된다. head는 Cons가 가지는 값을 가지고, tail은 Nil이나 다른 Cons를 가리킨다(여기서 Nil은 값이 없는 상태를 의미한다). 이와 같은 Cons들의 연결 구조가 리스트가 된다. 값 1과 2를 가진 리스트는 다음과 같다.

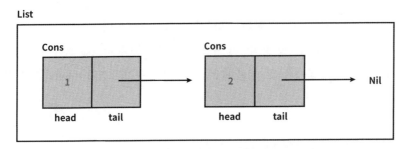

그림 5-2 값 1, 2를 가지고 있는 Cons 두 개를 연결한 리스트

리스트는 값이 아무것도 없는 Nil이거나, 그림 5-2와 같이 한 개 이상의 Cons로 연결되어 있다. 이와 같은 두 가지 상태를 고려해서 자료구조를 작성하면 다음과 같다.

코드 5-1 그림 5-2의 리스트 자료구조를 작성한 코드

```
sealed class FunList<out T> {
    object Nil : FunList<Nothing>()
    data class Cons<out T>(val head: T, val tail: FunList<T>) : FunList<T>()
}
```

*sealed class*로 작성된 FunList는 Nil이거나 Cons가 된다. Nil일 때 FunList는 아무것도 가지지 않은 Nothing 객체를 포함하고, Cons일 때는 어떤 T 타입의 값 head와 또 다른 FunList<T>인 tail을 가진다. 여기서 tail이 가진 값의 타입도 T이므로 FunList를 구성하는 모든 값의 타입은 T로 동일하다.

 순수한 함수형 언어의 리스트는 기본적으로 게으르게 평가(lazy evaluation)된다. 따라서 FunList의 구조는 순수한 함수형 언어의 리스트와는 다르다. 여기서 유의할 점은 스칼라나 코틀린의 리스트는 FunList와 구조가 유사해 게으른 평가를 하지 않는다는 점이다. 두 언어는 게으른 평가를 기본으로 하는 리스트를 별도의 컬렉션으로 제공한다. 게으른 평가를 기본으로 하는 컬렉션은 5.7절에서 다룰 것이다.

그림 5-2와 같이 FunList를 사용해서 값 1, 2를 가진 리스트를 생성하는 코드는 다음과 같다.

코드 5-2 **그림 5-2를 Cons로 생성한 예**

```
val list: FunList<Int> = Cons(1, Cons(2, Nil))
```

> **연습문제 5-1** FunList를 사용해서 [1, 2, 3, 4, 5]를 가지는 intList를 생성하자.
>
> **연습문제 5-2** FunList를 사용해서 [1.0, 2.0, 3.0, 4.0, 5.0]를 가지는 double List를 생성하자.

addHead 함수 만들기

FunList에 리스트의 맨 앞에 값을 추가하는 addHead 함수를 만들어 보자.

코드 5-3 **addHead 함수**

```
fun <T> FunList<T>.addHead(head: T): FunList<T> = FunList.Cons(head, this)
```

리스트의 맨 앞에 값을 추가하면 그 값은 새로운 리스트의 head가 되고, 나머지 원본 리스트는 그대로 tail이 된다. 추가한 값을 head로 사용하고 tail을 원본 리스트로 연결해 주기만 하면 상수 시간대(시간 복잡도 O(1))에 새로운 리스트를 만들 수 있다. addHead에서는 tail을 새로 만들지 않음으로써 리스트를 만들기 위한 비용을 최소화했다.

함수형 컬렉션에서 제공하는 함수들은 불변성(immutability)을 지키고 부수효과 (side effect)를 없애기 위해서 **원본 데이터를 변경하지 않고 가공된 데이터를 매번 새로 생성하여 반환**하는 특징을 가진다. 이때 생성 비용을 최소화하지 않으면 비효율적으로 연산될 수 있다. 따라서 함수형 언어는 생성 비용을 최소화하기 위해서 게으른 평가와 내부 캐싱을 사용한다. addHead 함수는 불변성을 유지하면서, **최소 비용으로 새로운 리스트를 만드는 방법**의 예라고 볼 수 있다.

다음 그림은 그림 5-2의 리스트의 앞에 0을 추가한 것이다.

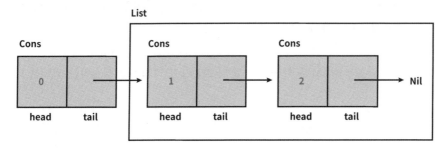

그림 5-3 그림 5-2에 값 0을 추가한 그림

addHead 함수는 그림과 같이 리스트의 맨 앞에 0을 가진 새로운 Cons만 추가로 연결함으로써, 값 1, 2를 가진 원본 리스트를 재사용한다.

 일반적으로 컬렉션의 데이터를 조작할 때는 변경 과정을 콤비네이터들의 체이닝 형태로 작성한다. 체이닝 형태의 작성을 지원하기 위해서 콤비네이터들을 FunList<T>의 확장 함수로 작성하였다.

appendTail 함수 만들기

FunList에 리스트의 마지막 값을 추가하는 appendTail 함수를 만들어 보자.

코드 5-4 appendTail 함수

```
fun <T> FunList<T>.appendTail(value: T): FunList<T> = when (this) {
    FunList.Nil -> Cons(value, Nil)
    is FunList.Cons -> Cons(head, tail.appendTail(value))
}
```

FunList가 Nil일 때는 Cons(value, Nil)을 반환하여, 입력값 value를 넣고 Nil을 연결하여 재귀를 종료한다. 이렇게 종료되면 value는 리스트의 마지막 값이 될 것이다. FunList가 Cons인 경우는 Cons(head, tail.appendTail(value))를 반환한다. 리스트의 head 값은 Cons의 첫 번째 매개변수로 넣어서 그대로 유지하고 tail에는 tail.appendTail(value)로 재귀 호출한 결과를 넣는다. 결과적으로는 Nil을 만날 때까지 재귀 호출되어 기존 값들은 유지되고, 마지막 값으로 value만 추가되고 종료할 것이다. 이 appendTail 함수는 꼬리 재귀가 아니므로 스택에 안전하지 않다. 스택에 안전한 코드를 작성하기 위해서는 다음과 같이 작성할 수 있다.

코드 5-5 꼬리 재귀로 작성한 appendTail 함수

```
tailrec fun <T> FunList<T>.appendTail(value: T, acc: FunList<T> = Nil):
FunList<T> = when (this) {
    FunList.Nil -> Cons(value, acc).reverse()
    is FunList.Cons -> tail.appendTail(value, acc.addHead(head))
}
```

재귀를 실행하는 tail.appendTail 호출이 마지막에 오도록 하기 위해서, Nil로 초기화된 acc를 추가로 입력받는다. acc.addHead(head) 호출을 통해서 acc에 원본 리스트의 값을 반대 순서로 넣는다. FunList.Nil을 만나서 재귀가 종료되는 시점에서 처음에 입력받은 value를 acc의 앞에 넣고, reverse 함수를 사용해서 뒤집는다. 결과적으로 원본 리스트에 맨 뒤에 입력받은 value를 추가한 리스트가 된다.

이 코드를 동작시키려면 FunList에 reverse 함수가 있어야 한다. reverse 함수는 다음과 같이 작성할 수 있다.

코드 5-6 reverse 함수

```
tailrec fun <T> FunList<T>.reverse(acc: FunList<T> = FunList.Nil): FunList<T>
        = when(this){
    FunList.Nil -> acc
    is FunList.Cons -> tail.reverse(acc.addHead(head))
}
```

꼬리 재귀로 작성한 appendTail 함수의 시간 복잡도

꼬리 재귀로 작성한 appendTail 함수는 재귀를 수행하기 위해서 최소 한 번 리스트를 순회한다. 그리고 리스트의 각 Cons를 순회할 때마다 addHead 함수를 사용한다. 위에서 보았듯이 addHead 함수는 상수 시간대($O(1)$)에 수행이 가능하기 때문에 성능에 영향을 미치지 않는다. reverse 함수도 수행이 완료되기 위해서는 리스트를 한 바퀴 순회($O(n)$)한다. 그러나 appendTail 함수에서는 마지막에 한 번만 호출되기 때문에 총 수행 시간은 O(2n)이고, 결과적으로 O(n)이라고 할 수 있다.

이와 같이 **addHead**를 사용해서 리스트를 거꾸로 만들고, 마지막에 **reverse** 사용해서 뒤집는 방법은 스택에 안전하면서도 성능상에 손해가 없다. 앞으로 작성할 FunList의 콤비네이터들은 꼬리 재귀로 만들기 위해서 appendTail과 유사한 구조로 작성될 것이다.

 스칼라와 코틀린의 appendTail 함수는 함수적인 방법으로 구현되지 않았다. 기본적으로 재귀를 사용하지 않고, 입력 리스트의 마지막 값을 변경하는 방법을 사용한다. 이렇게 작성하면 성능의 손해를 보지 않고도 스택에 안전하다. 그러나 이 책에서는 가급적 함수형 컬렉션을 만들기 위해서 불변성을 유지하고 재귀를 사용하였다.

getTail 함수 만들기

FunList의 꼬리 리스트를 얻어오기 위한 getTail 함수를 작성해 보자.

코드 5-7 **getTail 함수**

```
fun <T> FunList<T>.getTail(): FunList<T> = when (this) {
    FunList.Nil -> throw NoSuchElementException()
    is FunList.Cons -> tail
}
```

리스트가 비어 있을 때는 가져올 꼬리 리스트가 없으므로 예외가 발생하고, 리스트가 비어 있지 않을 때는 tail을 그대로 반환하도록 작성하였다. addHead 함수와 동일하게 확장 함수로 작성되었기 때문에 Cons(1, Cons(2, Nil)).addHead(5).getTail()과 같은 형태로 체이닝이 가능하다.

> 연습문제 5-3 리스트의 첫 번째 값을 가져오는 getHead 함수를 작성해 보자.
>
> HINT 함수의 선언 타입은 다음과 같다. 빈 리스트일 경우에는 NoSuchElement Exception을 일으키자.
>
> ```
> fun <T> FunList<T>.getHead(): T
> ```

5.2 컬렉션 데이터 걸러 내기

컬렉션의 데이터를 조작하는 첫 번째 방법은 조건에 맞는 데이터만 남기고 모두 제거하는 것이다. 명령형 프로그래밍에서는 컬렉션의 데이터를 걸러 내기(filtering)위해 *for*, *while*문 등으로 컬렉션을 순회하고 *if*문으로 걸러 내는 방법을 일반적으로 사용한다. 함수형 프로그래밍에서는 필터 함수를 사용하여 동일한 작업을 할 수 있다.

명령형 방식 vs. 함수형 방식

먼저 명령형 프로그래밍에서 데이터를 걸러 내는 예를 살펴보자. 다음 코드는 매개변수로 받은 리스트에서 짝수만 걸러 내는 함수를 명령형으로 작성한 것이다.

코드 5-8 리스트 내의 값을 걸러 내는 명령형 방식의 예

```
fun imperativeFilter(numList: List<Int>): List<Int> {
    val newList = mutableListOf<Int>()
    for (num in numList) {
        if (num % 2 == 0) {
            newList.add(num)
        }
    }

    return newList
}
```

입력받은 리스트를 *for*문으로 순회한다. *if*문으로 짝수인 경우만 새로운 리스트에 값을 추가했다. 리스트 순회가 끝나면 짝수만 추가된 리스트를 반환한다. 동일한 기능을 하는 함수를 함수형 프로그래밍으로 작성해 보자.

코드 5-9 리스트 내의 값을 걸러 내는 함수형 방식의 예

```
fun functionalFilter(numList: List<Int>): List<Int> =
    numList.filter { it % 2 == 0 }
```

두 함수의 타입은 동일하다. 기본 리스트에서 제공되는 `filter` 함수에 필터링 조건이 되는 함수 `{ it % 2 == 0 }`만 넘겨서 실행하고 결과를 반환하였다. 두 코드를 비교했을 때 함수형 프로그래밍의 장점은 다음과 같이 정리할 수 있다.

- 코드가 간결해져서 가독성이 좋다.
- 결괏값을 저장하기 위해서 별도의 리스트를 생성할 필요가 없다.
- 비즈니스 로직에 집중할 수 있다.
- 버그가 발생할 확률이 적다.
- 테스트가 용이하다.
- 유지보수가 용이하다.

이번 장에서 설명할 컬렉션 함수들은 대부분 이러한 장점을 지닌다. 그런데 함수형 프로그래밍에 익숙해지기 전에는 디버깅이나 예외처리가 고민될 수 있다. 이 부분은 11장에서 다룬다.

filter 함수 만들기

앞에서 직접 만든 FunList 컬렉션에 filter 함수를 추가해 보자. filter 함수는 필터링 조건을 기술한 함수 p를 입력받아서, 함수 p를 수행한 결과가 참인 값만 걸러낸다. 여기서 acc는 꼬리 재귀를 위해서 받는 매개변수다.

코드 5-10 **filter 함수**

```
tailrec fun <T> FunList<T>.filter(acc: FunList<T> = FunList.Nil, p: (T) ->
        Boolean): FunList<T> = when (this) {
    FunList.Nil -> acc.reverse()
    is FunList.Cons -> if (p(head)) {
        tail.filter(acc.addHead(head), p)
    } else {
        tail.filter(acc, p)
    }
}
```

FunList를 생성하지 않고 함수 체이닝이 가능하도록 하기 위해서 확장 함수로 작성했다. 여기서 head와 tail은 Cons의 생성자 매개변수로 받은 값들이다. 조건 함수 p의 p(head) 수행 결과가 참인 경우, 새로운 FunList인 acc에 head를 추가하여 생성하고, 나머지 tail에 대해서는 다시 filter를 호출하여 재귀 호출한다. 참이 아닌 경우, head 값을 버리고 tail.filter(acc, p)로 재귀 호출한다. 재귀가 반복되어 FunList.Nil이 되면 조건에 부합되는 값들만 남은 새로운 acc가 남는데, addHead 함수를 사용해서 거꾸로 넣었기 때문에 마지막에 reverse 함수로 뒤집어서 반환한다.

> ✔️ *when* 구문에서 is로 객체가 패턴 매칭된 경우, 해당 구현 블록에서 매칭된 객체의 생성자 매개변수에 바로 접근할 수 있다. 예제에서 is FunList.Cons에 의해서 매칭되었기 때문에 -> 이후의 구현 블록에서 head와 tail을 바로 사용했다.

연습문제 5-4 주어진 리스트에서 앞의 값이 n개 제외된 리스트를 반환하는 drop 함수를 구현하자. 이때 원본 리스트가 바뀌지 않아야 하고, 새로운 리스트를 반환할 때마다 리스트를 생성하면 안 된다.

HINT 함수의 선언 타입은 다음과 같다.

```
tailrec fun <T> FunList<T>.drop(n: Int): FunList<T>
```

연습문제 5-5 다음과 같이 동작하는 dropWhile 함수를 구현하자. 타입 T를 입력 받아 Boolean을 반환하는 함수 p를 입력받는다. 리스트의 앞에서부터 함수 p를 만족하기 전까지 drop을 하고, 나머지 값들의 리스트를 반환한다. 이때 원본 리스트가 바뀌지 않아야 하고, 새로운 리스트를 반환할 때마다 리스트를 생성하면 안 된다.

HINT 함수의 선언 타입은 다음과 같다.

```
tailrec fun <T> FunList<T>.dropWhile(p: (T) -> Boolean): FunList<T>
```

연습문제 5-6 리스트의 앞에서부터 n개의 값을 가진 리스트를 반환하는 take 함수를 구현하자. 이때 원본 리스트가 바뀌지 않고, 새로운 리스트를 반환할 때마다 리스트를 생성하면 안 된다.

HINT 함수의 선언 타입은 다음과 같다.

```
tailrec fun <T> FunList<T>.take(n: Int, acc: FunList<T> = Nil):
FunList<T>
```

연습문제 5-7 다음과 같이 동작하는 takeWhile 함수를 구현하자. 타입 T를 입력 받아 Boolean을 반환하는 함수 p를 받는다. 리스트의 앞에서부터 함수 p를 만족하는 값들의 리스트를 반환한다(모든 값이 함수 p를 만족하지 않는다면 원

> 본 List를 반환). 이때 원본 리스트가 바뀌지 않고, 새로운 리스트를 반환할
> 때 매번 리스트를 생성하지 않아야 한다.
>
> **HINT** 함수의 선언 타입은 다음과 같다.
>
> ```
> tailrec fun <T> FunList<T>.takeWhile(acc: FunList<T> = Nil, p: (T)
> -> Boolean): FunList<T>
> ```

5.3 컬렉션 데이터 변경하기

명령형 프로그래밍에서는 변경 가능한 컬렉션인 경우, 세터(setter) 함수를 호출하
여 해당 인덱스의 값을 직접 변경한다. 컬렉션 내의 모든 값에 특정 함수를 적용할
때는 역시 *for*, *while* 등을 사용한다. 함수형 프로그래밍에서는 매핑 함수를 사용하
여 동일한 작업을 할 수 있다.

명령형 방식 vs. 함수형 방식

다음은 입력받은 리스트의 모든 값에 2를 더하는 함수를 명령형 방식으로 작성한
예제다.

코드 5-11 리스트 내의 값을 변경하는 명령형 방식의 예

```
fun imperativeMap(numList: List<Int>): List<Int> {
    val newList = mutableListOf<Int>()
    for (num in numList) {
        newList.add(num + 2)
    }

    return newList
}
```

imperativeMap 함수는 입력받은 numList의 값을 하나씩 꺼내서 2를 더하고, 새로
생성한 리스트인 newList에 넣는다. 만약 numList의 타입이 MutableList였다면 새
로운 리스트를 생성하지 않고, 입력 리스트를 수정하는 방법도 있을 것이다. 동일
한 기능을 함수형으로 작성하면 다음과 같다.

코드 5-12 리스트 내의 값을 변경하는 함수형 방식의 예

```
fun functionalMap(numList: List<Int>): List<Int> {
    return numList.map { it + 2 }
}
```

map 함수를 사용하여 리스트의 각 값에 2를 더하는 람다 함수를 넘겨주었다. map 함수도 원본 리스트를 변경하지 않고, 내부적으로 새로운 리스트를 만들어서 반환하기 때문에 부수효과가 없다. 이제 FunList에도 코틀린의 List와 같은 map 함수를 추가해 보자.

map 함수 만들기

map 함수를 본격적으로 만들어 보기 전에, 3을 더하는 기능을 가진 함수를 map 함수로 일반화하는 과정을 살펴보자.

코드 5-13 add3 함수

```
fun add3(list: FunList<Int>): FunList<Int> = when (list) {
    FunList.Nil -> Nil
    is FunList.Cons -> FunList.Cons(list.head + 3, add3(list.tail))
}
```

FunList가 가진 모든 값에 3을 더하는 add3 함수를 재귀로 작성했다. 여기서 만약 Double의 리스트를 받아서 3을 곱하는 함수가 추가되어야 한다면 다음과 같이 하면 된다.

코드 5-14 product3 함수

```
fun product3(list: FunList<Double>): FunList<Double> = when (list) {
    FunList.Nil -> Nil
    is FunList.Cons -> FunList.Cons(list.head * 3, product3(list.tail))
}
```

add3과 product3 함수의 차이는 리스트에 포함된 값들의 타입(Int와 Double)과 + 3, * 3와 같은 연산이다. 여기서 제네릭을 사용하여 타입을 일반화하고, 연산 로직을 매개변수로 받아서 FunList의 확장 함수로 map을 만들 수 있다.

코드 5-15 map 함수

```
tailrec fun <T, R> FunList<T>.map(acc: FunList<R> = FunList.Nil, f: (T) -> R):
        FunList<R> = when (this) {
```

```
        FunList.Nil -> acc.reverse()
        is FunList.Cons -> tail.map(acc.addHead(f(head)), f)
}
```

filter 함수와는 달리 map 함수는 반환하는 리스트에 포함되는 값의 타입이 변경될 수 있다. 따라서 입력 리스트의 타입은 FunList<T>, 반환하는 리스트의 타입은 FunList<R>로 일반화하였다. 그리고 연산 함수를 매개변수로 받음으로써 연산 로직과의 의존성을 분리하였다.

다음 코드는 add3, product3를 사용한 것과 동일한 작업을 FunList의 map을 사용해서 수행한 것이다.

코드 5-16 map 함수를 사용해서 작성한 예

```
fun main() {
    val intList = funListOf(1, 2, 3)
    val doubleList = funListOf(1.0, 2.0, 3.0)

    printFunList(add3(intList))          // "[4, 5, 6]" 출력
    printFunList(product3(doubleList))   // "[3.0, 6.0, 9.0]" 출력

    printFunList(intList.map { it + 3 })     // "[4, 5, 6]" 출력
    printFunList(doubleList.map { it * 3 })  // "[3.0, 6.0, 9.0]" 출력
}
```

이렇게 제네릭과 고차 함수를 활용해서 일반화된 함수를 만들고, 재사용성을 높이는 것은 대표적인 함수적 접근 방식이다.

 예제에서 사용된 funListOf와 printFunList 함수는 예제 코드를 간결하게 위한 유틸리티 함수다. funListOf 함수를 사용하지 않으면, FunList.Cons(1, FunList.Cons(2, FunList.Cons(3, Nil)))과 같이 표현해야 한다. funListOf 함수는 다음과 같이 작성할 수 있다.

코드 5-17 funListOf 함수

```
fun <T> funListOf(vararg elements: T): FunList<T> = elements.
toFunList()

private fun <T> Array<out T>.toFunList(): FunList<T> = when {
    this.isEmpty() -> FunList.Nil
    else -> FunList.Cons(this[0], this.copyOfRange(1, this.size).
toFunList())
}
```

*vararg*는 가변 인자를 받을 때 사용되는 코틀린의 예약어다. 따라서 elements는 T 타입을 가

진 하나 이상의 값을 입력받을 수 있다.

toFunList 함수에서는 복잡한 생성 과정을 재귀로 간결하게 작성했다. toFunList 함수에서 사용된 this는 가변 인자로 받은 elements가 되는데, 코틀린 내부적으로 Array<T>와 동일하게 취급된다. 따라서 배열의 첫 번째 값 this[0]을 head로 나머지 값 this.copyOfRange(1, this.size)를 toFunList로 재귀 호출한 결과를 tail로 사용했다.

printFunList 함수는 5.8절 실전 응용에서 함께 구현해 볼 것이다. FunList를 그대로 출력하면 "Cons(head=4, tail=Cons(head=5, tail=Cons(head=6, tail=fp.kotlin.example.chapter05.FunList$Nil@4617c264)))"와 같이 출력된다. 여기서는 리스트 출력 내용을 좀 더 간결하게 표현하기 위한 함수 정도로 알고 넘어 가자.

연습문제 5-8 앞서 작성한 map 함수에서 고차 함수가 값들의 순서값(인덱스)도 같이 받아 올 수 있는 indexedMap 함수를 만들자.

HINT 함수의 선언 타입은 다음과 같다.

```
tailrec fun <T, R> FunList<T>.indexedMap(index: Int = 0, acc:
FunList<R> = Nil, f: (Int, T) -> R): FunList<R>
```

5.4 컬렉션 데이터 단계별로 줄이기

3장에서 리스트를 다루는 함수들을 구현하기 위해서 주로 재귀를 사용했다. 일반적으로 빈 리스트를 종료조건으로 하고, 리스트의 첫 번째 값(head)과 나머지 값들의 리스트(tail)로 나누어서 처리했다. 이렇게 재귀를 순회할 때마다 컬렉션을 종료조건으로 수렴시키는 작업을 폴드(fold) 함수로 대신할 수 있다. 폴드 함수는 매핑 함수의 일종으로 컬렉션을 어떤 단일 값으로 줄여 준다.

다음은 FunList에 포함된 모든 값들의 합을 구하는 sum 함수다. sum 함수는 내부적으로 원본 리스트의 값들을 하나의 값으로 줄이는 과정을 반복한다.

코드 5-18 sum 함수

```
fun sum(list: FunList<Int>): Int = when (list) {
    FunList.Nil -> 0
    is FunList.Cons -> list.head + sum(list.tail)
}
```

sum 함수는 리스트를 왼쪽에 있는 head 값부터 마지막까지 하나씩 더하고, 마지막에 0을 더해서 최종 합을 구한다.

foldLeft 함수 만들기

이와 같이 하나의 값으로 줄이는 작업을 일반화하여 만든 고차 함수가 폴드 함수다. 특히 sum 함수와 같이 **컬렉션의 값들을 왼쪽에서부터 오른쪽으로 줄여 나가는 함수를 foldLeft라 한다.** foldLeft 함수는 리스트의 값들을 줄여 나가는 방법을 기술한 함수 f를 입력받아서, 하나의 값으로 줄어든 결괏값 R을 반환한다. 이제 다음 코드를 보자.

코드 5-19 foldLeft 함수

```
tailrec fun <T, R> FunList<T>.foldLeft(acc: R, f: (R, T) -> R): R = when
(this) {
    FunList.Nil -> acc
    is FunList.Cons -> tail.foldLeft(f(acc, head), f)
}
```

foldLeft 함수는 꼬리 재귀로 작성되었기 때문에 acc를 입력으로 받는다. 여기서 acc는 직전의 호출 또는 재귀 호출까지 f 함수에 적용되어 줄어든 값이다. f 함수의 타입은 (R, T) -> R이다. 여기서 R은 acc의 타입이고, T는 리스트가 포함하는 값의 타입이다. 따라서 최종적으로 반환되는 값의 타입은 R이 된다.

재귀 과정에서 this가 FunList.Nil에 매칭되면 원본 리스트의 모든 값을 순회했다는 것이므로, 현재까지 줄어든 리스트인 acc를 반환하고 끝난다. is FunList.Cons에 매칭되면 리스트에 값이 있는 것이다. tail의 foldLeft 함수를 호출함으로써 리스트의 가장 왼쪽에 있는 값(head)를 빼서, f 함수의 매개변수로 사용한다. f 함수에 acc와 head 값을 적용(f(acc, head))하여 foldLeft 함수의 acc로 넣는다. 결과적으로 원본 리스트의 head를 빼서 f 함수에 사용하는 것으로 리스트가 왼쪽에서부터 줄어들 것이다. 그리고 원본 리스트의 모든 값이 f 함수에 적용된 acc를 반환한다.

foldLeft 함수 사용하기

이제 sum 함수를 foldLeft 함수를 활용하여 다시 작성한 뒤 테스트해 보자.

코드 5-20 foldLeft 함수를 사용해서 작성한 sum 함수

```
fun main() {
    val intList = funListOf(1, 2, 3)

    println(sum(intList))              // "6" 출력
    println(sumByFoldLeft(intList))    // "6" 출력
}

fun sumByFoldLeft(list: FunList<Int>): Int = list.foldLeft(0) { acc, x -> acc + x }
```

예제에서 foldLeft 함수는 다음과 같은 순서로 실행된다(이해를 돕기 위해서 리스트는 [1, 2, 3]과 같이 표기함).

- [1, 2, 3].foldLeft(0, { x, acc -> x + acc }), acc: 0
- [2, 3].foldLeft(f(0, 1), { x, acc -> x + acc }), acc: 1
- [3].foldLeft(f(1, 2), { x, acc -> x + acc }), acc: 3
- [].foldLeft(f(3, 3), { x, acc -> x + acc }), acc: 6

foldLeft가 내부적으로 수행되는 과정을 보면 리스트의 왼쪽부터 줄여 나간다는 것을 알 수 있을 것이다. foldLeft 함수는 컬렉션 내의 값들을 어떤 초깃값(0)에서부터 어떤 방법(x -> acc + x)으로 줄여 나갈 것인지만 정해 주면 다양하게 활용할 수 있다.

 일반적으로 sum 함수는 컬렉션의 API로 제공된다. 코틀린에서는 확장 함수로 정의되어 있다. 앞에서 작성한 sum 함수를 확장 함수로 작성하면 다음과 같다.

코드 5-21 확장 함수로 작성한 sum 함수

```
fun FunList<Int>.sum(): Int = foldLeft(0) { acc, x -> acc + x }
```

이렇게 sum 함수가 FunList의 확장 함수로 추가되면 다음과 같이 filter와 map 함수의 체이닝이 가능하다.

코드 5-22 map과 filter 체인의 예

```
fun main() {
    val intList = funListOf(1, 2, 3)
    println(intList.map { it + 3 }.filter { it % 2 == 0 }.sum())  // "10" 출력
}
```

foldLeft 함수로 toUpper 함수 작성하기

소문자의 리스트를 받아서 대문자의 리스트로 변경해 주는 toUpper 함수를 작성해
보자.

코드 5-23 toUpper 함수

```
fun toUpper(list: FunList<Char>): FunList<Char> = list.foldLeft(Nil) {
    acc: FunList<Char>, char: Char -> acc.appendTail(char.toUpperCase())
}
```

toUpper 함수는 데이터를 변경하므로, 리스트에 포함된 값을 변경하는 map 함수를
사용하는 것이 더 바람직하다. 예제에서는 map 함수 대신, foldLeft 함수를 사용해
서 데이터를 변경했다. map 함수도 다음과 같이 foldLeft 함수로 작성할 수 있다.

코드 5-24 foldLeft 함수로 작성한 map 함수

```
fun <T, R> FunList<T>.mapByFoldLeft(f: (T) -> R): FunList<R> = this.foldLeft(FunList.Nil) {
    acc: FunList<R>, x -> acc.appendTail(f(x))
}
```

예제와 같이 acc의 타입과 함수의 반환값의 타입이 동일한 꼬리 재귀 함수는 fold
Left로 다시 작성할 수 있다. 이 foldLeft 함수를 사용하면, 재귀를 사용한 코드를
좀 더 간결하게 표현할 수 있다.

연습문제 5-9 3장에서 작성한 maximum 함수를 foldLeft 함수를 사용해서 다시
작성해 보자.

HINT 함수의 선언 타입은 다음과 같다.

리스트의 모든 값은 0보다 크고, 리스트의 크기는 1보다 크다.

```
fun FunList<Int>.maximumByFoldLeft(): Int
```

연습문제 5-10 filter 함수를 foldLeft 함수를 사용해서 다시 작성해 보자.

HINT 함수의 선언 타입은 다음과 같다.

```
fun <T> FunList<T>.filterByFoldLeft(p: (T) -> Boolean): FunList<T>
```

---

foldRight 함수 만들기

foldRight 함수는 컬렉션의 값들을 오른쪽에서부터 줄여 나가는 폴드 함수다. foldRight 함수는 acc와 f를 입력으로 받는다. 여기서 f는 값을 줄이는 방법을 기술한 함수다. foldRight 함수를 FunList에 추가하면 다음과 같다.

코드 5-25 **foldRight 함수**

```
fun <T, R> FunList<T>.foldRight(acc: R, f: (T, R) -> R): R = when (this) {
    FunList.Nil -> acc
    is FunList.Cons -> f(head, tail.foldRight(acc, f))
}
```

f 함수의 입력 매개변수 순서가 바뀐 것을 제외하면 foldLeft 함수의 타입과 동일하다. 컬렉션이 빌 때까지 재귀 호출을 해야 하므로 FunList.Nil일 때, 현재까지 연산된 결과인 acc를 반환하고 종료한다. 리스트의 오른쪽 값부터 연산해야 하기 때문에 head가 가장 마지막에 연산되어야 한다. 따라서 foldRight 함수를 호출하기 전에 f 함수의 첫 번째 매개변수로 head를 전달한다. 이렇게 하면 재귀 호출에서 head가 가장 마지막에 평가된다.

다음 예제를 통해서 실제 연산 과정을 살펴보자.

코드 5-26 **foldRight 함수 사용 예**

```
fun main() {
    val intList = funListOf(1, 3, 10)
    println(intList.foldRight(0) { x, acc ->  x - acc })     // "8" 출력
}
```

위 예제의 연산 과정은 다음과 같다. 실제로 연산이 시작되는 시점(값이 평가되는 시점)에 유의하자.

- f(1, [3, 10].foldRight(0, { x, y -> x - y })), acc: 0
- f(1, f(3, [10].foldRight(0, { x, y -> x - y }), acc: 0
- f(1, f(3, f(10, [].foldRight(0, { x, y -> x - y }))))

  -> FunList가 Nil("[]")되어 acc를 반환한다.
- f(1, f(3, f(10, 0)))

  -> 여기서부터 f 함수의 연산이 시작된다.
- f(1, f(3, 10))

- f(1, -7)

- 8

foldRight 함수는 목록의 끝까지 재귀를 수행한 후에 가장 오른쪽 값부터 f 함수에 적용된다.

연습문제 5-11 3장에서 작성한 reverse 함수를 foldRight 함수를 사용해서 다시 작성해 보자.

> **HINT** 함수의 선언 타입은 다음과 같다.
>
> ```
> fun <T> FunList<T>.reverseByFoldRight(): FunList<T>
> ```

연습문제 5-12 filter 함수를 foldRight 함수를 사용해서 다시 작성해 보자.

> **HINT** 함수의 선언 타입은 다음과 같다.
>
> ```
> fun <T> FunList<T>.filterByFoldRight(p: (T) -> Boolean): FunList<T>
> ```

---

foldLeft vs. foldRight

intList.foldRight(0) { x, acc -> x - acc }와 동일한 동작을 foldLeft로 작성한다면 어떻게 될까? 신중히 생각하지 않는다면, intList.foldLeft(0) { acc, x -> x - acc }와 같이 작성할 수도 있다. 그러나 다음 예제와 같이 리스트 내의 값이 짝수일 때는 출력 결과가 다른 것을 확인할 수 있다.

코드 5-27 코드 5-26를 foldLeft 함수로 작성한 잘못된 예

```
fun main() {
    val intList = funListOf(1, 3, 10, 14)
    println(intList.foldRight(0) { x, acc ->  x - acc })    // "-6" 출력
    println(intList.foldLeft(0) { acc, x ->  x - acc })     // "6" 출력
}
```

foldLeft와 foldRight의 연산 결과가 다른 이유는 내부 연산의 순서가 반대이기 때문이다. 따라서 빼기나 나누기와 같이 **연산 순서의 영향을 받는 비즈니스 로직은 연산 방향을 고려해서 작성해야 한다.** 그렇다면 언제 foldLeft 함수를 사용하고 언

제 foldRight 함수를 사용하는 것일까?

연산 순서 외에도 foldLeft와 foldRight의 차이가 더 있다. 우선 그게 무엇인지 부터 알아보고 시작하자.

- foldRight 함수는 꼬리 재귀가 아니다.
- foldRight 함수는 acc 값을 구하기 위한 f 함수를 나중에 평가한다.

foldRight는 꼬리 재귀가 아니기 때문에 스택에 안전하지 않다. 따라서 크기가 매우 큰 리스트에 사용하면 스택 오버플로가 발생한다. 반면에 foldLeft는 꼬리 재귀이기 때문에 스택에 안전하다. 또한 foldLeft는 재귀가 시작되면서 f 함수가 평가되지만 foldRight는 재귀 호출이 종료조건까지 진행된 후에 평가된다.

이것은 f의 실행 비용을 고려해서 사용해야 한다는 것을 의미한다. 만약 f 함수의 실행 비용이 매우 크다면, 실제로 값이 필요한 시점에 한꺼번에 실행될 수 있는 foldRight 함수를 사용하는 것이 위험할 수 있다.

 함수형 언어의 컬렉션은 대부분 유사한 함수들을 제공한다. 그러나 기본적인 기능은 동일해도 내부 구현에 따라서 성능이나 특징이 약간씩 다를 수 있다.

스칼라의 리스트에서 foldLeft는 꼬리 재귀를 사용하지 않고, *while*로 작성되어 있다. 그리고 foldRight는 리스트를 reverse한 후, foldLeft를 하는 방식으로 구현되어 있다. 하스켈의 foldRight는 꼬리 재귀는 아니지만, 기본적으로 게으르게(lazy) 실행되기 때문에 입력 함수 f가 게으른 실행을 보장하면 스택에 안전하게 동작한다(*https://wiki.haskell.org/Stack_overflow* 참고).

결과를 정리하면 **foldLeft 함수는 리스트의 크기가 크거나 커질 수 있고, f 함수의 실행 비용이 클 때 사용**한다. 반면에 **foldRight 함수는 리스트의 크기가 예측 가능하고 f 함수의 실행이 부담 없는 일반적인 리스트 변환에 사용**한다. 그런데 일반적인 리스트 변환에 foldRight 함수를 사용해야 하는 이유는 무엇일까? 이것은 FunList의 map 함수를 foldRight를 사용해서 작성해 보고, 이전에 작성한 mapByFoldLeft 함수와 비교해 보면 좀 더 명확히 알 수 있다. 다음 코드를 보자.

코드 5-28 **foldLeft, foldRight로 작성한 map 함수**

```
fun <T, R> FunList<T>.mapByFoldLeft(f: (T) -> R): FunList<R> = foldLeft(FunList.Nil) {
    acc: FunList<R>, x -> acc.appendTail(f(x))
}
```

```
fun <T, R> FunList<T>.mapByFoldRight(f: (T) -> R): FunList<R> = foldRight(FunList.Nil) {
    x, acc: FunList<R> -> acc.addHead(f(x))
}
```

각 함수에서 foldLeft와 foldRight의 입력으로 준 변환 함수를 보면 새로운
FunList를 만들 때 addHead 함수를 호출하는 것이 appendTail 함수를 호출한 것보
다 비용이 훨씬 적다는 것을 알 수 있다. 이전에 작성한 두 함수의 구현부를 비교해
보자.

코드 5-29 addHead와 appendTail 함수

```
fun <T> FunList<T>.addHead(head: T): FunList<T> = FunList.Cons(head, this)

tailrec fun <T> FunList<T>.appendTail(value: T, acc: FunList<T> = FunList.Nil):
        FunList<T> = when (this) {
    FunList.Nil -> FunList.Cons(value, acc).reverse()
    is FunList.Cons -> tail.appendTail(value, acc.addHead(head))
}
```

addHead 함수는 재귀 호출 비용 없이 리스트에 head만 추가하면 된다. 반면에
appendTail 함수는 리스트의 처음부터 끝까지 재귀를 돌아야 한다. 따라서 리스트
의 크기와 f 함수의 비용이 지나치게 크지 않은 일반적인 리스트에는 foldRight 함
수를 사용하는 것이 효율적이다.

5.5 여러 컬렉션 데이터 합치기

3장에서 작성한 zip 함수는 두 개의 컬렉션을 합쳐서 새로운 컬렉션을 반환했다.
함수형 언어의 컬렉션에서는 이와 같이 여러 개의 컬렉션을 하나의 컬렉션으로 합
치기 위한 결합(zipping) 함수들을 제공한다.

> 연습문제 5-13 zip 함수는 3장에서 이미 설명했다. 여기서는 직접 FunList에 zip
> 함수를 작성해 보자.
>
> HINT 함수의 선언 타입은 다음과 같다.
>
> ```
> tailrec fun <T, R> FunList<T>.zip(other: FunList<R>, acc:
> FunList<Pair<T, R>> = FunList.Nil): FunList<Pair<T, R>>
> ```

zipWith 함수 만들기

FunList에 함수와 두 개의 리스트를 받고, 두 리스트의 각 값을 함수에 적용해서 합치는 zipWith 함수를 작성해 보자. zipWith 함수는 두 개의 리스트와 두 리스트가 가진 각 값을 합치는 방법을 기술한 함수 f를 입력으로 받는다. 그리고 두 리스트가 결합된 하나의 리스트 FunList<R>을 반환한다.

코드 5-30 **zipWith 함수**

```
tailrec fun <T1, T2, R> FunList<T1>.zipWith(f: (T1, T2) -> R, list:
FunList<T2>, acc: FunList<R> = FunList.Nil): FunList<R> = when {
    this === FunList.Nil || list === FunList.Nil -> acc.reverse()
    else -> getTail().zipWith(f, list.getTail(), acc.addHead(f(getHead(),
                            list.getHead()))))
}
```

조합을 위한 두 개의 리스트 중 하나라도 비어 있으면, 결과는 항상 Nil이 된다. 두 리스트의 head만 빼서 조합 함수 f에 적용하고, 결괏값을 새로운 리스트의 맨 앞에 추가한다. 그리고 나머지 값들은 다시 tail의 zipWith 함수를 호출하여 재귀를 수행한다. 재귀가 반복됨에 따라 f 함수가 적용된 결괏값들로 리스트가 채워진다. zipWith 함수는 다음과 같이 다양하게 활용될 수 있다.

코드 5-31 **zipWith 함수 사용 예**

```
fun main() {
    val intList = funListOf(1, 2, 3)
    val intList2 = funListOf(1, 3, 10)
    val lowerCharList = funListOf('a', 'b', 'c')

    printFunList(intList.zipWith({ x, y -> x + y }, intList2))
                                                    // "[2, 5, 13]" 출력
    printFunList(intList.zipWith({ x, y -> if (x > y) x else y }, intList2))
                                                    // "[1, 3, 10]" 출력
    printFunList(intList.zipWith({ x, y -> x to y }, lowerCharList))
                                    // "[(1, a), (2, b), (3, c)]" 출력
}
```

예제를 통해서 zipWith 함수가 다양하게 사용될 수 있는 것을 알 수 있다. 각 리스트의 두 값을 더하거나, 최댓값을 구할 수도 있다. 뿐만 아니라 zip 함수도 zipWith 함수로 대체할 수 있다.

> **연습문제 5-14** zip 함수는 리스트와 리스트를 조합해서 리스트를 생성하는 함수다. 여기서는 리스트의 값을 입력받은 조합 함수에 의해서 연관 자료구조인 맵을 생성하는 associate 함수를 작성해 보자.
>
> **HINT** 함수의 선언 타입은 다음과 같다.
>
> ```
> fun <T, R> FunList<T>.associate(f: (T) -> Pair<T, R>): Map<T, R>
> ```
>
> **연습문제 5-15** FunList의 값들을 입력받은 키 생성 함수를 기준으로 맵을 생성하는 groupBy 함수를 작성해 보자.
>
> **HINT** 함수의 선언 타입은 다음과 같다.
>
> ```
> fun <T, K> FunList<T>.groupBy(f: (T) -> K): Map<K, FunList<T>>
> ```

5.6 코틀린 리스트를 사용한 명령형 방식과 함수형 방식 비교

지금까지 FunList 컬렉션으로 여러 가지 유용한 고차 함수를 직접 만들어 보았다. 코틀린에서 제공하는 kotlin.collections.List는 이보다 다양한 고차 함수들을 제공한다. 또한 FunList는 명령형 방식으로 사용할 수 없지만, 코틀린의 리스트는 명령형 방식과 함수형 방식을 모두 제공한다. 이미 몇 번 살펴보았지만 고차 함수를 연결(chaning)하면 명령형 프로그래밍에서 *for*와 *if*문을 사용해서 작성하는 로직을 아주 간결하게 작성할 수 있다.

명령형 방식과 함수형 방식의 기능 비교

예를 들어 입력 리스트의 값을 제곱했을 때 10보다 작은 첫 번째 값을 반환하는 함수를 명령형으로 작성하면 다음과 같다.

코드 5-32 명령형 방식으로 작성한 예

```
fun imperativeWay(intList: List<Int>): Int {
    for (value in intList) {
        val doubleValue = value * value
        if (doubleValue < 10) {
            return doubleValue
```

```
        }
    }

    throw NoSuchElementException("There is no value")
}
```

동일한 함수를 함수형으로 만들면 다음과 같이 간결하게 작성할 수 있다.

코드 5-33 함수형 방식으로 작성한 예

```
fun functionalWay(intList: List<Int>): Int =
    intList
        .map { n -> n * n }
        .filter { n -> n < 10 }
        .first()
```

각각의 함수를 실행해 보면 다음 코드와 같이 동일한 결과가 나온다.

코드 5-34 명령형 방식과 함수형 방식의 결과 비교

```
fun main() {
    println(imperativeWay(listOf(1, 2, 3, 4, 5)))    // "1" 출력
    println(functionalWay(listOf(1, 2, 3, 4, 5)))    // "1" 출력
}
```

그런데 성능도 동일할까?

명령형 방식과 함수형 방식의 성능 비교

이제부터는 명령형 방식과 함수형 방식의 성능을 비교해 보자. 성능의 차이를 확실히 보여 주기 위해 리스트의 크기를 매우 크게 만들고 명령형 방식의 함수와 함수형 방식의 함수를 실행해 본다(예제에서 출력된 시간은 시스템마다 다를 수 있다.)

코드 5-35 명령형 방식과 함수형 방식의 성능 비교

```
fun main() {
    val bigIntList = (1..10000000).toList()
    var start = System.currentTimeMillis()
    imperativeWay(bigIntList)
    println("${System.currentTimeMillis() - start} ms")    // "0 ms" 출력

    start = System.currentTimeMillis()
    functionalWay(bigIntList)
    println("${System.currentTimeMillis() - start} ms")    // "2180 ms" 출력
}
```

수행 결과를 보면 명령형으로 처리한 함수가 압도적으로 좋은 성능을 보이는 것을 확인할 수 있다. 이렇게 함수적인 방법이 좋지 않은 성능을 보이는 것은 직관적으로는 당연해 보인다.

두 함수에 값이 [1, 2, 3, 4, 5]인 리스트를 넣었을 때, 내부적으로 몇 번의 연산이 일어날지 생각해 보자. imperativeWay 함수의 경우는 제곱 연산 1회, 비교 연산 1회를 하고, 바로 1을 반환한다. 처음부터 10보다 작은 값이 계산되어 나왔으므로 단 2회만 연산을 수행한다. 반면에 functionalWay 함수는 5개의 값에 대해서 모두 map을 수행한 후, filter를 수행한다. 그리고 마지막에 first 함수를 실행하므로 총 11회의 연산이 수행된다.

이와 같은 성능 문제는 코틀린의 모든 컬렉션에서 발생한다. 따라서 다음과 같은 상황에서는 컬렉션을 사용하면 안 된다.

- 성능에 민감한 프로그램을 작성할 때
- 컬렉션의 크기가 고정되어 있지 않을 때
- 고정된 컬렉션 크기가 매우 클 때

코틀린의 컬렉션은 기본적으로 값이 즉시 평가(eager evaluation)된다. 게으른 평가(lazy evaluation)로 실행되지 않기 때문에 이렇게 성능이 떨어진 것이다(1장 참고). 따라서 게으른 평가를 위한 컬렉션이 필요한데, 코틀린에서는 시퀀스(sequence)가 이 역할을 한다.

다음은 functionalWay 함수를 시퀀스로 작성한 코드다.

코드 5-36 **시퀀스로 작성한 함수의 성능 비교**

```
fun main() {
    val bigIntList = (1..10000000).toList()
    val start = System.currentTimeMillis()

    realFunctionalWay(bigIntList)
    println("${System.currentTimeMillis() - start} ms")     // "8 ms" 출력
}

fun realFunctionalWay(intList: List<Int>): Int =
    intList.asSequence()
        .map { n -> n * n }
        .filter { n -> n < 10 }
        .first()
```

시퀀스를 사용한 realFunctionalWay 함수는 imperativeWay 함수와 성능이 비슷한 것을 확인할 수 있다. 컬렉션의 특성은 함수형 언어마다 다르다. 따라서 각 언어의 컬렉션을 잘 이해하고 사용해야 한다.

 하스켈은 기본적으로 컬렉션들이 게으른 평가의 특성을 가진다. 자바의 경우는 기본 컬렉션에서는 이러한 함수들을 제공하지 않고, 시퀀스와 유사한 스트림(stream)에서만 제공된다. 자바의 스트림은 기본적으로 게으르게 평가된다. 스칼라는 코틀린과 유사하게 기본 컬렉션은 즉시 평가의 특성을 가지고 있고, 스트림 컬렉션을 별도로 제공한다.

연습문제 5-16 앞에서의 예제와 반대로 이번에는 큰 수에서 감소하는 값들을 가진 리스트를 입력으로 할 때를 비교해 보자. 세 가지 함수의 성능을 비교하고 테스트 결과를 분석해 보자.

HINT 입력 리스트는 다음과 같다.

```
val bigIntList = (10000000 downTo 1).toList()
```

5.7 게으른 컬렉션 FunStream

FunList가 명령형 방식에 비해서 성능이 크게 떨어질 수 있다는 것을 알았다. 이번 절에서는 코틀린의 시퀀스와 같은 게으른 컬렉션, FunStream을 만들어 보자. 그리고 앞서 작성한 FunList와 FunStream의 선언 방법과 성능을 비교해 보자.

FunList와 FunStream의 선언 방법 비교

다음은 코드 5-1에서 작성한 FunList이다. FunList는 Cons가 생성되는 시점에 head와 tail을 평가해서 가지고 있다.

코드 5-37 **FunList**

```
sealed class FunList<out T> {
    object Nil : FunList<Nothing>()
    data class Cons<T>(val head: T, var tail: FunList<T>) : FunList<T>()
}
```

다음은 게으른 평가가 가능한 FunStream이다.

코드 5-38 FunStream

```
sealed class FunStream<out T> {
    object Nil : FunStream<Nothing>()
    data class Cons<out T>(val head: () -> T, val tail: () -> FunStream<T>) :
        FunStream<T>()
}
```

FunList와의 차이점은 입력 매개변수를 람다로 받았다는 것이다. 이렇게 하면 Cons
가 생성되는 시점에 입력 매개변수는 평가되지 않는다. 실제로 값이 평가되는 시점
은 정말 그 값이 필요할 때다. FunStream의 head, tail을 얻기 위한 함수는 다음과
같다.

코드 5-39 getHead, getTail 함수

```
fun main() {
    println(funStreamOf(1, 2, 3).getHead())    // "1" 출력
    println(funStreamOf(1, 2, 3).getTail())    // "Cons(head=() -> T, tail=() -> fp.kotlin.
                                                        example.chapter05.FunStream<T>)" 출력
}

fun <T> FunStream<T>.getHead(): T = when (this) {
    FunStream.Nil -> throw NoSuchElementException()
    is FunStream.Cons -> head()
}

fun <T> FunStream<T>.getTail(): FunStream<T> = when (this) {
    FunStream.Nil -> throw NoSuchElementException()
    is FunStream.Cons -> tail()
}
```

println(funStreamOf(1, 2, 3).getHead())에서는 head 값을 출력하기 위해서
값이 평가된다. 그러나 println(funStreamOf(1, 2, 3).getTail())에서는 여전
히 FunStream을 반환하기 때문에 평가되지 않고 이름만 출력되었다. 따라서 Fun
Stream은 게으른 컬렉션이다.

 funStreamOf 함수는 funListOf 함수와 동일한 목적으로 작성된 유틸리티 함수다.

연습문제 5-17 FunList에서 작성했던 sum 함수를 FunStream에도 추가하자.

HINT 함수의 선언 타입은 다음과 같다.

```
fun FunStream<Int>.sum(): Int
```

연습문제 5-18 FunList에서 작성했던 product 함수를 FunStream에도 추가하자.

HINT 함수의 선언 타입은 다음과 같다.

```
fun FunStream<Int>.product(): Int
```

연습문제 5-19 FunList에서 작성했던 appendTail 함수를 FunStream에도 추가하자.

HINT 함수의 선언 타입은 다음과 같다.

```
fun <T> FunStream<T>.appendTail(value: T): FunStream<T>
```

FunStream은 appendTail을 사용해도 평가되지 않기 때문에 값이 같은지 비교할 수 없다. appendTail이 잘 되었는지 확인하기 위해서는 equals과 hash를 추가해야 한다. 물론 값을 비교하면 모든 값이 즉시 평가된다. equals과 hashCode 함수는 다음과 같이 작성될 수 있다.

코드 5-40 **equals, hashCode 함수**

```
data class Cons<out T>(val head: () -> T, val tail: () -> FunStream<T>) :
        FunStream<T>() {
    override fun equals(other: Any?): Boolean =
        if (other is Cons<*>) {
            if (head() == other.head()) {
                tail() == other.tail()
            } else {
                false
            }
        } else {
            false
        }

    override fun hashCode(): Int {
```

```
                var result = head.hashCode()
                result = 31 * result + tail.hashCode()
                return result
        }
}
```

연습문제 5-20 FunList에서 작성했던 filter 함수를 FunStream에도 추가하자.

HINT 함수의 선언 타입은 다음과 같다.

```
fun <T> FunStream<T>.filter(p: (T) -> Boolean): FunStream<T>
```

연습문제 5-21 FunList에서 작성했던 map 함수를 FunStream에도 추가하자.

HINT 함수의 선언 타입은 다음과 같다.

```
fun <T, R> FunStream<T>.map(f: (T) -> R): FunStream<R>
```

FunList와 FunStream의 성능 비교

이제 리스트의 크기가 매우 클 때, FunStream이 FunList보다 좋은 성능을 보이는지
확인해 보자.

코드 5-41 **FunList와 FunStream 성능 비교**

```
fun main() {
    val bigIntList = (1..10000000).toFunList()
    var start = System.currentTimeMillis()
    funListWay(bigIntList)
    println("${System.currentTimeMillis() - start} ms")    // "9467 ms" 출력

    val bigIntStream = (1..10000000).toFunStream()
    start = System.currentTimeMillis()
    funStreamWay(bigIntStream)
    println("${System.currentTimeMillis() - start} ms")    // "7 ms" 출력
}


fun funListWay(intList: FunList<Int>): Int = intList
    .map { n -> n * n }
    .filter { n -> n < 1000000 }
    .map { n -> n - 2 }
```

```
    .filter { n -> n < 1000 }
    .map { n -> n * 10 }
    .getHead()

fun funStreamWay(intList: FunStream<Int>): Int = intList
    .map { n -> n * n }
    .filter { n -> n < 1000000 }
    .map { n -> n - 2 }
    .filter { n -> n < 1000 }
    .map { n -> n * 10 }
    .getHead()
```

FunStream으로 성능이 월등히 개선된 것을 확인할 수 있다.

FunStream으로 무한대 값 만들기

1.6절에서 우리는 코틀린의 게으른 컬렉션인 시퀀스로 무한대 값을 표현했다. FunList는 게으른 컬렉션이 아니기 때문에 무한대 값을 자료구조 안에 담을 수 없다. 그 이유는 컬렉션이 어떤 값으로 평가되는 시점에는 메모리에 저장되어야 하는데, 무한대 값을 메모리에 저장할 수는 없기 때문이다.

반면에 FunStream은 게으른 컬렉션이다. 따라서 FunStream이 생성된 후에도 값이 평가되기 전까지는 메모리에 올라가지 않는다. 먼저 이런 상태로 만들 수 있는 generateFunStream 함수를 추가해 보자.

코드 5-42 generateFunStream 함수

```
fun <T> generateFunStream(seed: T, generate: (T) -> T): FunStream<T> =
    FunStream.Cons({ seed }, { generateFunStream(generate(seed), generate) })
```

generateFunSteam 함수는 1장에서 본 시퀀스의 generateSequence 함수와 동일한 인터페이스와 기능을 가진다. seed 값에서부터 이후의 값들을 generate 함수로 계속 붙여 나가는 방식이다. 이전에 살펴본 것처럼 FunStream.Cons는 즉시 평가되지 않고, 함수를 입력으로 받는다. 따라서 seed 값도 { }에 감싸져서 호출되는 것을 확인할 수 있다. 실제로 FunStream이 생성되어 반환될 때까지 어떤 평가도 일어나지 않는다. 단지 실제로 평가될 때 어떤 일들을 해야 하는지만 FunStream에 기록하고 있다.

이제 generateFunStream 함수를 사용하여 무한대 값을 만들자.

코드 5-43 무한대 값을 담은 infiniteVal

```
val infiniteVal = generateFunStream(0) { it + 5 }
```

infiniteVal은 0에서부터 5씩 증가하는 무한대 값을 가지고 있다. 더 정확히 이야기하면 평가가 일어나는 시점에 해당 값을 생성하기 위해서 어떤 일들을 해야 하는지만 기록하고 있다. 실제로도 그런지 확인하기 위해서는 FunStream이 평가되기 위한 함수를 추가해야 한다.

여기서는 FunStream에 forEach 함수를 추가해서 출력해 보자.

코드 5-44 forEach 함수와 infiniteVal의 값 출력 예

```
fun main() {
    val infiniteVal = generateFunStream(0) { it + 5 }
    infiniteVal.forEach { println(it) }      // 0부터 계속 5씩 증가하는 값을 출력
}

tailrec fun <T> FunStream<T>.forEach(f: (T)-> Unit): Unit = when(this) {
    FunStream.Nil -> Unit
    is FunStream.Cons -> {
        f(head())
        tail().forEach(f)
    }
}
```

forEach 함수는 FunStream의 다른 함수들과는 달리 FunStream.Cons에서 f(head())로 head에 대해서 평가를 완료한 후, tail().forEach(f)로 재귀 호출하고 있다. 따라서 infiniteVal.forEach { println(it) }을 통해 head에서부터 하나씩 평가된다. 그리고 실행 프로그램의 메모리를 초과하거나 사용자가 강제로 종료할 때까지 계속 출력한다.

> **연습문제 5-22** FunStream에서 필요한 값을 가져오는 take 함수를 추가하자. FunStream은 무한대를 표현한 컬렉션이다. take 함수를 사용하여 값을 5개 가져온 후 합계를 구해 보자.
>
> **HINT** 함수의 선언 타입은 다음과 같다.
>
> ```
> fun <T> FunStream<T>.take(n: Int): FunStream<T> =
> ```

5.8 실전 응용

앞에서 FunList를 만들고 filter, map, foldLeft, foldRight, zip 함수 등 함수형 프로그래밍을 위해서 요구되는 몇 가지 함수를 작성해 보았다. 여기서는 유사한 패턴을 활용해서 리스트내의 값들을 간결하게 표현하기 위한 유틸리티인 printFunList 함수를 작성해 볼 것이다.

FunList에 printFunList 함수 추가하기

FunList 함수를 간결하게 출력하기 위해서 toString 함수를 구현해 보자. 함수의 구현 요구사항은 다음과 같다.

- FunList를 입력으로 받아서 구성 값들을 [1, 2, 3], [a, b, c]와 같은 형태로 출력
- FunList<T>의 확장 함수로 작성
- 꼬리 재귀 호출로 작성

요구사항이 간단해 보이지만, 재귀를 이용해서 해결하려면 생각보다 까다롭게 느껴질 수 있다. 답을 보기 전에 반드시 본인의 toString 함수를 만들어 보자.

연습문제 5-23 FunList에 toString 함수를 추가해 보자.

> **HINT 1** 함수의 선언 타입은 다음과 같다.
> **HINT 2** 코틀린의 모든 타입은 내부적으로 toString 함수를 제공한다. 연습문제 함수 이름이 toString이라면 내장 함수 toString 함수와 충돌이 생긴다. 따라서 구분을 위해 default value를 사용하지 않고 초깃값으로 빈 스트링을 전달한다.

```
tailrec fun <T> FunList<T>.toString(acc: String): String
```

---

toString 함수는 재귀 호출 과정에서 최종적으로 출력해야 하는 문자열을 만들어야 한다. 따라서 누산값(accumulator)은 이 문자열이 될 것이다. 이 문자열의 첫 번째 문자는 항상 '['이고, 마지막 문자는 항상 ']'이어야 한다. 이와 같은 prefix와

postfix는 재귀의 종료조건에서 만들어 줄 수 있다. 그리고 중간에 ','는 단순히 첫 호출인 경우에만 ','를 제외하고 붙여 주면 된다. 이렇게 작성된 toString 함수는 다음과 같다.

코드 5-45 if문을 사용해서 작성한 toString 함수

```
fun main() {
    println(funListOf(1, 2, 3, 4).toString1())    // "[1, 2, 3, 4]" 출력
}

tailrec fun <T> FunList<T>.toString1(acc: String = ""): String = when (this) {
    FunList.Nil -> "[$acc]"
    is FunList.Cons -> if (acc.isEmpty()) {
        tail.toString1("$head")
    } else {
        tail.toString1("$acc, $head")
    }
}
```

이렇게만 작성해도 모든 요구사항은 충족된다. 하지만 좀 더 개선할 여지가 있다. 종료조건에서 '['와 ']'를 붙여 주고, 재귀의 첫 번째 호출인 경우에만 ','를 붙이지 않고 나머지 호출에서는 ','를 구분자로 acc와 head를 이어 붙였다. 여기서는 *if*문을 사용하여 분기했다. 만약 분기하지 않고 항상 ','를 구분자로 붙여 준다면 어떤 결과가 나올까? 아마도 [, 1, 2, 3]과 같이 항상 ', '가 붙어서 나올 것이다. 따라서 다음과 같이 종료조건에서 두 개의 문자만 제거하면 원하는 결과를 얻을 수 있다.

코드 5-46 종료조건을 사용해서 개선한 toString 함수

```
fun main() {
    println(funListOf(1, 2, 3, 4).toString2())  // "[1, 2, 3, 4]" 출력
}

tailrec fun <T> FunList<T>.toString2(acc: String = ""): String = when (this) {
    FunList.Nil -> "[${acc.drop(2)}]"
    is FunList.Cons -> tail.toString2("$acc, $head")
}
```

종료조건에서 drop 함수를 사용하여 두 개의 문자를 제거하고 '[]'로 감싸줌으로써 원하는 결과를 얻었다. 한결 코드가 간결해졌다. 이번에는 재귀 호출을 직접 하지 않고 foldLeft 함수를 사용해 보자.

코드 5-47 **foldLeft를 사용한 toString 함수**

```
fun<T> printFunList(list: FunList<T>) = list.toStringByFoldLeft()

fun <T> FunList<T>.toStringByFoldLeft(): String =
    "[${foldLeft("") { acc, x -> "$acc, $x" }.drop(2)}]"
```

toStringByFoldLeft 함수에서는 재귀를 사용하지 않았고, foldLeft 함수는 꼬리 재귀이므로 꼬리 재귀 호출 조건에 부합한다.

그렇다고 코드 5-45와 코드 5-46의 toString1, toString2 함수가 틀린 답은 아니다. 다만 toStringByFoldLeft 함수는 종료조건을 잘 활용해서 코드를 더 간결하게 작성했고, foldLeft 함수를 사용해서 성격이 다른 로직을 분리했다는 점에서 개선된 코드라고 할 수 있다.

> **연습문제 5-24** 모든 자연수의 제곱근의 합이 1000을 넘으려면 자연수가 몇 개 필요한지 계산하는 함수를 작성해 보자.
>
> **HINT** 함수는 꼬리 재귀로 작성하자.

5.9 마치며

이번 장에서는 리스트라는 프로그래밍에서 가장 자주 다루는 컬렉션과 주요 함수 들을 직접 작성했다. 그리고 여기서 만든 FunList와 FunStream은 이어지는 장에서 계속 확장하고, 개선해 나갈 것이다. 여기서 배운 기본적인 함수적 자료구조를 기초로 리스트 외에 다양한 자료구조도 만들어 볼 것이다. 따라서 이곳에서 배운 기본적인 함수적 자료구조는 직접 작성할 수 있을 정도로 이해하고 넘어 가길 권한다.

6장

Functional Programming in Kotlin

함수형 타입 시스템

타입 시스템은 프로그래밍 언어에서 항상 다루어지는 주제다. 언어가 지향하는 대부분의 철학과 방향성이 타입 시스템에서부터 결정된다고 해도 과언이 아니다. 이 책에서는 코틀린을 사용하지만, 코틀린의 타입 시스템을 다루지는 않는다. 이 장에서 이야기하고자 하는 것은 특정 언어의 타입 시스템보다는 함수형 프로그래밍에 초점을 맞춘 포괄적인 관점의 타입 시스템이다.

이 장에서는 타입 시스템의 종류와 특징, 그리고 그중에서 함수형 언어는 어떤 타입 시스템을 기반으로 하는지 설명한다. 그리고 대수적 타입의 개념과 종류, 그리고 함수형 프로그래밍에서 대수적 데이터 타입에 대해서 살펴본다. 타입을 구성하는 타입 변수, 값 생성자, 타입 생성, 타입 매개변수의 개념을 또한 정리해 본다. 그리고 행위를 가진 타입인 타입 클래스에 대해서 이해하고 직접 선언해서 사용해 본다. 마지막으로 재귀적 자료구조와 장점에 대해서 알아본다.

6.1 타입 시스템

여기에서 사용할 용어나 개념 들은 대부분 순수한 함수형 언어인 하스켈에 기초한다. 예제는 코틀린으로 작성하는데 하스켈의 용어를 사용하는 이유는 함수형 언어의 타입 시스템에서만 사용되는 개념과 용어들이 많고, 책에서 새로운 용어를 만들어서 설명하면 혼란스러울 수 있기 때문이다. 코틀린이나 스칼라의 타입 시스템은 객체지향 프로그래밍의 개념까지 포함하고 있어서 함수형 프로그래밍의 타입 시스템을 설명하기에는 적합하지 않다고 판단했다.

타입 시스템의 종류와 특징

프로그래머는 프로그램을 작성할 때 끊임없이 타입 시스템과 대화한다. **훌륭한 타입 시스템은 런타임에 발생할 수 있는 오류를 컴파일 타임에 발생시킨다.** 또한 IDE를 비롯한 다양한 도구에게 프로그램에 대한 정보를 제공한다. 도구들은 프로그램에 대한 정적인 정보들을 바탕으로 생산성을 높이는 다양한 기능을 제공한다. 최근에는 컴파일 타임에 타입을 검사하는 정적 타이핑이 각광받는 추세이고, 하스켈을 비롯한 거의 모든 함수형 언어(필자들이 아는 한)가 정적 타입 시스템을 사용한다.

> ☑️ 동적 타입 시스템을 선호하는 프로그래머들은 자바나 C의 타입 시스템을 예로 들며 타입을 제한하는 게 의미 없다고 생각하기도 한다. 그 이유는 보통 다음과 같다.
>
> - 변수를 만들거나 값을 할당할 때마다 매번 타입을 작성하는 건 비효율적이다.
> - 타입을 강제한다고 해서 오류의 발생 자체를 차단할 수 있는 건 아니다. (예: List의 size를 넘어선 인덱스에 대해 접근하려 할 때)
>
> 정적 타입을 사용하는 대부분의 모던 언어(스칼라, 클로저, 코틀린, 스위프트 등)는 값을 할당하거나 표현식을 사용할 때 타입을 강제하지 않는다. 할당되는 값의 타입으로 객체의 타입을 컴파일러가 추론(type inference)한다. 컴파일러의 타입 추론 기능을 잘 활용하면 타입을 명시하지 않고도 동적 타입 시스템의 장점을 얻을 수 있다.

같은 타입 시스템이라고 해도 타입 규칙을 얼마나 엄격하게 지켜야 하는지에 대한 정도의 차이는 있다. **상대적으로 관대한 타입(weak type) 시스템은 프로그래밍의 자유도를 높여 주지만, 런타임 환경에서 예상하지 못한 오류를 만날 가능성이 높다.** 반면에 견고한 타입(strong type) 시스템은 많은 오류를 컴파일 타임에 잡아 주지만, 언어가 복잡해지고 컴파일이 어렵기 때문에 진입 장벽이 높을 수 있다. 어느 쪽이 더 훌륭한 타입 시스템이라고 말할 수는 없지만, 최근 언어들은 견고한 타입 시스템을 추구하는 편이다.

함수형 언어의 정적 타입 시스템

정적 타입 시스템의 컴파일러는 컴파일 전의 프로그램에 대해서 많은 것을 알고 있다. 특히 견고한 타입 시스템을 가진 언어일수록 프로그램을 구성하는 모든 것에 타입이 있다. 컴파일러는 이런 정적 타입 시스템이 주는 정보를 사용해서 리플렉션 (reflection), 타입 추론과 같은 고도화된 기능을 제공한다.

함수형 언어에서는 객체뿐만 아니라 표현식(expression)도 타입을 가진다. 함수도 타입을 가진다. 타입에는 다른 언어에 비해서 더 많은 것을 기술해야 한다. 코틀린과 하스켈의 함수 타입을 비교해 보자. 다음은 두 값을 입력받아서 곱하는 product 함수를 코틀린과 하스켈로 각각 작성한 예제다.

코드 6-1 코틀린으로 작성한 product 함수

```
fun product(x: Int, y: Int): Int {
    doDangerousIO()
    return x * y
}
```

코드 6-2 하스켈로 작성한 product 함수

```
product Num n => n -> n -> IO n     // 실제로 선언은 생략해도 된다.
product x y = do
    doDangerousIO
    return (x * y)
```

코틀린에서 함수의 타입은 fun product(x: Int, y: Int): Int이고, 하스켈에서는 product Num n => n -> n -> IO n이다. 하스켈에서는 반환값에 IO라는 것이 명시되었다. 함수 내부에 IO 작업이 있다는 것을 타입 선언에 명시한 것이다. 반면에 코틀린의 함수 타입은 함수 내부에 위험한 IO 작업(부수효과)이 있다는 것을 알려 주지 않는다.

 하스켈의 함수 타입은 매개변수와 반환값이 Int형이라는 것을 명시적으로 기술하지 않았음에도 타입이 추론되는 것을 확인할 수 있다.

예제와 같이 하스켈은 모든 것에 타입이 있고, 타입을 통해서 더 많은 정보를 얻을 수 있도록 설계되어 있다. 이렇게 주어진 정보들을 기반으로 컴파일 타임에 더 많은 오류를 잡고, 안전한 코드를 작성할 수 있다. 또한 더 많은 정보를 가진 만큼 더 강력한 타입 추론 기능을 제공한다.

6.2 대수적 데이터 타입

대수적 타입은 다른 타입들을 모아서 형성되는 합성 타입의 종류로, 곱 타입 (product type)과 합 타입(sum type)이 있다. 대수적 데이터 타입(algebraic data type)의 핵심은 기존의 타입들을 결합하여 새로운 타입을 정의하는 것이다.

곱 타입의 예와 한계

곱 타입은 하나의 자료구조에 여러 가지 타입을 한번에 정의할 수 있는 것으로 튜플이나 레코드가 대표적인 예다. 두 개 이상의 타입을 AND로 결합한 형태이며 대부분의 프로그래밍 언어에서 사용되고, 타입을 정의하는 가장 일반적인 방법이다. 다음은 코틀린으로 구현한 레코드의 예다.

코드 6-3 곱 타입으로 선언한 Circle 클래스

```
class Circle(val name: String, val x: Float, val y: Float, val radius: Float)
```

Circle 클래스는 String 타입의 name과 Float 타입의 x, y, radius를 AND로 결합하여 새로운 타입을 정의하였다. 따라서 대수적 타입에서의 곱 타입 정의와 정확히 맞아 떨어진다. 만약 여기에 Square를 추가하고, Circle과 Square를 나타내는 단일 타입을 만들려면 어떻게 해야 할까? 클래스에서는 타입 간의 AND 결합만 가능하기 때문에 추상화 클래스를 만들어야 한다. 추상화 클래스를 추가해서 AND 결합하면 다음과 같다.

코드 6-4 곱 타입으로 선언한 Shape 클래스

```
open class Shape(name: String, x: Float, y: Float)
class Circle(name: String, x: Float, y: Float, val radius: Float): Shape(name, x, y)
class Square(name: String, x: Float, y: Float, val length: Float): Shape(name, x, y)
```

Circle과 Square가 Shape를 상속하는 계층 구조를 만들어서 두 클래스를 단일 타입으로 표현했다. Circle과 Square의 공통 프로퍼티와 메서드는 Shape 클래스에 구현하고, 각 하위 클래스에는 차이점만 구현하는 일반적인 상속 구조다.

이번에는 여기에 Line이 추가되어야 한다고 가정해 보자. Line에는 Shape의 공통 프로퍼티로 정의된 원점(x, y)이 없다. 따라서 완전히 리팩터링되어야 한다. 다음은 Line을 추가하기 위해서 리팩터링한 예다.

코드 6-5 Line 클래스 추가 및 리팩터링

```
open class Shape(val name: String)
class Circle(name: String, val x: Float, val y: Float, val radius: Float): Shape(name)
class Square(name: String, val x: Float, val y: Float, val length: Float): Shape(name)
class Line(name: String, val x1: Float, val y1: Float, val x2: Float, val y2: Float): Shape(name)
```

Line까지 Shape라는 단일 타입으로 표현하기 위해서 원점(x, y)은 Circle과 Square

로 옮겼다. 또는 Shape에 하나의 계층을 더 추가하는 방법도 있다. 그 외에도 여러 가지 방법이 있겠지만, 간단한 문제를 해결하는 데 프로그램의 구조는 상당히 복잡해진다. 그리고 계층 구조가 복잡하면 프로그램의 유지보수나 유연성에 악영향을 끼치는 경우가 많다. 클래스뿐만 아니라 다른 곱 타입들도 타입을 결합하는 방법이 AND밖에 없기 때문에 동일한 한계를 가진다.

곱 타입의 특징을 살펴보기 위해서 곱 타입 Shape의 테두리 길이를 구하는 함수를 만들어 보자.

코드 6-6 **getGirthLength 함수**

```kotlin
fun main(args: Array<String>) {
    println(getGirthLength(Circle("원", 1.0f, 1.0f, 1.0f)))
                                                    // "6.283185307179586" 출력
    println(getGirthLength(Square("정사각형", 1.0f, 1.0f, 1.0f)))     // "4" 출력
    println(getGirthLength(Line("직선", 1.0f, 1.0f, 4.0f, 5.0f)))    // "5" 출력
}

fun getGirthLength(shape: Shape): Double = when (shape) {
    is Circle -> 2 * Math.PI * shape.radius
    is Square -> 4 * shape.length.toDouble()
    is Line -> {
        val x2 = Math.pow(shape.x2 - shape.x1.toDouble(), 2.0)
        val y2 = Math.pow(shape.y2 - shape.y1.toDouble(), 2.0)
        Math.sqrt(x2 + y2)
    }
    else -> throw IllegalArgumentException()
}
```

여기서 *when* 구문을 사용할 때 *else* 구문을 반드시 작성해야 한다. 곱 타입은 타입을 구성하는 값(여기서는 Circle, Square, Line을 의미)들의 합이 전체를 의미하지 않는다.

컴파일러는 Shape의 하위 클래스가 얼마나 있을지 예측할 수 없기 때문에 *else* 구문에서 다른 입력이 들어오는 경우를 대비해야 한다. 앞으로 나올 합 타입 예제에서 어떤 차이가 있는지 살펴보자.

합 타입 사용한 OR 결합

C나 자바와 같은 언어에 비해 하스켈, 스칼라, 코틀린 등 모던 언어들은 보다 강력한 합 타입 시스템을 제공한다. **합 타입**은 곱 타입과 달리 두 개 이상의 타입을 OR

로 결합한다. 코틀린은 *sealed class*를 사용해서 합 타입을 만든다. *sealed class*를 사용하면 Shape를 다음과 같이 정의할 수 있다.

코드 6-7 합 타입으로 선언한 Shape

```
sealed class Shape
data class Circle(var name: String, val x: Float, val y: Float, val radius: Float): Shape()
data class Square(val name: String, val x: Float, val y: Float, val length: Float): Shape()
data class Line(val name: String, val x1: Float, val y1: Float, val x2: Float, val y2: Float):
    Shape()
```

여기서 Shape는 Circle 또는 Square 또는 Line이다. 이렇게 합 타입은 여러 가지 타입을 OR로 결합하여 새로운 단일 타입을 만들 수 있다. 얼핏 보면 열거형(enum)과 비슷해 보이지만, 코틀린의 열거형 타입은 모든 값의 매개변수 타입이 동일해야 한다. 따라서 여러 가지 타입을 제약 없이 OR 결합할 수는 없다.

 코틀린의 열거형 타입도 여러 가지 타입이 OR로 결합되는 합 타입의 일종이다. 하지만 한 가지 생성자만 가질 수 있는 제한적인 합 타입이다. 언어마다 열거형 타입을 다른 방식으로 제공하고 있으므로 유의하자.

Shape의 테두리 길이를 구하는 함수는 다음과 같이 작성될 수 있다.

코드 6-8 getGirthLength 함수

```
fun main(args: Array<String>) {
    println(getGirthLength(Circle("원", 1.0f, 1.0f, 1.0f)))    // "6.28..." 출력
    println(getGirthLength(Square("정사각형", 1.0f, 1.0f, 1.0f)))     // "4" 출력
    println(getGirthLength(Line("직선", 1.0f, 1.0f, 4.0f, 5.0f)))    // "5" 출력
}

fun getGirthLength(shape: Shape): Double = when (shape) {
    is Circle -> 2 * Math.PI * shape.radius
    is Square -> 4 * shape.length.toDouble()
    is Line -> {
        val x2 = Math.pow(shape.x2 - shape.x1.toDouble(), 2.0)
        val y2 = Math.pow(shape.y2 - shape.y1.toDouble(), 2.0)
        Math.sqrt(x2 + y2)
    }
}
```

여기서는 *when* 구문에서 *else* 문을 따로 작성하지 않았다. 합 타입에서는 부분의 합이 전체가 되기 때문에 *else* 구문을 작성할 필요가 없다. 즉 Circle, Square, Line의

합은 Shape를 의미한다. 따라서 컴파일러는 세 가지 타입 외에 다른 타입이 들어오지 않을 것이라는 것을 예측할 수 있다.

대수적 타입의 각 값(Circle, Square, Line)은 자신만의 생성자를 가지고, 생성자를 얻기 위해서는 패턴 매칭을 사용한다. 이러한 특징으로 함수형 프로그래밍에서는 패턴 매칭이 쉽고, 부수효과(*else* 구문)를 처리하지 않아도 된다는 장점이 있다. 또한 합 타입은 복잡한 상속 구조를 피하면서도 확장이 용이한 타입을 정의할 수 있다.

함수형 프로그래밍에서의 대수적 데이터 타입

함수형 프로그래밍에서 대표적인 대수적 데이터 타입을 꼽자면 리스트가 있다. 리스트 내의 값은 타입이 모두 동일하지만, 타입들을 결합하여 새로운 타입을 정의할 수 있기 때문에 대수적 타입이다. 우리는 이미 5장에서 함수형 언어의 리스트가 Cons라는 생성자의 결합으로 리스트를 생성할 수 있음을 배웠다. 코드 5-37의 FunList를 다시 한번 살펴보자.

코드 6-9 **FunList 타입**

```kotlin
sealed class FunList<out T> {
    object Nil : FunList<Nothing>()
    data class Cons<out T>(val head: T, val tail: FunList<T>) : FunList<T>()
}
```

FunList의 타입이 *sealed class*를 사용해서 선언되어 있다. 그러므로 FunList는 합 타입이다. Nil과 Cons의 OR 결합으로 작성되어 있고, Nil과 Cons의 합은 FunList이다. 그래서 다음과 같은 패턴 매칭이 가능하다.

코드 6-10 **FunList로 구현한 sum 함수**

```kotlin
fun sum(list: FunList<Int>): Int = when (list) {
    FunList.Nil -> 0
    is FunList.Cons -> list.head + sum(list.tail)
}
```

반면에 코틀린의 리스트는 어떤가? 코틀린 리스트의 타입 선언의 일부는 다음과 같이 작성되어 있다.

코드 6-11 코틀린 리스트 선언부

```
public interface List<out E>: Collection<E> {
    override val size: Int
    // ... 생략
}
```

코드를 보면 코틀린의 리스트는 Collection을 상속한 계층 구조로 선언되어 있다는 것을 알 수 있다. List는 여러 가지 속성과 메서드 들로 구성되어 있을 것이다. 그리고 List의 구현체는 *class*로 작성될 것이다. 결론적으로 코틀린의 List는 곱 타입이다. 코틀린의 List는 패턴 매칭을 지원하지 않기 때문에, sum 함수를 재귀로 작성하려면 다음과 같이 해야 한다.

코드 6-12 코틀린 리스트로 구현한 sum 함수

```
fun sum(list: List<Int>): Int = when {
    list.isEmpty() -> 0
    else -> list.first() + sum(list.drop(1))
}
```

언뜻 보면 패턴 매칭처럼 보이지만, *if else* 조건절을 *when*문을 사용해서 작성한 것이다. 실제 코틀린 코드에서는 리스트가 sum 함수를 제공하기 때문에 재귀를 사용해서 구현할 필요는 없다.

두 리스트는 기능적으로 동일하지만 함수형 프로그래밍에서 대수적 데이터 타입은 FunList와 같이 합 타입으로 정의한다. 타입에 포함되는 모든 타입에 대한 정의가 명확해서 컴파일러가 타입을 예측하기 쉽기 때문이다. 덕분에 다음과 같은 이점이 있다.

- 더 쉽게 타입을 결합하고 확장할 수 있음
- 생성자 패턴 매칭을 활용해서 간결한 코드를 작성할 수 있음
- 철저한 타입 체크로 더 안전한 코드를 작성할 수 있음

뿐만 아니라 대수적 타입을 이용하면 재귀적 타입 구조를 만들 수 있는데, 이 부분은 6.5절에서 자세히 다룰 것이다.

6.3 타입의 구성요소

타입은 표현식(expression)이 어떤 범주에 포함되는지 알려 주는 라벨과 같다. 예

를 들어 String을 보면 표현식이 문자열이라는 것을 알 수 있고, Boolean을 보면 표현식이 True 아니면 False라는 것을 알 수 있다. 특히 함수형 프로그래밍에서는 함수의 타입을 이해하거나 선언하는 것이 중요하다. 이번 절에서는 타입을 이해하기 위한 용어와 타입을 만드는 방법을 알아보자.

타입 변수

타입 변수를 알아보기 위해서 우선 리스트의 첫 번째 값을 반환하는 head 함수를 예로 들어 보자.

코드 6-13 head 함수

```
fun <T> head(list: List<T>): T = list.first()
```

코틀린에서는 제네릭으로 선언된 T를 타입 변수(type variable)라 한다. 5장에서도 배웠지만, 타입 변수를 사용하면 함수를 쉽게 일반화할 수 있다. 이런 타입 변수를 가진 함수들을 다형 함수(polymorphic function)라 한다.

다형 함수는 아직 구체적 타입이 결정되지 않은 타입 변수 T를 통해서 다양한 타입의 함수가 될 수 있다. 구체적 타입이 결정되는 것은 다음과 같이 head 함수를 사용할 때다.

코드 6-14 head 함수 사용 예

```
head(listOf(1, 2, 3, 4))
```

head 함수를 이렇게 호출하면, 함수의 타입은 fun head(list: List<Int>): Int가 된다. 여기서 Int 타입을 직접 명시하지는 않았지만, 타입 추론에 의해서 입력 리스트의 타입이 List<Int>로 입력된다. 따라서 T는 Int가 된다. head(listOf("ab", "cd"))를 호출하면 T는 String이 된다.

타입 변수는 새로운 타입을 정의할 때도 사용된다.

코드 6-15 Box 타입 선언

```
class Box<T>(t: T) {
    val value = t
}
```

Box 타입을 정의할 때 타입 변수 T를 사용해서, 상자 안에 다양한 타입의 값이 담길 수 있도록 선언했다. 생성자가 호출되면 입력받은 매개변수 t의 타입으로 Box의 타입이 결정된다. 타입 T의 구체적 타입은 다음 예제와 같이 생성자가 호출될 때 결정된다.

코드 6-16 Box 생성자 호출 예

```
val box = Box(1)
```

Box(1)이 호출되는 순간 box의 타입은 Box<Int>로 결정된다. 컴파일러에 의해서 타입이 추론되기 때문인데, 타입을 직접 명시하지 않아도 된다는 장점이 있는 반면에 타입이 복잡해지면 코드를 통해서 타입을 유추하기 힘들다는 단점도 있다. 다음 예제를 보자.

코드 6-17 유의해야 할 타입 추론의 예

```
val listOfBox = listOf(Box(1), Box("String"))
```

이 예제에서 리스트에는 Int와 String 타입을 모두 포함한다. 이때 컴파일러는 코틀린의 최상위 오브젝트인 List<Any>로 추론한다. 이런 상황을 프로그래머가 인지하지 못하면, 개발하는 과정에서 의도하지 않은 동작의 함수를 호출하거나 원하는 함수를 찾지 못할 수 있다.

값 생성자

타입에서 값 생성자(value constructor)는 타입의 값을 반환하는 것이다. Box 예제에서 class Box<T>(t: T)가 값 생성자다. Box는 생성자가 한 개지만, 여러 개가 될수도 있다. 코드 6-7에서 살펴본 Shape의 값 생성자는 Circle, Square, Line 3개다. *class*나 *sealed class*에서 값 생성자는 그 자체로도 타입으로 사용될 수 있다. 그러나 *enum*의 경우 값 생성자는 값으로만 사용되고, 타입으로 사용될 수 없다.

다음 두 예제를 통해서 *sealed class*와 *enum* 클래스의 차이를 확인해 보자.

코드 6-18 Expr 클래스

```
sealed class Expr
data class Const(val number: Double) : Expr()
data class Sum(val e1: Expr, val e2: Expr) : Expr()
object NotANumber : Expr()

fun getSum(p1: Double, p2: Double): Sum {
```

```
    return Sum(Const(p1), Const(p2))
}
```

Sum은 Expr의 값 생성자이지만, getSum 함수의 타입 선언에 사용할 수 있다.

코드 6-19 Color 열거형 클래스

```
enum class Color(val rgb: Int) {
    RED(0xFF0000),
    GREEN(0x00FF00),
    BLUE(0x0000FF)
}

fun getRed(): Color {
    return Color.RED
}

// compile error
fun getRed(): Color.RED {
    return Color.RED
}
```

*enum*의 경우 Color는 타입이지만, 값 생성자인 Color.RED는 값으로만 사용될 수 있다. 따라서 getRed 함수에서 타입 선언에 사용하면 컴파일 오류가 발생한다.

 하스켈의 경우는 값 생성자가 함수다. 따라서 타입으로 사용될 수는 없으나, 패턴 매칭을 유연하게 할 수 있다. 또한 4장에서 배운 커링, 부분적용 함수 등 고차 함수의 장점을 그대로 가진다. 다음은 Shape와 테두리 길이를 구하는 함수를 하스켈로 작성한 예다.

코드 6-20 하스켈로 작성한 Shape와 surface 함수

```
data Shape = Circle Float Float Float | Rectangle Float Float Float
             Float

surface :: Shape -> Float
surface (Circle _ _ r) = pi * r ^ 2
surface (Rectangle x1 y1 x2 y2) = (abs $ x2 -x1) * (abs $ y2 - y1)
```

Shape는 타입이고, Circle과 Rectangle은 값 생성자다. Circle은 Float형 매개변수가 3개인 함수고, Rectangle은 Float형 매개변수가 4개인 함수다. surface는 도형의 면적을 구하는 함수로서, 값 생성자의 패턴 매칭을 통해서 작성되었다.

타입 생성자와 타입 매개변수

값 생성자가 값 매개변수를 받아서 새로운 값을 생성한 것처럼, 타입 생성자(type constructor)는 새로운 타입을 생성하기 위해서 매개변수화된 타입을 받을 수 있다. 우리는 이미 Box 클래스 예제에서 타입 생성자와 타입 매개변수를 보았다. class Box<T>(t: T)에서 Box는 타입 생성자고, T는 타입 매개변수다. 다음 예를 통해 타입 생성자와 타입 매개변수에 대해서 알아보자.

코드 6-21 Maybe의 생성자와 타입 매개변수

```
sealed class Maybe<T>
object Nothing: Maybe<kotlin.Nothing>()
data class Just<T>(val value: T): Maybe<T>()
```

여기서 Maybe는 타입 생성자고, T는 타입 매개변수다. Maybe는 타입이 아니라 타입 생성자이기 때문에, 구체적 타입이 되려면 모든 매개변수가 채워져야 한다. 타입 매개변수를 활용하면 매개변수의 타입에 따라서 여러 가지 타입을 만들 수 있다. Maybe는 Nothing이 아닐 때, Maybe Int, Maybe String, Maybe Double 등의 타입을 생성할 수 있다. 다른 예로 FunList를 살펴보자.

코드 6-22 FunList의 생성자와 타입 매개변수

```
sealed class FunList<out T>
object Nil : FunList<Nothing>()
data class Cons<out T>(val head: T, val tail: FunList<T>) : FunList<T>()
```

Maybe와 마찬가지로 FunList에서도 타입 생성자와 매개변수화된 타입이 있다는 것을 확인할 수 있다. 어떤 값의 타입이 되기 위해서는 FunList<Int>, FunList<String>과 같이 타입 매개변수가 확정되어야 한다.

타입 매개변수는 값이 주어질 때 타입 추론에 의해서 결정될 수 있다. 타입 생성자에 의해서 타입 매개변수가 추론되는 예를 보자.

코드 6-23 Maybe와 FunList의 타입 생성자 사용 예

```
val maybe1: Maybe<Int> = Just<Int>(5)
val maybe2 = Just(5)

val list1: FunList<Int> = Cons<Int>(1, Cons<Int>(2, Nil))
val list2 = Cons(1, Cons(2, Nil))
```

컴파일러가 타입 추론을 하기 때문에 maybe1, list1처럼 타입 매개변수를 직접 명시하지 않아도 된다. `maybe2`, `list2`처럼 값이 할당되면, 값의 타입으로 타입 매개변수가 정해진다.

타입 매개변수가 여러 가지 이점을 가지고 있으나, 늘 사용할 수 있는 것은 아니다. 타입 매개변수는 Maybe<T>나 FunList<T>처럼 타입이 포함하는 값의 타입에 관계없이 동작할 때 사용하는 게 좋다. 다음과 같은 Person 타입에 타입 매개변수를 사용하는 것은 적합하지 않다.

코드 6-24 Person 타입 선언 예

```
data class Person1(val name: String, val age: Int)
// name과 age는 타입 매개변수로 적합하지 않다.
data class Person2<T1, T2>(val name: T1, val age: T2)
```

일반적으로 타입을 구성하는 값 생성자에 포함된 타입들이, 타입을 동작시키는 데 중요하지 않은 경우 타입 매개변수를 사용한다. 예를 들어 Maybe의 값 생성자 Nothing과 Cons<out T>(val head: T, val tail: FunList<T>)에 포함된 타입인 T가 Maybe 타입을 동작시키는 데는 중요하지 않기 때문에 타입 매개변수를 사용할 수 있다. Maybe는 아무것도 없거나 어떤 값을 가지고 있는데, 어떤 것의 타입에 관계없이 동작한다. 또한 리스트는 리스트 내의 값 타입에 관계없이 동작할 수 있기 때문에, 타입 매개변수를 사용하기에 적합하다.

이번 절에서는 타입 변수, 값 생성자, 타입 생성자, 타입 매개변수와 같이 타입을 구성하는 기본적인 요소에 대한 용어와 정의를 알아봤다. 이런 용어들을 모른다고 코드를 작성하지 못하는 건 아니지만, 뒤에 나올 설명을 이해하기 위해서는 낯선 용어들에 익숙해질 필요가 있다.

6.4 행위를 가진 타입 정의하기

코틀린, 스칼라, 루비 등 모던 언어에서는 행위를 가진 타입을 정의하는 방법을 제공한다. 그리고 객체지향 프로그래밍에서 행위를 가진 타입을 정의하는 방법에는 인터페이스(interface), 추상 클래스(abstract class), 트레이트(trait), 믹스인(mixin) 등이 있다. 각각의 용어는 차이가 있지만, 언어마다 다양하게 혼용되기도 한다. 여기서는 간단하게 각 용어의 차이점만 알아볼 것이다. 여기서는 일반적인 개념을 설명하며, 특정 언어에서의 인터페이스 등은 다루지 않는다.

인터페이스 vs. 트레이트 vs. 추상 클래스 vs. 믹스인

객체지향 프로그래밍에서의 **인터페이스**는 클래스의 기능 명세다. 클래스의 행위를 메서드의 서명(signiture)으로 정의하고, 구현부는 작성하지 않는다. 다중 상속이 가능하며 자체로서는 인스턴스화될 수 없고, 인터페이스를 상속한 클래스에서 반드시 함수의 구현부를 작성해야 한다.

코드 6-25 **인터페이스 선언 예**

```
interface Developer {
    val language: String

    fun writeCode()
}
```

트레이트는 인터페이스와 유사하지만, **구현부를 포함한 메서드를 정의할 수 있다.** 따라서 트레이트에 구현부까지 정의된 메서드는 트레이트를 상속한 클래스에서 구현부를 작성하지 않아도 된다.

코드 6-26 **트레이트 선언 예**

```
interface Developer {
    val language: String

    fun writeCode()

    fun findBugs(): String {
        return "findBugs"
    }
}
```

여기서 코틀린의 *interface*는 트레이트라는 것을 확인할 수 있다.

추상 클래스는 상속 관계에서의 추상적인 객체를 나타내기 위해서 사용되는 것으로 인터페이스나 트레이트와는 사용 목적이 다르다. 또한 모든 종류의 프로퍼티와 생성자를 가질 수 있고, 다중 상속이 불가능하다.

코드 6-27 **추상 클래스 선언 예**

```
abstract class Developer {
    abstract val language: String

    abstract fun writeCode()

    open fun findBugs(): String {
```

```
            return "findBugs"
        }
    }
```

믹스인은 클래스들 간에 어떤 프로퍼티나 메서드를 결합하는 것이다. 메서드 재사용성이 높고 유연하며, 다중 상속에서 발생하는 모호성(diamond problem)도 해결할 수 있다. 다음 믹스인 예제를 통해서 자세히 알아보자.

코드 6-28 **믹스인의 예**

```
interface Developer {
    val language: String

    fun writeCode() {
        println("write $language")
    }
}

interface Backend : Developer {
    fun operateEnvironment(): String {
        return "operateEnvironment"
    }

    override val language: String
        get() = "Haskell"
}

interface Frontend : Developer {
    fun drawUI(): String {
        return "drawUI"
    }

    override val language: String
        get() = "Elm"
}

class FullStack : Frontend, Backend {
    override val language: String
        get() = super<Frontend>.language + super<Backend>.language
}
```

FullStack은 Frontend와 Backend를 다중 상속하고 있다. 그리고 language 프로퍼티만 오버라이드해서 Frontend와 Backend의 language를 믹스인했다. 실제로 각 클래스를 사용해 보면 다음과 같이 동작한다.

코드 6-29 **믹스인의 사용 예**

```
fun main(args: Array<String>) {
    val frontend = object : Frontend {}
    val backend = object : Backend {}

    frontend.writeCode()     // "write Elm" 출력
    backend.writeCode()      // "write Haskell" 출력

    val fullStack = FullStack()

    fullStack.writeCode()                     // "write ElmHaskell" 출력
    println(fullStack.drawUI())               // "drawUI" 출력
    println(fullStack.operateEnvironment())   // "operateEnvironment" 출력
}
```

fullStack의 writeCode 함수를 호출하면 함수 내에서 믹스인된 language를 사용하여 출력한다. drawUI와 operateEnvironment 함수는 다중 상속에 의해서 Frontend와 Backend의 함수가 오버라이드된 것을 확인할 수 있다.

객체지향 프로그래밍에서 행위를 정의하는 방법으로 인터페이스, 트레이트, 추상 클래스, 믹스인에 대해서 간단히 살펴보았다. 다양한 언어에서 각각 다른 방식으로 행위를 정의하는 방법을 제공하지만, 기능적으로 정확히 용어와 같이 구분되진 않는다. 따라서 용어에 의미를 두는 것보다는 특정 언어에서 제공하는 방법의 기능, 유연성, 한계 등을 이해하는 것이 중요하다.

타입 클래스와 타입 클래스의 인스턴스 선언하기

하스켈에서는 **타입의 행위를 선언하는 방법을 타입 클래스**라 한다. 이름은 비슷하지만 객체지향 프로그래밍의 클래스와는 다르다는 점에 유의하자. 타입 클래스는 다음과 같은 기능을 가지고, 코틀린의 인터페이스와 유사하다.

• 행위에 대한 선언을 할 수 있다.
• 필요시, 행위의 구현부도 포함할 수 있다.

 타입 클래스는 행위를 선언한다는 관점에서 코틀린의 인터페이스와 유사하다. 하지만 타입 클래스는 코틀린의 인터페이스와 달리 타입의 선언 부분과 인스턴스로 정의하는 부분이 분리되어 있다. 코틀린의 인터페이스는 엄밀히 말하면 타입 클래스는 아니다. 그러나 지금부터는 편의상 타입 클래스처럼 사용한 인터페이스를 타입 클래스라고 지칭할 것이다.

두 값이 같은지 또는 다른지 판단하는 행위를 가진 타입 클래스를 만들어 보자.

코드 6-30 Eq 타입 클래스 선언

```
interface Eq<in T> {
    fun equal(x: T, y: T): Boolean
    fun notEqual(x: T, y: T): Boolean
}
```

Eq 타입 클래스는 두 값이 같은지 비교하는 함수 equal과 다른지 비교하는 함수 notEqual을 가지고 있다. 각 함수는 다음과 같이 타입 클래스 내에서 직접 구현될 수도 있다.

코드 6-31 Eq 타입 클래스 내에서 구현

```
interface Eq<in T> {
    fun equal(x: T, y: T): Boolean = x == y
    fun notEqual(x: T, y: T): Boolean = x != y
}
```

Eq 타입 클래스의 행위를 가진 대수적 타입은 다음과 같이 정의될 수 있다.

코드 6-32 TrafficLight 선언과 사용

```
sealed class TrafficLight: Eq<TrafficLight>
object Red: TrafficLight()
object Yellow: TrafficLight()
object Green: TrafficLight()

fun main(args: Array<String>) {
    println(Red.equal(Red, Yellow))     // "false" 출력
    println(Red.notEqual(Red, Yellow))  // "true" 출력
}
```

TrafficLight는 Red, Yellow, Green 세 가지 값을 가지는 대수적 타입이다. TrafficLight를 Eq 타입 클래스의 인스턴스로 정의했기 때문에 TrafficLight 타입의 값은 equal과 notEqual 함수를 가진다. 만약 타입 클래스가 함수의 구현을 포함하고 있지 않다면, 다음과 같이 TrafficLight 타입이나 각 값 중 하나에서 구현되어야 한다.

코드 6-33 TrafficLight를 Eq의 인스턴스로 구현

```
sealed class TrafficLight: Eq<TrafficLight> {
    override fun equal(x: TrafficLight, y: TrafficLight): Boolean = x == y
```

```
        override fun notEqual(x: TrafficLight, y: TrafficLight): Boolean = x != y
}
object Red: TrafficLight()
object Yellow: TrafficLight()
object Green: TrafficLight()
```

타입 클래스에는 인스턴스가 동작하기 위해서 최소 한 번은 반드시 구현되어야 하는 함수들이 존재한다. Eq에서는 equal와 notEqual가 이에 해당한다. 이번에는 화면에 이름을 출력하는 행위를 가진 타입 클래스 Print를 만들고, TrafficLight에 적용하자.

코드 6-34 Print 타입 클래스 선언

```
interface Print {
    fun print(): String
}
```

Print 타입 클래스는 화면에 출력하는 행위인 print 함수를 가진다. 타입 클래스 내에 구현을 포함하지 않았으므로 print 함수는 반드시 한 번은 구현되어야 한다. 타입 클래스 내에 구현을 포함하지 않았으므로, TrafficLight가 화면에 출력하는 행위를 가지도록 Print 타입 클래스의 인스턴스로 만들면 다음과 같다.

코드 6-35 TrafficLight를 Print의 인스턴스로 구현

```
sealed class TrafficLight: Eq<TrafficLight>, Print
object Red: TrafficLight() {
    override fun print() = print("Red")
}
object Yellow: TrafficLight() {
    override fun print() = print("Yellow")
}
object Green: TrafficLight() {
    override fun print() = print("Green")
}

fun main(args: Array<String>) {
    Red.print()     // "Red" 출력
    Yellow.print()  // "Yellow" 출력
    Green.print()   // "Green" 출력
}
```

Eq와 Print 타입 클래스를 콤마로 연결하여 TrafficLight이 두 타입 클래스의 행위를 모두 가질 수 있도록 선언했다. 여기서는 값마다 출력값이 달라지도록 작성하기

위해서 각 값에서 print 함수의 구현부를 작성했다.

타입 클래스는 다른 타입 클래스를 포함해서 정의될 수 있다. 다음 예제를 보자.

코드 6-36 Ord 타입 클래스

```kotlin
interface Ord<in T>: Eq<T> {
    fun compare(t1: T, t2: T): Int
}
```

예제에서 Ord 타입 클래스는 Eq 타입 클래스를 포함한다. 따라서 Ord 타입 클래스의 인스턴스인 타입은 Eq의 행위도 가진다. 다음은 요일을 Ord 타입 클래스의 인스턴스로 만들어서 순서와 동등성 비교가 가능한 DayOfWeek를 만든 예다.

코드 6-37 DayOfWeek 타입 선언과 사용

```kotlin
sealed class DayOfWeek(private val ord: Int): Ord<DayOfWeek> {
    override fun compare(other: DayOfWeek): Int = when {
        this.ord > other.ord -> 1
        this.ord < other.ord -> -1
        else -> 0
    }
}
object Mon: DayOfWeek(0)
object Tue: DayOfWeek(1)
object Wen: DayOfWeek(2)
object Thu: DayOfWeek(3)
object Fri: DayOfWeek(4)
object Sat: DayOfWeek(5)
object Sun: DayOfWeek(6)

fun main(args: Array<String>) {
    println(Mon.compare(Tue))    // "0" 출력
    println(Wen.equal(Thu))      // "false" 출력
}
```

DayOfWeek는 Ord의 인스턴스인 타입이지만, compare 함수뿐만 아니라, Eq의 equal 함수도 사용할 수 있다는 것을 확인할 수 있다. 타입 클래스 간의 포함 관계는 타입 클래스들을 계층적으로 정의할 수 있게 한다. 이러한 계층적인 구조에 따라서 해당 타입 클래스의 인스턴스로 정의된 타입은 요구되는 모든 행위들을 정의해서 재사용할 수 있다.

6.5 재귀적 자료구조

*sealed class*를 사용해서 만든 대수적 데이터 타입을 활용하면 재귀적 자료구조를 만들 수 있다. 우리는 이미 재귀적 자료구조를 여러 번 만들어 보았다. FunList가 바로 재귀적 자료구조의 대표적인 예다.

코드 6-38 **FunList 선언**

```
sealed class FunList<out T>
object Nil : FunList<Nothing>()
data class Cons<out T>(val head: T, val tail: FunList<T>) : FunList<T>()
```

FunList는 *sealed class*를 사용해서 만든 대수적 데이터 타입이다. 따라서 Nil이거나 Cons가 될 것이다. Cons를 보면 두 개의 필드를 가지고 있는데, 첫 번째 필드는 리스트를 구성하는 첫 번째 값을 나타내는 head이고, 두 번째 필드는 나머지 값들의 리스트를 나타내는 tail이다. 여기서 tail의 타입을 보면 자기 자신을 나타내는 FunList인 것을 알 수 있다. 이렇게 대수적 데이터 타입에서 구성하는 값 생성자의 필드에 자신을 포함하는 구조를 재귀적인 자료구조라고 한다.

값을 1만 가지고 있는 리스트 [1]을 FunList로 만들면 Cons(1, Nil)과 같다. 여기서 첫 번째 매개변수는 값이고 두 번째 매개변수는 비어 있는 FunList이다. 마찬가지로 [1, 2]는 Cons(1, Cons(2, Nil))이다. 첫 번째 매개변수에는 값이 있고, 두 번째 매개변수에는 FunList가 있다. 따라서 FunList는 Nil이거나 '값 + 다른 FunList'의 조합이다. 이러한 재귀적 자료구조를 만들면 생성자 패턴 매칭을 사용하기에 용이하다.

다음은 5장에서 만든 유틸리티를 사용해서 FunList의 값들을 뒤집어서 출력한 코드다.

코드 6-39 **reverse 함수**

```
fun main(args: Array<String>) {
    val reversed = reverse(Cons(1, Cons(2, Cons(3, Nil))), Nil)
    printFunList(reversed)
}

fun <T> reverse(list: FunList<T>, acc: FunList<T>): FunList<T> = when (list) {
    Nil -> acc
    is Cons -> reverse(list.tail, acc.addHead(list.head))
}
```

reverse 함수에서 FunList를 구성하는 값 생성자에 의한 패턴 매칭을 이용했다. 재귀적 자료구조가 아닌, 코틀린의 기본 리스트는 이러한 생성자 패턴 매칭을 사용할 수 없다. 이러한 패턴은 3장에서 많이 살펴보았다. 반면에 FunList는 5장의 모든 재귀 함수를 생성자 패턴 매칭을 활용해서 작성할 수 있었다.

연습문제 6-1 재귀적 자료구조를 활용하여 이진 트리를 만들어 보자. 여기서 이진 트리는 균형 잡힌 트리가 아니고 일반적인 트리다. 트리의 정의는 다음과 같다.

> **HINT** 모든 노드는 하위 노드가 없거나(EmptyTree) 최대 두 개의 하위 노드(Node)를 가진다.
> 두 개의 하위 노드 중, 하나는 왼쪽에 다른 노드는 오른쪽에 있다.
> 함수의 기본 선언은 다음과 같다.
>
> ```
> sealed class Tree<out T>
> ```

연습문제 6-2 연습문제 6-1에서 만든 이진 트리에 노드를 추가하는 insert 함수를 Tree의 확장 함수로 만들어 보자. 이때 왼쪽 하위 노드의 값은 오른쪽 하위 노드의 값보다 항상 작아야 한다. 단, 값을 비교하기 위해서는 T가 항상 Comparable 속성을 가지고 있어야 한다. 여기서는 문제의 복잡도를 낮추기 위해 입력 타입을 Int로 제한한다.

> **HINT** 함수의 선언 타입은 다음과 같다.
>
> ```
> fun Tree<Int>.insert(elem: Int): Tree<Int> = TODO()
> ```

연습문제 6-3 연습문제 6-2에서 작성한 insert 코드를 100,000만 번 이상 연속해서 insert해 보자.

> **HINT** 테스트하는 환경에 따라 오류가 발생하는 시기는 다르겠지만 StackOverflowError가 날 때까지 해 보자.

> **연습문제 6-4** StackOverflowError가 일어나지 않도록 insertTailrec을 작성해
> 보자.
>
> > **HINT** 함수의 선언 타입은 다음과 같다. 필요하다면 내부 함수를 별도로 생성
> > 하자.
> >
> > ```
> > fun Tree<Int>.insertTailrec(elem: Int): Tree<Int>
> > ```
>
> **연습문제 6-5** 연습문제 6-1에서 만든 이진 트리에 어떤 노드가 존재하는지 확인
> 하는 contains 함수를 추가해 보자. 문제의 복잡도를 낮추기 위해 입력 타입
> 을 Int로 제한한다.
>
> > **HINT** 함수의 선언 타입은 다음과 같다.
> >
> > ```
> > fun Tree<Int>.contains(elem: Int): Boolean
> > ```

6.6 실전 응용

앞에서 알아본 합 타입이 곱 타입과 비교해서 어떤 장점을 가지고 있는지 예제를
통해서 알아보자.

대수적 합 타입의 장점

코틀린, 자바, 스칼라 중 하나가 될 수 있는 타입을 만든다고 가정하자. 이 경우는
인터페이스의 상속을 사용해서 세 가지 값을 포함하는 타입을 만들 수 있다.

코드 6-40 **상속에 의한 곱 타입**

```
interface LanguageInterface

class Java : LanguageInterface
class Kotlin : LanguageInterface
class Scala : LanguageInterface
```

그러나 상속을 이용해서 곱 타입으로 정의하면, 상속 관계를 정의할 때 상속받을
수 있는 모든 타입을 고려하지 않는다. 즉, 언제든지 상속 관계를 추가할 수 있다.

따라서 상속 관계로 정의된 타입으로 패턴 매칭을 하면 예측할 수 없는 부분에 대
한 처리가 필요하다.

코드 6-41 곱 타입의 패턴 매칭

```
fun main(args: Array<String>) {
    caseLanguageInterface(Java())
}

fun caseLanguageInterface(language: LanguageInterface) = when (language) {
    is Java -> {
        // doSomething
    }
    is Kotlin -> {
        // doSomething
    }
    is Scala -> {
        // doSomething
    }
    else -> {
        throw IllegalArgumentException("invalid type : $language")
    }
}
```

caseLanguageInterface 함수는 입력된 LanguageInterface가 Java, Kotlin 또는
Scala라고 확신할 수 없기 때문에 *else*에 대한 처리를 해 주어야 한다. 합 타입으로
정의하면 좀 더 간결하게 처리할 수 있다.

코드 6-42 열거형 선언에 의한 합 타입

```
enum class Language {
    JAVA, KOTLIN, SCALA
}
```

*enum*으로 정의된 타입으로 패턴 매칭을 사용하면 다음과 같다.

코드 6-43 합 타입의 패턴 매칭

```
fun main(args: Array<String>) {
    caseLanguageEnum(Language.KOTLIN)
}

fun caseLanguageEnum(language: Language) = when (language) {
    Language.JAVA -> {
        // doSomething
    }
```

```
        Language.KOTLIN -> {
            // doSomething
        }
        Language.SCALA -> {
            // doSomething
        }
}
```

enum 타입은 합 타입이기 때문에 Language는 JAVA 또는 KOTLIN 또는 SCALA가 된다.
따라서 caseLanguageEnum 함수에 다른 값이 들어올 수 없기 때문에 *else* 구문을 처
리할 필요가 없다. 만약 합 타입과 곱 타입에 새로운 값을 추가해야 한다면 어떤 일
이 발생할까?

코드 6-44 곱 타입에 새로운 값 생성자 추가

```
interface LanguageInterface

class Java : LanguageInterface
class Kotlin : LanguageInterface
class Scala : LanguageInterface
class Haskell: LanguageInterface
```

LanguageInterface를 상속하는 또 다른 값 Haskell을 추가한 후 caseLanguage
Interface를 변경하지 않아도 정상적으로 컴파일된다. 즉, 곱 타입은 Haskell에 대
한 추가적인 처리를 하지 않아도 컴파일 타임에 문제가 없는 것처럼 처리된다. 하
지만 만약 런타임에 Haskell이 입력으로 들어온다면 caseLanguageInterface 함수
는 예외를 발생시킬 것이다.

동일한 상황에서 합 타입인 Language의 경우는 *when* 구문에서 컴파일 오류가 발
생한다.

코드 6-45 합 타입에 새로운 값 생성자 추가

```
enum class Language {
    JAVA, KOTLIN, SCALA, HASKELL
}

fun caseLanguageEnum(language: Language) = when (language) {
    Language.JAVA -> {
        // doSomething
    }
    Language.KOTLIN -> {
        // doSomething
    }
```

```
    Language.SCALA -> {
        // doSomething
    }
}
```

여기서는 상속 구조로 정의한 곱타입과 *enum*으로 정의한 합 타입의 차이를 살펴보았다. 합 타입으로 정의될 때 다음과 같은 장점을 가진다는 걸 알 수 있다.

- 추가적인 *else* 구문을 작성하지 않아도 되고, 호출자(caller)에서도 예외에 대한 처리를 할 필요가 없다. 즉, 함수에 부수효과가 없고, 참조 투명한 함수를 설계할 수 있다.
- 타입의 값이 변경될 때 해당 값에 대한 처리가 되어 있지 않은 비즈니스 로직에 컴파일 오류를 발생시킨다.

6.7 마치며

코틀린을 활용해서 함수형 프로그래밍의 타입 시스템과 대수적 자료구조에 대해서 알아보았다. 대부분은 순수한 함수형 프로그래밍 언어인 하스켈의 용어를 차용하면서 객체지향 프로그래밍에 익숙한 독자들에게는 낯설게 느껴졌을 것이다. 그렇지만 이후에 배울 펑터, 애플리케이티브, 모노이드, 모나드 등의 타입 클래스들의 설명에 함수형 언어의 공통 용어를 사용했으므로 여기서 최대한 익숙해지도록 하자.

7장

펑터

함수형 프로그래밍은 카테고리 이론(Category theory)이라는 수학적 원리를 토대로 만들어졌다. 이론에는 다양한 수학적 증명과 개념들이 존재하는데, 하스켈과 같은 함수형 언어에서는 증명된 개념들의 구현체를 만들어 제공한다. 이와 같은 구현체들은 각각 쓰임새와 사용법이 다르고, 어떤 행위를 정의한 타입 클래스의 인스턴스로 작성된다.

이 장에서는 첫 번째 구현체로 펑터 타입 클래스에 대해서 알아보고 직접 만들어 본다. 메이비, 트리, 이더, 단항 함수의 컨텍스트를 보면서 펑터 클래스를 왜 사용하는지 알아본다. 그리고 각각을 펑터 타입 클래스의 인스턴스로 구현해 본다. 마지막으로 작성된 인스턴스들이 수학적으로 증명된 펑터가 맞는지 확인하기 위한 몇 가지 법칙을 살펴보고, 간단한 테스트 코드를 만들어서 검증한다.

7.1 펑터란?

펑터(Functor)는 매핑할 수 있는 것(can be mapped over)이라는 행위를 선언한 타입 클래스를 말한다. 여기서 '매핑할 수 있는 것'이라는 동작은 리스트에서 사용한 map과 동일하다. 코틀린 리스트의 map 함수의 타입을 보면 다음과 같다.

코드 7-1 map 함수 타입

```
fun <T, R> Iterable<T>.map(f: (T) -> R): List<R>
```

우선 map 함수의 타입으로 동작을 설명해 보자. 앞의 코드에서 map 함수는 Iterable

객체가 가진 T 타입의 값을 f 함수에 적용하여 R 타입의 값을 얻은 후, 이 값을 다시 List 객체 안에 넣은 List<R>을 반환하는 함수다.

이해를 돕기 위해서 T를 Int, R을 String으로 한정해 보자. 함수의 타입은 다음과 같이 다시 작성할 수 있다.

코드 7-2 타입 한정 map 함수

```
fun Iterable<Int>.map(f: (Int) -> String): List<String>
```

여기서 f 함수가 입력받은 Int 값을 영어 문자열로 바꾸어 준다고 가정하자. 예를 들어 1이 입력되면, "One"을 반환한다. 그리고 Iterable과 List는 각각 Int와 String 타입을 담을 수 있는 박스라고 가정한다. map 함수의 행위를 비유해서 설명해 보자. Iterable 박스에 담긴 Int 값을 꺼내서 문자열로 변환하고, 변경한 문자열을 다시 List 상자에 담아서 반환한다. 이를 그림으로 표현하면 다음과 같다.

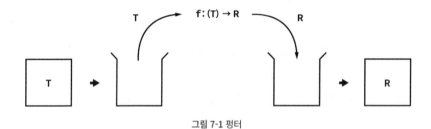

그림 7-1 펑터

다시 정리하면, 펑터는 리스트 같은 컨테이너형 타입의 값을 꺼내서 입력받은 함수를 적용한 후, 함수의 결괏값을 컨테이너형 타입에 넣어서 반환하는 행위를 선언한 타입 클래스를 의미한다. 여기서 펑터 자체는 추상화된 타입 클래스이기 때문에 컨테이너형 타입이 가진 구체적인 타입까지 포함해서 정의하지 않는다는 점을 주의해야 한다. 즉, List<Int>와 같이 구체화된 타입이 아니라 List<T>와 같이 일반화된 타입을 가진다. 따라서 한 개의 매개변수를 받는 타입 생성자(type constructor)다. List<T>는 실제 타입이 결정되지 않았고, Int와 같은 타입을 매개변수로 받아야 구체적인 타입이 결정된다.

앞으로 배울 펑터와 애플리케이티브 펑터(applicative functor)는 모두 이와 유사한 개념을 기초로 하고 있다.

펑터 선언하기

먼저 펑터를 직접 만들고 활용해 보자. 펑터는 map 연산을 추상화한다. 코틀린을 활용해서 펑터 타입 클래스를 만들면 다음과 같다.

코드 7-3 **Functor 타입 클래스**

```
interface Functor<out A> {
    fun <B> fmap(f: (A) -> B): Functor<B>
}
```

이전 장에서 살펴보았듯이 코틀린에서 타입 클래스는 인터페이스로 정의한다. 코틀린에서는 문법적으로 매개변수화된 타입(예제의 A)을 컨테이너형 타입으로 표현할 수 없기 때문에 fmap 함수에서 Functor<B>를 반환하는 것으로 대신하였다. 이렇게 하면 오버라이드(override)하는 클래스에서 컨테이너형 타입으로 바꾸어 반환할 수 있다. **fmap 함수는 입력받은 f 함수를 사용해서 A 값을 B로 변환한 후, 펑터에 담아서 Functor<B>를 반환한다.**

 하스켈과 스칼라는 각각 다음과 같이 펑터 타입 클래스를 선언할 수 있다.

코드 7-4 **하스켈의 Functor 타입 클래스**

```
class Functor f where
    fmap :: (a -> b) -> f a -> f b
```

코드 7-5 **스칼라의 Functor 타입 클래스**

```
trait Functor[F[_]] {
    def map[A, B](fa: F[A])(f: A => B): F[B]
}
```

여기서 하스켈의 f와 스칼라의 F[_]는 컨테이너형 타입을 정의한 타입 생성자다. 이외의 fmap 또는 map 함수의 동작은 동일하다. 여기서 fmap은 하스켈에서 주로 사용하는 이름이다. 코틀린과 스칼라는 본래 map을 사용하지만, 이 책에서는 하스켈의 이름을 사용하였다.

7.2 메이비 펑터 만들기

펑터 타입 클래스까지 만들어 봤지만 펑터를 어떻게, 왜 사용하는지는 아직 감이 오지 않을 것이다. 이제부터 펑터를 사용해서 메이비(또는 옵셔널, 옵션)를 만들어 볼 것이다. 메이비(Maybe)는 어떤 값이 있을 수도 있고 없을 수도 있는 컨테이너형

타입이다. 주로 어떤 함수의 반환값을 메이비로 선언함으로써, 함수의 실패 가능성을 포함하기 위한 목적으로 사용된다. 널을 반환하는 대신 메이비를 사용하면 불필요한 *if else*를 통한 널 처리나 예외를 피할 수 있다. 또한 메이비를 사용하면 4.1절에서 다룬 부분 함수를 대체할 수 있다. 코틀린에는 물음표를 사용해서 널에 대한 처리가 가능하기 때문에 내부적으로 메이비와 같은 타입을 지원하지 않는다.

 메이비라는 이름도 하스켈에서 가져왔다. 자바8에는 옵셔널(Optional), 스칼라에서는 옵션(Option)이라는 이름으로 메이비와 동일한 역할을 하는 컨테이너형 타입을 제공한다.

하지만 다음과 같이 직접 구현해서 사용할 수 있다.

코드 7-6 **Maybe 펑터**

```
sealed class Maybe<out A> : Functor<A> {

    abstract override fun toString(): String

    abstract override fun <B> fmap(f: (A) -> B): Maybe<B>
}
```

가장 기본적인 기능만 포함된 Maybe 인터페이스를 선언하였다. Maybe를 펑터로 만들기 위해서 Functor 타입 클래스의 인스턴스로 선언했다. 기본적으로 펑터의 fmap 함수를 추상 메서드로 선언했다. 여기서 toString()은 Maybe를 내용과 함께 화면에 출력하여 테스트해 보기 위한 함수다.

 "어떤 타입 클래스의 인스턴스로 선언했다"는 표현은 코드상으로 객체지향 프로그래밍의 상속을 의미한다. 함수형 프로그래밍에서 타입 클래스를 다룰 때 사용되는 것으로 이 책에서 앞으로 자주 보게 될 것이다.

fmap 함수는 펑터에 정의된 fmap과 동일하지만, 반환하는 값의 타입만 Maybe로 변경한다. 이렇게 하는 이유는 fmap 함수를 호출한 이후에 함수의 체이닝을 통해서 Maybe에 정의된 함수들을 사용할 수 있어야 하기 때문이다. 만약 여기서 Functor 타입 클래스를 반환한다면, fmap() 호출 이후에는 toString()과 같은 Maybe 내부에 정의된 함수들을 사용할 수 없다. Maybe도 펑터이기 때문에 반환값을 바꾸어도 컴파일에는 문제가 없다.

앞에서 Maybe는 값이 있거나 없는 두 가지 상태를 가진다고 했다. 각 상태의 구현 클래스(implementation class)를 작성하면 다음과 같다.

코드 7-7 Just 값 생성자

```
data class Just<out A>(val value: A) : Maybe<A>() {

    override fun toString(): String = "Just($value)"

    override fun <B> fmap(f: (A) -> B): Maybe<B> = Just(f(value))
}
```

Just는 값을 반드시 포함한 상태다. 따라서 생성자를 통해서 포함할 값을 입력받는다. fmap 함수는 Just가 가진 값을 입력받은 함수 f에 적용해서 변환하고, 다시 컨테이너형 타입인 Just에 넣어서 반환한다.

코드 7-8 Nothing 값 생성자 구현

```
 object Nothing : Maybe<kotlin.Nothing>() {

    override fun toString(): String = "Nothing"

    override fun <B> fmap(f: (kotlin.Nothing) -> B): Maybe<B> = Nothing
}
```

Nothing은 값이 없는 상태다. 값을 포함하지 않기 때문에 생성자로부터 어떤 입력도 받지 않는다. fmap 함수가 호출되어도 값이 존재하지 않기 때문에 그대로 Nothing을 반환한다. 이제 펑터 Maybe를 직접 사용해 보자.

코드 7-9 Maybe 펑터 사용 예

```
fun main() {
    println(Just(10).fmap { it + 10 })          // "Just(20)" 출력
    println(Nothing.fmap { a: Int -> a + 10 })  // "Nothing" 출력
}
```

Just(10)은 fmap 함수를 통해서 Just가 가진 값 it에 10을 더하는 함수를 적용하여 20을 얻은 후, 다시 Just에 감싸서 Just(20)이 반환되었다. 이것이 바로 펑터다.

Nothing은 fmap 함수에 적용할 값이 없기 때문에 f 함수의 내용에 관계없이 그대로 Nothing을 반환한다.

메이비와 리스트는 모두 어떤 값들을 담거나 비어 있는 컨테이너형 타입이다. 펑터는 타입 생성자에서 컨테이너형 타입을 요구한다. 따라서 어떤 값을 담을 수 있

는 타입은 항상 펑터로 만드는 것을 생각해 볼 수 있다. 펑터의 fmap은 프로그래밍에서 매우 유용하게 사용된다.

> **연습문제 7-1** 5장에서 만든 FunList를 Functor의 인스턴스로 만들어 보자. FunList에 이미 map 함수 등이 존재하지만, fmap, first, size와 같은 기본적인 기능만 제공하는 형태로 다시 작성하라.
>
> **HINT** 펑터의 의미에 집중하기 위해 꼬리 재귀나, 효율은 생각하지 않고 작성한다.

7.3 트리 펑터 만들기

6장 연습문제에서 작성해 본 이진 트리도 어떤 값을 담을 수 있는 컨테이너형 타입이다. 따라서 펑터로 만드는 것을 고려해 볼 수 있다. 재귀적인 자료구조라는 점을 제외하면 메이비와 크게 다르지 않을 것이다. 먼저 *sealed class*로 트리를 대수적 타입으로 만들어 볼 것이다. 지금부터 만들어 볼 트리의 요구사항은 다음과 같다.

- 트리는 비어 있거나 어떤 값과 두 개의 자식 트리를 가진다.
- 새로운 트리를 만들 수 있다. (treeOf)
- 트리를 화면에 출력할 수 있다. (toString)
- 트리의 모든 노드의 값을 변환 함수에 적용한 트리를 만들 수 있다. (fmap)

실무에서 쓸 만한 트리는 아니지만 펑터를 이해하기에는 충분하다. 먼저 트리 타입을 정의하면 다음과 같다.

코드 7-10 Tree 펑터

```kotlin
sealed class Tree<out A> : Functor<A> {

    abstract override fun toString(): String

    abstract override fun <B> fmap(f: (A) -> B): Tree<B>
}
```

요구사항을 충족시키기 위한 두 가지 행위인 fmap과 toString 함수가 포함되었다. fmap은 Functor 타입 클래스로부터 오버라이드되었다. toString은 타입 클래스가 명시되지 않았지만, 코틀린의 최상위 객체인 Any로부터 오버라이드했다. 메이비와 유사하게 fmap 함수의 반환 타입을 Tree<B>로 바꾸었다. 첫 번째 요구사항대로 Tree는 비어 있거나, 어떤 값과 두 개의 자식 트리를 가질 것이다. 먼저 간단한 비어 있는 트리에 대한 값 생성자를 구현하면 다음과 같다.

코드 7-11 EmptyTree 값 생성자

```
object EmptyTree : Tree<kotlin.Nothing>() {

    override fun toString(): String = "E"

    override fun <B> fmap(f: (Nothing) -> B): Tree<B> = EmptyTree
}
```

Maybe의 Nothing과 거의 동일하다. EmptyTree는 어떤 것도 가지고 있지 않고, fmap 함수가 호출되어도 항상 EmptyTree를 반환한다. 이제 어떤 값과 두 개의 자식 트리를 가진, Node 값 생성자를 구현하면 다음과 같다.

코드 7-12 Node 값 생성자

```
data class Node<out A>(val value: A, val leftTree: Tree<A>, val rightTree:
    Tree<A>) : Tree<A>() {

    override fun toString(): String = "(N $value $leftTree $rightTree)"

    override fun <B> fmap(f: (A) -> B): Tree<B> =
            Node(f(value), leftTree.fmap(f), rightTree.fmap(f))
}
```

Node 값 생성자는 어떤 값 value와 두 개의 노드 leftTree와 rightTree를 가진다. fmap은 f 함수를 입력받아서 노드의 값 value에 적용하고, 왼쪽 트리와 오른쪽 트리의 fmap 함수에 f 함수를 넣어 호출함으로써 트리의 모든 노드의 값에 f 함수가 적용될 수 있도록 한다.

이제 트리를 만들고 펑터가 잘 동작하는지 확인해 보자. 여기서 만들어 볼 트리는 다음 그림과 같다.

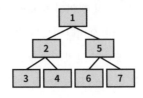

그림 7-2 트리

트리 생성을 위한 간단한 유틸리티 함수를 만들고, 펑터를 사용해서 트리 내 모든
노드의 값에 1을 더하는 코드를 작성하면 다음과 같다.

코드 7-13 **Tree 펑터 사용 예**

```
fun <T> treeOf(value: T, leftTree: Tree<T> = EmptyTree, rightTree: Tree<T> = EmptyTree):
            Tree<T> = Node(value, leftTree, rightTree)

fun main() {
    val tree = treeOf(1,
            treeOf(2,
                    treeOf(3), treeOf(4)),
            treeOf(5,
                    treeOf(6), treeOf(7)))

    println(tree)               // "(N 1 (N 2 (N 3 E E) (N 4 E E)) (N 5 (N 6 E E) (N 7 E E)))" 출력

    val transformedTree = tree.fmap { it + 1 }

    println(transformedTree) // "(N 2 (N 3 (N 4 E E) (N 5 E E)) (N 6 (N 7 E E) (N 8 E E)))" 출력
}
```

treeOf 함수는 어떤 값과 왼쪽 트리, 오른쪽 트리를 받아서 새로운 Tree를 생성하
는 간단한 유틸리티 함수다. tree.fmap { it + 1 }을 사용해서 트리 내 모든 노드
의 값에 더하기 1이 적용된 것을 확인할 수 있다. Tree는 Maybe와 동일하게 타입 생
성자의 매개변수가 한 개인 자료구조다. 만약 타입 생성자의 매개변수가 한 개 이
상인 경우는 어떻게 처리해야 할까? 다음 절에서 조금 더 복잡한 형태의 펑터 타입
을 만들어 보자.

7.4 이더 펑터 만들기

메이비와 트리는 타입 생성자의 매개변수가 한 개뿐인 타입이었다. Functor 타입
클래스의 타입 매개변수도 한 개다. 따라서 메이비와 트리는 비교적 쉽게 펑터의

인스턴스가 될 수 있었다. 만약 타입 매개변수가 두 개, 혹은 그 이상인 타입을 펑터의 인스턴스로 만드려면 어떻게 해야 할까? 이더(Either) 타입을 펑터의 인스턴스로 만들면서 알아보자.

이더는 레프트(Left) 또는 라이트(Right) 타입만 허용하는 대수적 타입이다. 이더는 일반적으로 함수의 반환값으로 사용된다. 함수 호출이 성공하면 올바른 결과를 라이트에 담고, 실패하면 실패 이유에 대한 정보를 레프트로 표시한다. 이더의 요구사항은 다음과 같다.

- 레프트 또는 라이트이고, 모두 컨테이너형 타입으로 값을 포함한다.
- 레프트와 라이트가 포함하는 값의 타입은 다를 수 있다.
- 이더의 라이트의 값을 변경하고, 변경된 값을 가진 이더를 얻을 수 있다. (fmap)

이더는 메이비나 트리와 달리 타입 매개변수가 두 개다. 레프트에 포함된 값의 타입과 라이트에 포함된 값의 타입이 같을 수도 있고 다를 수도 있기 때문이다. 이더는 일반적으로 라이트의 값만 변경할 수 있다. 따라서 레프트 값은 생성되는 시점에 고정된다. 이더 타입 클래스 선언은 다음과 같다.

코드 7-14 **Either 타입 클래스**

```
sealed class Either<out L, out R> : Functor<R> {
    abstract override fun <R2> fmap(f: (R) -> R2): Either<L, R2>
}
```

여기서 `fmap`의 f 함수는 R에 대해서만 적용되고, L은 변경하지 않는다. Either를 상속한 Left와 Right 값 생성자를 구현하면 다음과 같다.

코드 7-15 **Left, Right 값 생성자**

```
data class Left<out L>(val value: L): Either<L, Nothing>() {
    override fun <R2> fmap(f: (Nothing) -> R2): Either<L, R2> = this
}

data class Right<out R>(val value: R): Either<Nothing, R>() {
    override fun <R2> fmap(f: (R) -> R2): Either<Nothing, R2> = Right(f(value))
}
```

Left와 Right는 값을 포함하는 컨테이너형 타입이고, 각각의 가진 값의 타입은 같을 수도 있고 다를 수도 있다. Either를 생성하기 위한 간단한 헬퍼 함수를 만들고 실행해 보자.

코드 7-16 **Either 펑터 사용 예**

```kotlin
fun main() {
    println(divideTenByN(5))   // "Right(value=2)" 출력
    println(divideTenByN(0))   // "Left(value=divide by zero)" 출력
    println(divideTenByN(5).fmap { r -> r * 2 })   // "Right(value=4)" 출력
    println(divideTenByN(0).fmap { r -> r * 2 })   // "Left(value=divide by zero)" 출력
}

fun divideTenByN(n: Int): Either<String, Int> = try {
    Right(10 / n)
} catch (e: ArithmeticException) {
    Left("divide by zero")
}
```

divideTenByN 함수는 Either를 반환하는 함수이다. 입력값 n이 0인 경우에는 발생하는 예외 메시지를 포함하여 Left로 반환하고, 정상적인 결과라면 나누기 연산의 수행결과를 Right에 값을 넣어 돌려준다. 여기서 divideTenByN는 Left 또는 Right를 반환하기 때문에 별다른 예외처리 없이 fmap을 바로 이어서 수행했다. 함수의 수행 결과가 Left일 때 fmap 함수는 Left를 그대로 반환하고, Right일 때만 변환 함수에 값을 적용한다.

이와 같이 Functor의 타입 생성자는 매개변수가 한 개이기 때문에 타입이 다른 두 개 이상의 매개변수를 가지는 타입을 Functor의 인스턴스로 만들기 위해서는 fmap 함수에 의해서 변경되는 매개변수를 제외한 나머지 값들을 고정해야 한다.

7.5 단항 함수 펑터 만들기

일급 함수는 1.4절에서 배웠는데, 다시 한번 간단히 살펴보자. 일급 함수는 함수에 대해서 다음 세 가지 조건을 만족하는 것을 말한다.

- 함수를 함수의 매개변수로 넘길 수 있다.
- 함수를 함수의 반환값으로 돌려 줄 수 있다.
- 함수를 변수나 자료구조에 담을 수 있다.

함수형 언어에서는 함수도 Maybe, Tree, Either처럼 타입이다. 그렇다면 함수도 펑터가 될 수 있지 않을까? 함수를 매핑하면 어떻게 될까? 이번에는 함수를 펑터로 만들어 보면서 어떻게 동작하는지 살펴보자.

Functor 타입 클래스의 타입 생성자는 하나의 매개변수만 가진다. 하지만 함수

의 타입은 함수의 매개변수가 여러 개인 경우, 하나 이상의 타입 매개변수를 가질 수 있다. 따라서 변경할 수 있는 타입 한 개를 제외한 나머지는 고정해야 한다. 하지만 함수의 타입 생성자는 입력과 출력만 해도 두 개의 매개변수가 필요하다. 뿐만 아니라 하나 이상의 입력을 받을 수도 있다. 여기서는 매개변수가 한 개인 단항 함수에 대한 펑터를 만드는 것으로 제한한다.

단항 함수의 타입 생성자는 입력과 출력이 각각 하나씩 존재하므로 타입 매개변수가 두 개이다. 따라서 Either와 마찬가지로 하나의 매개변수를 고정할 수 있다. 함수의 경우 입력값은 바꾸지 않고, 출력값만 변경한다. 즉, 입력값이 고정값이다. 이것은 입력 매개변수가 늘어나도 동일하다. 단항 함수를 펑터의 인스턴스로 선언하면 다음과 같다.

코드 7-17 **함수 펑터**

```
data class UnaryFunction<in T, out R>(val g: (T) -> R) : Functor<R> {
    override fun <R2> fmap(f: (R) -> R2): UnaryFunction<T, R2> {
        return UnaryFunction { x: T -> f(g(x)) }
    }

    fun invoke(input: T): R = g(input)
}
```

지금까지와는 다르게 *data class*로 선언되었다. 함수의 경우는 여러 가지 타입을 가질 필요가 없기 때문에 *sealed class*로 만들 이유는 없다. 함수의 타입 매개변수는 입력 T와 출력 R이다. 함수의 입력은 고정하고, 출력만 매핑하기 위해서 펑터의 타입은 Functor<R>로 선언했다.

fmap 함수의 반환값은 UnaryFunction 체이닝을 위해서 UnaryFunction<T, R2>로 변경했다. 그리고 예외 없이 펑터의 정의를 그대로 구현하였다. 펑터 안에 존재하는 값인 함수 g를 변환 함수 f에 적용한 후, 결괏값을 다시 UnaryFunction 안에 넣어서 반환한다.

마지막으로 UnaryFunction 안에 있는 함수를 호출한 결과를 받기 위해서 invoke 함수를 추가했다. 지금까지 배운 펑터의 인스턴스인 타입을 만드는 패턴을 그대로 적용한 것에 불과하다. 이렇게 만들어진 함수 펑터를 사용하면 다음과 같다.

코드 7-18 **함수 펑터 사용 예**

```
fun main() {
    val f = { a: Int -> a + 1 }
```

```
    val g = { b: Int -> b * 2 }

    val fg = UnaryFunction(g).fmap(f)
    println(fg.invoke(5))    // "11" 출력
}
```

평터 함수인 UnaryFunction의 동작을 보면 떠오르는 게 있을 것이다. 바로 4장에서 배운 합성 함수다. 즉, 함수 g에 함수 f를 적용하여 매핑한다는 것은 함수 합성을 의미한다. 이것을 알고 나서 다시 UnaryFunction의 fmap 함수를 보면, fmap 함수의 구현이 결국 f와 g를 합성한 것이라는 게 보일 것이다. 먼저 앞에서 작성한 fmap 함수에 독자의 이해를 돕기 위한 군더더기 코드를 제거하면 다음과 같이 다시 작성할 수 있다.

코드 7-19 함수 평터의 fmap 함수

```
override fun <R2> fmap(f: (R) -> R2) = UnaryFunction { x: T -> f(g(x)) }
```

좀 더 간결해진 fmap 함수를 4장에서 작성했던 compose 함수를 사용해서 다시 작성해 보자.

코드 7-20 compose 함수를 활용한 함수 평터

```
data class UnaryFunction<in T, out R>(val g: (T) -> R) : Functor<R> {
    override fun <R2> fmap(f: (R) -> R2) = UnaryFunction { x: T -> (f compose g)(x) }

    fun invoke(input: T): R = g(input)
}
```

이렇게 작성된 함수 합성을 이용하면 입력 매개변수가 여러 개인 함수도 만들 수 있다. 입력과 출력이 하나인 UnaryFunction을 체이닝하면 결국 입력이 여러 개인 함수와 동일하기 때문이다. 예를 들어 fmap 함수의 타입을 간결하게 쓰면 ((T) -> R) -> R2가 될 것이다. 이것은 매개변수가 한 개인 함수의 체이닝인 (T) -> ((R) -> R2)로 변경할 수 있다. 4.3절에서 배운 커링과 동일한 원리다. 이러한 원리를 이용하면 값을 감싸고 있는 평터(컨텍스트)를 바꾸는 것도 가능하다. 다음은 함수 평터를 Maybe 평터로 컨텍스트만 변경한 예다.

코드 7-21 평터 변경의 예

```
fun main() {
    val g = { a: Int -> a * 2 }
    val k = { b: Int -> Just(b) }
```

```
    val kg = UnaryFunction(g).fmap(k)
    println(kg.invoke(5))    // "Just(10)" 출력
}
```

예제에서 UnaryFunction은 숫자를 받아서 Maybe를 반환했다. 함수 k에 따라서 Tree
나 Either를 반환하게 될 수도 있다. 이러한 함수를 일반적으로 승급(lifting) 함수
라 한다. 승급 함수는 8장에서 다룬다.

7.6 펑터의 법칙

펑터가 되기 위해서는 두 가지 법칙을 만족해야 한다. 이것을 펑터의 법칙(functor
law)이라 한다. 모든 펑터의 인스턴스는 다음 두 가지 법칙을 지켜야 한다.

- 항등 함수(identity function)에 펑터를 통해서 매핑하면, 반환되는 펑터는 원래
  의 펑터와 같다.
- 두 함수를 합성한 함수의 매핑은 각 함수를 매핑한 결과를 합성한 것과 같다.

펑터 제1 법칙

첫 번째 법칙을 간단한 코드로 표현하면 다음과 같다.

코드 7-22 **펑터 제1 법칙 표현식**

```
fmap(identity()) == identity()
```

**fmap을 호출할 때 항등 함수 id를 입력으로 넣은 결과는 반드시 항등 함수를 호출
한 결과와 동일해야 한다.** 여기서 항등 함수는 { x -> x }와 같이 입력받은 매개변
수를 어떠한 가공 없이 그대로 반환하는 함수를 말한다. fmap 함수의 변환 함수로
항등 함수를 넣었으므로, 당연히 동일한 값이 반환될 것이다.

이전 절에서 만든 Maybe, Tree, Either가 첫 번째 법칙에 만족하는지 살펴보자.
확인을 위해서 먼저 identity 함수를 작성해 보자.

코드 7-23 **항등 함수**

```
fun <T> identity(x: T): T = x
```

이제 Maybe, Tree, Either 펑터가 각각 제1 법칙을 만족하는지 테스트해 보자.

코드 7-24 펑터 제1 법칙 검증

```
fun main() {
    // Maybe 1 laws
    println(Nothing.fmap { identity(it) } == identity(Nothing))  // "true" 출력
    println(Just(5).fmap { identity(it) } == identity(Just(5)))  // "true" 출력

    // Tree 1 laws
    val tree = Node(1, Node(2, EmptyTree, EmptyTree), Node(3, EmptyTree, EmptyTree))

    println(EmptyTree.fmap { identity(it) } == identity(EmptyTree))  // "true" 출력
    println(tree.fmap { identity(it) } == identity(tree))            // "true" 출력

    // Either 1 laws
    println(Left("error").fmap { identity(it) } == identity(Left("error")))  // "true" 출력
    println(Right(5).fmap { identity(it) } == identity(Right(5)))            // "true" 출력
}
```

각 펑터 인스턴스의 fmap 함수에 입력으로 identity를 넣어서 호출한 결과는, identity 함수에 펑터의 인스턴스를 넣어서 호출한 결과와 모두 동일하다는 것을 확인할 수 있다. 따라서 Maybe, Tree, Either는 제1 법칙을 만족한다.

펑터 제2 법칙

두 번째 법칙의 두 함수를 각각 f, g라고 하고, 코드로 간단히 표현해 보면 다음과 같다.

코드 7-25 펑터 제 2법칙 표현식

```
fmap(f compose g) == fmap(f) compose fmap(g)
```

함수 f와 g를 먼저 합성하고 fmap 함수의 입력으로 넣어서 얻은 결괏값은 함수 f를 fmap에 넣어서 얻은 함수와 g를 fmap에 넣어서 얻은 함수를 합성한 결과와 같아야 한다.

이번에는 Maybe, Tree, Either 펑터가 제2 법칙을 만족하는지 확인해 보자. 여기 서도 4장에서 작성했던 compose 함수를 재사용할 것이다. 이 함수는 이미 충분히 일반화해서 만들었기 때문에 그대로 사용할 수 있다.

코드 7-26 compose 함수

```
infix fun <F, G, R> ((F) -> R).compose(g: (G) -> F): (G) -> R {
    return { gInput: G -> this(g(gInput)) }
}
```

이 compose 함수를 사용하면, 입력과 출력이 하나인 함수를 합성할 수 있다. 입력이 여러 개인 경우는 입출력이 하나인 함수들을 체이닝하면 된다. 먼저 Maybe가 법칙을 만족하는지 확인해 보자.

코드 7-27 **Maybe 펑터 제2 법칙 검증(우변 컴파일 오류)**

```kotlin
fun main() {
    val f = { a: Int -> a + 1 }
    val g = { b: Int -> b * 2 }

    val nothingLeft = Nothing.fmap(f compose g)
    // 컴파일 오류
    val nothingRight = Nothing.fmap(f) compose Nothing.fmap(g)

    val justLeft = Just(5).fmap(f compose g)
    // 컴파일 오류
    val justRight = Just(5).fmap(f) compose Just(0).fmap(g)
}
```

간단히 f, g 함수를 정의하고, Nothing과 Just에 대해서 각각 제2 법칙이 성립하는지 확인하는 코드다. 법칙의 좌변인 fmap(f compose g)의 경우는 간단하게 만들 수 있었다. 그러나 우변의 경우는 fmap(f) compose fmap(g)에 코드를 그대로 대입할 수 없다. compose는 입출력이 함수라서 Maybe로는 체이닝이 불가능하기 때문이다. 따라서 위 예제 코드는 컴파일 오류가 발생할 것이다.

 이 문제는 다음 장에서 배울 애플리케이티브 펑터(Applicative Functor)에서 좀 더 우아하게 해결한다.

여기서는 fmap(f) compose fmap(g) 수식을 코드 대입이 가능하도록 변경하자. 먼저 펑터를 F로 표기하고 다시 쓰면 F.fmap(f) compose F.fmap(g)가 된다. 그리고 이것은 함수 합성(composition)의 정의에 의해서 F.fmap(g).fmap(f)와 동일하다. 이제 수정된 우변 수식으로 테스트 코드를 다시 작성하면 다음과 같다.

코드 7-28 **Maybe 펑터 제2 법칙 검증**

```kotlin
fun main() {
    val f = { a: Int -> a + 1 }
    val g = { b: Int -> b * 2 }

    val nothingLeft = Nothing.fmap(f compose g)
    val nothingRight = Nothing.fmap(g).fmap(f)
```

```
    println(nothingLeft == nothingRight)  // "true" 출력

    val justLeft = Just(5).fmap(f compose g)
    val justRight = Just(5).fmap(g).fmap(f)
    println(justLeft == justRight)  // "true" 출력
}
```

수정된 수식으로 Maybe는 펑터의 제2 법칙을 만족하는 것을 확인할 수 있다. Tree
와 Either도 동일한 방법으로 제2 법칙을 만족하는지 확인해 보자.

코드 7-29 Tree, Either 펑터 제2 법칙 검증

```
fun main() {
    val f = { a: Int -> a + 1 }
    val g = { b: Int -> b * 2 }

    // Tree 2 laws
    val tree = Node(1, Node(2, EmptyTree, EmptyTree), Node(3, EmptyTree, EmptyTree))

    println(EmptyTree.fmap(f compose g) == EmptyTree.fmap(g).fmap(f))  // "true" 출력
    println(tree.fmap(f compose g) == tree.fmap(g).fmap(f))            // "true" 출력

    // Either 2 laws
    println(Left("error").fmap(f compose g) == Left("error").fmap(g).fmap(f))  // "true" 출력
    println(Right(5).fmap(f compose g) == Right(5).fmap(g).fmap(f))            // "true" 출력
}
```

예제를 통해서 Tree와 Either도 펑터 제2 법칙을 만족하는 것을 확인했다. 따라서
이번 장에서 만든 Maybe, Tree, Either 펑터는 모두 펑터의 법칙을 만족한다. 매핑
을 하는 행위에 대해서 모두 동일하게 동작한다는 것이 증명되었다.

단순히 Functor의 인스턴스로 만들어서 컴파일에 성공한다고 법칙을 만족하는
것은 아니다. 이런 방법으로 검증하지 않으면, 법칙을 만족하지 않는 펑터를 만들
게 될 수도 있다. 이번에는 펑터의 법칙을 만족하지 못하는 펑터 인스턴스의 예를
살펴보자.

> **연습문제 7-2** 연습문제에서 만들어 본 리스트 펑터인 FunList가 펑터의 법칙을
> 만족하는지 확인해 보자.

펑터의 법칙을 만족하지 못하는 펑터 인스턴스의 예

지금까지 만들어 본 펑터들은 모두 펑터의 법칙을 만족한다. 하지만 펑터 타입 클래스를 사용해서 인스턴스를 정의했다고 해서 항상 펑터가 되는 것은 아니다. 다음 예제를 보자.

코드 7-30 **MaybeCounter**

```kotlin
sealed class MaybeCounter<out A> : Functor<A> {

    abstract override fun toString(): String

    abstract override fun <B> fmap(f: (A) -> B): MaybeCounter<B>
}

data class JustCounter<out A>(val value: A, val count: Int): MaybeCounter<A>() {

    override fun toString(): String = "JustCounter($value, $count)"

    override fun <B> fmap(f: (A) -> B): MaybeCounter<B> = JustCounter(f(value),
        count + 1)
}

object NothingCounter: MaybeCounter<kotlin.Nothing>() {

    override fun toString(): String = "NothingCounter"

    override fun <B> fmap(f: (kotlin.Nothing) -> B): MaybeCounter<B> =
        NothingCounter
}
```

MaybeCounter는 Maybe와 선언 타입이 거의 유사하지만, JustCounter가 두 개의 매개변수를 받는다는 점에서 다르다. JustCounter의 첫 번째 매개변수는 Maybe Counter가 가지고 있는 값이고, fmap 함수가 호출되면 f 함수에 적용된다. 두 번째 매개변수는 Int 숫자값이고, fmap 함수가 호출될 때마다 값이 1씩 증가한다. 어떻게 동작하는지 간단히 확인해 보자.

코드 7-31 **MaybeCounter 사용 예**

```kotlin
fun main() {
    println(JustCounter(10, 3)
            .fmap { it + 10 }
            .fmap { it * 2 }
    )  // "JustCounter(40, 5)" 출력
    println(NothingCounter.fmap { x: Int -> x + 10 })  // "NothingCounter" 출력
}
```

JustCounter의 첫 번째 매개변수는 Maybe의 동작과 동일하다. 하지만 두 번째 매개변수는 fmap을 두 번 호출했기 때문에 값이 2 증가했다. 그럼 이제 MaybeCounter가 펑터의 법칙을 만족하는지 확인해 보자. NothingCounter는 Maybe의 Nothing과 동일하다.

코드 7-32 **MaybeCounter의 펑터 법칙 검증**

```
fun main() {
    println(NothingCounter.fmap { identity(it) } == identity(NothingCounter))
                                                        // "true" 출력
    println(JustCounter(5, 0).fmap { identity(it) } == identity(JustCounter(5, 0)))
                                                        // "false" 출력

    val f = { a: Int -> a + 1 }
    val g = { b: Int -> b * 2 }

    val nothingLeft = NothingCounter.fmap { f compose g }
    val nothingRight = NothingCounter.fmap(g).fmap(f)
    println(nothingLeft == nothingRight)    // "true" 출력

    val justLeft = JustCounter(5, 0).fmap { f compose g }
    val justRight = JustCounter(5, 0).fmap(g).fmap(f)
    println(justLeft == justRight)          // "false" 출력
}
```

NothingCounter는 동일하지만, JustCounter는 제1, 2 법칙의 결과가 모두 false를 반환한 것을 확인할 수 있다. 따라서 MaybeCounter는 펑터의 제1, 2 법칙을 모두 만족하지 못한다. 그리고 MaybeCounter는 Functor 타입 클래스의 인스턴스지만 펑터는 아니다. JustCounter는 fmap이 몇 번 사용되었는지를 기록하고 있기 때문에 매핑을 할 때마다 상태의 변경이 일어난다. 따라서 펑터처럼 사용하면 문제가 발생할 수 있다.

그렇다면 펑터는 왜 펑터의 법칙을 만족하도록 만들어야 할까? 타입이 두 가지 펑터의 법칙을 만족하면 어떻게 동작할 것인가에 대한 동일한 가정을 할 수 있다. 즉, fmap 함수를 호출했을 때, 매핑하는 동작 외에 어떤 것도 하지 않는다는 것을 알 수 있다. 이러한 예측 가능성은 함수가 안정적으로 동작할 뿐만 아니라 더 추상적인 코드로 확장할 때도 도움이 된다.

7.7 실전 응용

4장에서 우리는 커링에 대해서 학습했다. 커링은 입력 매개변수가 여러 개인 함수를 입력 매개변수가 한 개인 함수의 체인으로 만드는 것이다. 예를 들어 fun sum(a: Int, b: Int, c: Int): Int는 세 개의 매개변수를 받는 함수지만, { a: Int -> { b: Int -> { c: Int -> a + b + c } } }와 같이 한 개의 매개변수를 받는 함수들의 체인으로 표현할 수 있다. 이러한 메커니즘은 매개변수가 한 개인 함수의 결과로서 부분 적용된 함수를 반환함으로써 가능하다. 여기서는 앞에서 만든 펑터를 활용해서 매개변수가 한 개 이상인 함수를 매핑 함수로 사용하는 방법을 알아볼 것이다.

매개변수가 한 개 이상인 함수로 매핑하기

지금까지 펑터로 매핑할 때는 입력 매개변수가 한 개인 변환 함수를 사용해서 매핑했다. 이것은 펑터의 fmap 함수 타입을 보면 명확히 알 수 있다.

코드 7-33 fmap 함수의 타입

```
fun <B> fmap(transform: (A) -> B): Functor<B>
```

펑터 타입 클래스의 fmap은 항상 입력 매개변수가 한 개인 transform 함수를 변환 함수로 사용했다. 만약 입력 매개변수가 여러 개인 함수로 매핑을 하려면 어떻게 해야 할까? 여기서는 두 개의 Int 값을 받아서 곱하는 함수, { x: Int, y: Int -> x * y }를 transform 함수로 사용하고 싶다. 그러나 fmap 함수는 입력 매개변수가 한 개인 transform 함수만 허용하므로 다른 방법을 찾아야 한다.

다음 코드에서는 이해를 돕기 위해 타입 추론을 사용하지 않고, 함수의 타입을 명시했다.

코드 7-34 이항 함수를 변환 함수로 사용한 예

```
fun main() {
    val product: (Int, Int) -> Int = { x: Int, y: Int -> x * y}
    Just(10).fmap(product)      // 컴파일 오류
}
```

product 함수의 타입은 (Int, Int) -> Int이고, 입력 매개변수가 두 개인 함수다. 따라서 fmap 함수의 입력으로 넣으면 컴파일 오류가 발생한다. product를 fmap 함수의 입력으로 넣으려면 입력 매개변수가 한 개인 함수로 만들어야 한다. 이럴 때

사용하는 것이 커링이다. 다음은 커링을 사용해서 작성한 curriedProduct 함수이다.

코드 7-35 커링한 이항 함수를 변환 함수로 사용한 예

```
fun main() {
    val product: (Int, Int) -> Int = { x: Int, y: Int -> x * y}
    val curriedProduct: (Int) -> (Int) -> Int = product.curried()
    val maybeProductTen: Maybe<(Int) -> Int> = Just(10).fmap(curriedProduct)

    println(maybeProductTen.fmap { it(5) })    // "Just(50)" 출력
}
```

이 함수의 타입은 (Int) -> (Int) -> Int이므로 입력 매개변수가 한 개다. 따라서 fmap 함수의 입력으로 넣어도 컴파일 오류가 발생하지 않는다. 따라서 Just(10). fmap(curriedProduct)와 같은 호출이 가능하다. 생성된 maybeProductTen의 타입은 Maybe<(Int) -> Int>이다. 여기서 (Int) -> Int는 product 함수의 첫 번째 매개변수에 10이 적용된 부분 적용 함수다. 따라서 maybeProductTen.fmap { it(5) }를 실행하면 부분 적용 함수에 5를 넣은 결과가 되고 Just(50)을 반환한다.

이제 4장에서 배운 커링과 부분 적용 함수가 왜 필요한지 이해할 수 있을 것이다. 커링과 부분 적용 함수가 없다면 Functor 타입 클래스에 두 개의 매개변수를 받는 함수를 수용할 수 있는 fmap 함수를 별도로 추가해야 한다. fmap 함수와 같은 고차 함수의 인터페이스를 변경하지 않고도, 두 개 이상의 매개변수를 받는 함수들로 확장할 수 있는 것은 상당히 큰 장점이다.

7.8 마치며

본 장에서는 펑터에 대해서 이해하고 만들고 검증하는 작업까지 직접 작성해서 확인했다. 연습문제까지 직접 풀었다면, 새로운 컨텍스트에 대한 펑터가 필요할 때 직접 만들어서 사용할 수 있을 것이다. 앞으로 이어질 장에서는 애플리케이티브 펑터, 모노이드, 모나드와 같은 새로운 이론과 구현체를 유사한 과정으로 공부한다. 이 과정을 반복하면서 어렵고 복잡한 컨텍스트도 빠르게 익히고 적용하는 힘을 기를 수 있다.

8장

F u n c t i o n a l   P r o g r a m m i n g   i n   K o t l i n

애플리케이티브 펑터

이번 장에서는 펑터의 확장 버전이라고 할 수 있는 애플리케이티브 펑터에 대해서 살펴본다. 먼저 애플리케이티브 펑터가 등장하게 된 배경을 알아본다. 애플리케이티브 펑터의 개념을 공부하고, 직접 타입 클래스를 작성한다. 애플리케이티브 펑터의 인스턴스로 Maybe, Tree, Either를 직접 만들고 사용해 본다. 마지막으로 애플리케이티브 펑터를 증명하기 위한 법칙을 설명하고, 작성된 인스턴스가 법칙을 만족하는지 검증한다.

8.1 애플리케이티브 펑터란?

애플리케이티브 펑터는 펑터가 가진 한계 때문에 등장하였다. 따라서 펑터가 가진 한계부터 살펴보는 게 도움이 될 것이다.

코드 7-34를 통해서 매개변수가 한 개 이상인 변환 함수를 fmap 함수에 적용하면 함수를 가진 펑터(예: Maybe<(Int) -> Int>)가 된다는 것을 알았다. 그리고 이것을 활용하면 maybeProductTen.fmap { it(5) }의 it(5)와 같이 함수를 매개변수로 받는 함수를 변환 함수로 사용할 수 있다는 것도 알 수 있었다.

 maybeProductTen.fmap { it(5) }를 풀어서 쓰면 maybeProductTen.fmap { f: (Int) -> Int -> f(5) }와 동일하므로 it(5)가 함수를 매개변수로 받는 함수라는 걸 알 수 있다.

그런데 코드 7-34에서 maybeProductTen이 가진 함수 it에 Just(5)를 적용하고 싶다면 어떻게 해야 할까? 펑터는 일반적인 함수(transform: (A) -> B)로만 매핑이 가

능하기 때문에, 펑터를 입력으로 넣을 수 없다. 예를 들어 다음처럼 maybeProduct Ten에 Just(5)를 바로 적용하면 컴파일 오류가 발생한다.

코드 8-1 fmap 함수의 입력으로 펑터를 사용할 수 없는 예

```
maybeProductTen.fmap { it(Just(5)) }  // 컴파일 오류
```

펑터가 함수를 포함할 때, 일반 값이 아닌 또 다른 펑터 내의 값을 적용하려면 상당히 복잡한 과정을 거쳐야 한다. 함수형 프로그래밍에서는 대부분의 연산 과정을 펑터와 같은 어떤 컨텍스트 내에서 체이닝하는 것이 일반적이다. 그러나 함수를 가진 펑터는 또 다른 펑터의 값을 적용해야 할 때, 컨텍스트 안에서 처리하는 것이 불가능하다. 이러한 한계를 극복하기 위해서 필요한 것이 애플리케이티브 펑터다.

> **연습문제 8-1** 7장에서 만든 리스트 펑터를 사용해서 product 함수에 [1, 2, 3, 4]를 적용한 부분 적용 함수의 리스트를 만들어 보자. 만들어진 리스트에 여러 가지 값을 넣어서 테스트해 보자. 예를 들어 5를 넣으면 각 리스트 값에 5를 곱한 결과인 [5, 10, 15, 20]이 되어야 한다.

애플리케이티브 펑터의 정의

값이 Just({ x -> x * 2 })인 펑터와 Just(5)가 있을 때, 함수 { x -> x * 2 }만 꺼내서 Just(5)에 매핑하고 싶다면 어떻게 해야 할까? 일반적인 펑터를 사용한다면 Just(5).fmap(Just({ x -> x * 2 }))는 컴파일 오류가 발생한다. 애플리케이티브 펑터는 먼저 Just({ x -> x * 2 })에서 { x -> x * 2 }를 꺼내고 Just(5)에서 5를 꺼낸다. 그리고 첫 번째 펑터에서 꺼낸 함수 { x -> x * 2 }에 두 번째 펑터에서 꺼낸 값 5를 적용한다(5 -> 5 * 2를 수행). 마지막으로 적용한 결과를 Just에 넣어 Just(10)을 반환한다. 펑터와 마찬가지로 상자에 비유해서 정의하면 애플리케이티브 펑터는 첫 번째 상자에 담겨 있는 함수와 두 번째 상자에 담겨 있는 값을 꺼내서 매핑하고, 다시 상자 안에 넣어서 반환한다.

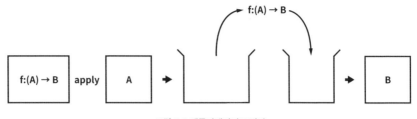

그림 8-1 애플리케이티브 펑터

애플리케이티브 펑터 타입 클래스

애플리케이티브 펑터 타입 클래스는 다음과 같다.

코드 8-2 **Applicative 타입 클래스**

```
interface Applicative<out A> : Functor<A> {

    fun <V> pure(value: V): Applicative<V>

    infix fun <B> apply(ff: Applicative<(A) -> B>): Applicative<B>
}
```

애플리케이티브에는 pure 함수와 apply 함수가 있다. 기본적으로 애플리케이티브는 펑터의 확장판이다. 따라서 Functor를 상속하고 있고, fmap 함수를 사용할 수 있다.

　pure 함수는 임의의 타입값을 입력으로 받아서 애플리케이티브 안에 그대로 넣고 반환한다. 이때 반환된 애플리케이티브 펑터는 최소한의 컨텍스트다. 최소한의 컨텍스트는 입력된 값만 포함된 상태의 애플리케이티브 펑터이다. pure 함수는 어떤 값을 받아서 가공 없이 그대로 상자에 포장하는 것으로 비유할 수 있다. 여기서 pure 함수는 애플리케이티브 인스턴스와 관련이 없다. 따라서 애플리케이티브가 가진 값의 타입 A와는 별개의 타입 V로 선언했다. pure는 새로운 애플리케이티브 인스턴스를 생성하기 때문에 타입 클래스와는 별도의 함수로 선언해도 된다. 오히려 그게 더 적합하다. 자세한 내용은 이후 예제를 통해서 자세히 살펴본다.

　apply 함수는 fmap 함수의 타입, fun <B> fmap(f: (A) -> B): Functor<B>와 비교하면 차이점과 기능을 쉽게 알 수 있다. fmap 함수는 일반적인 함수를 받아서 펑터 안에 값을 적용하고 다시 펑터에 넣어서 반환한다. apply 함수는 함수를 가진 애플리케이티브를 입력으로 받아서 펑터 안의 값을 함수에 적용하고, 적용한 결괏값을 애플리케이티브에 넣어서 반환한다.

예제에서 apply 함수에는 infix라는 키워드가 붙어 있다. infix 키워드는 함수의 두 매개변수 P1, P2를 P1 apply P2와 같이 호출할 수 있도록 해 준다. apply 함수에서 첫 번째 매개변수는 자기 자신(this)이 된다. 여기서 이렇게 선언한 이유는 나중에 살펴볼 것이다.

8.2 메이비 애플리케이티브 펑터 만들기

애플리케이티브 펑터가 어떻게 사용되는지 이해하기 위해서 Maybe를 Applicative 의 인스턴스로 만들어 보자.

코드 8-3 Maybe 애플리케이티브 펑터

```
sealed class AMaybe<out A> : Applicative<A> {

    companion object {
        fun <V> pure(value: V): Applicative<V> = AJust(0).pure(value)
    }

    override fun <V> pure(value: V): Applicative<V> = AJust(value)

    abstract override fun <B> apply(ff: Applicative<(A) -> B>): AMaybe<B>
}
```

7장에서 작성한 메이비 펑터와 유사한 패턴으로 Applicatvie의 기본 기능만 정의하였다. 여기서 pure 함수는 앞에서 언급한 것처럼 실제로 생성된 인스턴스와는 별개로 새로운 인스턴스를 생성하는 함수다. 오버라이드한 pure 함수는 입력받은 값 value를 값 생성자인 AJust에 넣어서 반환한다. *companion object*의 pure 함수를 호출하면 내부적으로 오버라이드된 pure 함수를 재호출해서 동작한다.

 예제에서는 불필요한 더미 인스턴스 생성을 막기 위해서 *companion object*로 pure 함수를 추가했다. 이러한 접근은 Just(0).pure(5)와 같이 더미 인스턴스를 통한 호출을 대신한다. 따라서 AMaybe.pure(5)와 같은 호출이 가능해진다.

apply 함수는 실제로 생성된 인스턴스 자신(this)이 첫 번째 매개변수가 되기 때문에 추상 메서드로 선언했다.

 좀 더 정확하게 AMaybe의 apply 함수를 선언한다면 입력 애플리케이티브도 AMaybe로 제한해야 할 것이다. 따라서 apply 함수의 타입이 다음과 같아야 한다.

코드 8-4 **apply 함수의 타입**

```
fun <B> apply(ff: AMaybe<(A) -> B>): AMaybe<B>
```

그러나 코틀린에서는 이렇게 선언하면 컴파일 오류가 발생한다. 왜냐하면 (A) -> B와 같은 함수형 제네릭 타입에서는 공변을 사용하는 것이 불가능하기 때문이다. 따라서 코틀린에서는 Applicative 타입 클래스에 선언된 Applicative<(A) -> B>가 AMaybe<(A) -> B>의 상위 클래스라는 것을 컴파일러에게 알려 줄 방법을 제공하지 않는다. 이 책에서는 이 문제를 포함한 몇 가지 다른 문제를 해결한 새로운 버전의 메이비 애플리케이티브 펑터를 제시할 것이다. 여기서는 일단 이러한 문제를 인식한 상태로 애플리케이티브 펑터의 개념을 이해하는 데 집중하자.

이제 Just의 값 생성자를 구현해 보자.

코드 8-5 **Just 값 생성자**

```
data class AJust<out A>(val value: A) : AMaybe<A>() {

    override fun toString(): String = "AJust($value)"

    override fun <B> apply(ff: Applicative<(A) -> B>): AMaybe<B> = when (ff) {
        is AJust -> fmap(ff.value)
        else -> ANothing
    }

    override fun <B> fmap(f: (A) -> B): AMaybe<B> = AJust(f(value))
}
```

AJust는 값을 포함한 상태다. 따라서 value를 프로퍼티로 가진다. AMaybe는 기본적으로 펑터이기 때문에 fmap 함수도 구현해야 한다. 구현 내용은 7장에서 작성한 메이비 펑터와 완전히 동일하다.

　apply 함수는 패턴 매칭을 사용해서 구현했다. 입력받은 함수를 가진 애플리케이티브 ff가 AJust인 경우에는 ff.value로 함수를 꺼내서 fmap 함수의 변환 함수로 사용했다. 결과적으로 fmap 함수에서는 value를 ff.value 함수에 적용하고, 다시 AJust로 감싼 결과를 반환할 것이다. 만약 fmap 함수를 사용하지 않고, apply를 구현한다면 AJust(f(ff.value))와 같이 작성할 수도 있다. ff가 ANothing이라면 ANothing을 그대로 반환한다. ANothing의 값 생성자를 구현하면 다음과 같다.

코드 8-6 **Nothing 값 생성자**

```
object ANothing : AMaybe<kotlin.Nothing>() {

    override fun toString(): String = "ANothing"

    override fun <B> apply(ff: Applicative<(kotlin.Nothing) -> B>): AMaybe<B>
        = ANothing

    override fun <B> fmap(f: (kotlin.Nothing) -> B): AMaybe<B> = ANothing
}
```

ANothing은 fmap과 동일하게 apply 함수에 어떤 값이 입력으로 들어오든 ANothing 을 반환한다. 따라서 하나라도 실패하면 fmap이나 apply 함수로 연결되는 컨텍스트 는 전부 ANothing이 될 것이다.

메이비 애플리케이티브 펑터 사용해 보기

지금까지 작성한 메이비 애플리케이티브 펑터가 잘 동작하는지 확인해 보자. 애플 리케이티브 펑터는 기본적으로 펑터이기 때문에 fmap 함수도 정상적으로 수행이 되어야 한다.

코드 8-7 **fmap 함수 사용 예**

```
fun main() {
    println(AJust(10).fmap { it + 10 })          // "AJust(20)" 출력
    println(ANothing.fmap { x: Int -> x + 10 })  // "ANothing" 출력
}
```

AJust와 ANothing에 대해서 fmap 함수가 정상적으로 동작하는 것을 확인할 수 있 다. pure 함수는 입력받은 값을 그대로 컨텍스트에 넣어서 반환해야 한다. pure 함 수의 동작은 다음과 같이 확인할 수 있다.

코드 8-8 **pure 함수 사용 예**

```
fun main() {
    println(AMaybe.pure(10))   // "AJust(10)" 출력
}
```

pure 함수를 통해서 해당 값을 포함한 메이비 컨텍스트가 생성되었다. **apply 함수** 는 함수를 가진 메이비를 받아서 값을 적용한 후, 메이비에 다시 넣어서 반환해야 한다. 다음 예제를 통해서 apply 함수의 동작을 확인해 보자.

코드 8-9 **apply 함수 사용 예**

```kotlin
fun main() {
    println(AJust(10) apply AJust({ x: Int -> x * 2 }))   // "AJust(20)" 출력
    println(ANothing apply AJust({ x: Int -> x * 2 }))    // "ANothing" 출력
}
```

AJust(10)과 AJust({ x: Int -> x * 2 })를 apply하면, 각각 10과 x * 2를 꺼내서 적용하고 AJust에 담아서 반환할 것이다. 따라서 AJust(10) apply AJust({ x: Int -> x * 2 }) 수행 결과는 AJust(20)이다. ANothing은 이후에 어떤 애플리케이티브 펑터를 체이닝하더라도 ANothing이 된다.

 apply 함수는 *infix* 키워드로 선언되었기 때문에 중위 연산이 가능하지만, 다음과 같은 호출도 가능하다.

코드 8-10 **apply 함수를 전위 연산으로 호출한 예**

```kotlin
AJust(10).apply(AJust({ x: Int -> x * 2 }))
```

연습문제 8-2 7장에서 만든 리스트 펑터를 Applicative의 인스턴스로 만들고 테스트해 보자.

애플리케이티브 스타일

지금까지 메이비 애플리케이티브 펑터를 작성하고 간단하게 동작을 확인했다. 이것으로 유용한 메이비 애플리케이티브 펑터가 만들어진 것일까? 예제를 통해서 확인해 보자.

코드 8-11 **애플리케이티브 펑터 체이닝 예(값 -> 함수)**

```kotlin
fun main() {
    println(AMaybe.pure(10)
            apply AJust({ x: Int -> x * 2 })
            apply AJust({ x: Int -> x + 10 }))    // "AJust(30)" 출력
}
```

애플리케이티브 펑터를 사용하면 이처럼 apply의 체이닝이 가능하다. 이것은 실제로 펑터 안에서 값을 꺼내는 번거로움 없이 연속적인 작업을 수행할 수 있게 한다.

그러나 만약 체이닝을 반대로 진행해야 한다면 어떻게 될까?

코드 8-12 애플리케이티브 펑터 체이닝 예(함수 -> 값)

```
fun main() {
    println(AMaybe.pure({ x: Int -> x * 2 })
            apply AJust(5)
            apply AJust(10))    // 컴파일 오류
}
```

이 예제는 컴파일 오류가 발생한다. 왜냐하면 pure를 사용해서 생성한 함수를 가진 메이비는 AMaybe<(Int) -> Int>이고, 정의된 Applicative 타입 클래스는 타입 매개변수가 한 개인 메이비만 허용하기 때문이다. 따라서 AMaybe.pure({ x: Int -> x * 2 })의 반환값은 apply 함수를 가지고 있지 않다.

애플리케이티브 스타일 프로그래밍(applicative style programming)은 컨텍스트를 유지한 상태에서 함수에 의한 연속적인 데이터 변환을 체이닝하는 방식을 말한다. 이러한 방식의 프로그래밍은 함수를 가진 애플리케이티브에서 시작해서 연속적으로 데이터를 적용하는 것이 일반적이다. 따라서 지금까지 만든 메이비 애플리케이티브 펑터는 애플리케이티브 스타일로 작성할 수 없다.

이제부터는 코틀린에서 지원하는 확장 함수를 사용해서 애플리케이티브 스타일의 코드 작성이 가능한 메이비 애플리케이티브 펑터를 만들어 볼 것이다.

확장 함수를 사용한 메이비 애플리케이티브 펑터 만들기

이전에 작성한 Applicative 타입 클래스는 타입 매개변수가 한 개다. 만약 앞에서와 같은 방식으로 this가 함수를 포함한 펑터인 Applicative로 정의하려면 다음과 같은 형태가 되어야 할 것이다.

코드 8-13 애플리케이티브 펑터 타입 클래스 선언 예

```
interface Applicative<A, B> : Functor<(A) -> B> {
    // 생략
}
```

그러나 앞에서도 언급한 것처럼 코틀린에서는 함수형 제네릭 타입((A) -> B)에 공변을 사용할 수 없다. 이러한 제약 때문에 코드 8-13처럼 선언하면 체이닝이 가능한 pure와 apply 함수를 선언할 수 없다. 따라서 상속을 사용해서 원하는 결과를 만들기는 어렵다.

하스켈과 같은 함수형 언어의 타입 시스템은 카인드(kind)라는 개념을 포함하고 있다. 카인드
는 간단히 정의하면 타입에 라벨을 붙이는 것으로서 '타입의 타입'을 말한다. 카인드는 함수형
제네릭 타입에서 공변을 사용할 수 없는 문제를 극복하는 대안이 될 수 있다. 본격적으로 함수
형 언어를 사용해서 고급 함수형 라이브러리를 만들어야 한다면 카인드를 잘 이해하고 있어야
한다. 하지만 이 책에서 다루는 범위를 벗어나므로 여기서는 다루지 않는다.

8.2절에서 애플리케이티브 펑터는 펑터의 확장이라고 했다. 지금까지는 상속을 사용해서 펑터의 확장을 시도했다. 코틀린에서는 상속을 사용하지 않고, 확장 함수를 사용해서 동일한 시도를 할 수 있다. 여기서는 7장에서 만든 메이비 펑터에 pure와 apply 확장 함수를 추가해서 애플리케이티브 펑터를 만들어 보자.

코드 8-14 확장 함수로 구현한 메이비 애플리케이티브 펑터

```kotlin
sealed class Maybe<out A> : Functor<A> {

    abstract override fun toString(): String

    abstract override fun <B> fmap(f: (A) -> B): Maybe<B>

    companion object
}

fun <A> Maybe.Companion.pure(value: A) = Just(value)

infix fun <A, B> Maybe<(A) -> B>.apply(f: Maybe<A>): Maybe<B> = when (this) {
    is Just -> f.fmap(value)
    is Nothing -> Nothing
}
```

7장에서 작성한 메이비 펑터에 pure 함수를 전역으로 확장하기 위해서, 기존의 메이비 타입 클래스에 *companion object* 선언을 추가했다. 이제 Maybe.pure(10)과 같은, 호출이 가능한 확장 함수를 정의할 수 있다. pure 함수는 이전에도 작성한 구현 내용을 그대로 확장 함수로 옮겨 놓은 것에 불과하다.

apply 함수는 this가 함수 (A) -> B를 포함한 Maybe라는 점에서 다르다. apply 함수는 애플리케이티브 펑터의 정의를 그대로 코드에 옮겨놓은 것이다. 따라서 입력으로 받은 f가 가진 값 A를 this가 가진 함수 (A) -> B에 적용하고, 결괏값 B를 다시 Maybe에 넣어서 반환한다. 이 동작을 그대로 코드로 옮기면 f.fmap(value)가 된다. 입력값이 Nothing인 경우는 그대로 Nothing을 반환한다. 이제 새롭게 만들어진

메이비 애플리케이티브 펑터가 잘 동작하는지 확인해 보자.

코드 8-15 메이비 애플리케이티브 펑터 사용 예

```
fun main() {
    println(Just(10).fmap { it + 10 })            // "Just(20)" 출력
    println(Nothing.fmap { it: Int -> it + 10 })  // "Nothing" 출력

    println(Maybe.pure(10))                        // "Just(10)" 출력
    println(Maybe.pure({ x: Int -> x * 2 }))       // "Just((kotlin.Int) -> kotlin.Int)" 출력

    println(Maybe.pure({ x: Int -> x * 2 }) apply Just(10))  // "Just(20)" 출력
    println(Maybe.pure({ x: Int -> x * 2 }) apply Nothing)   // "Nothing" 출력
}
```

fmap, pure, apply 함수가 각각 의도한 대로 동작하는 것을 확인할 수 있다. 특히
apply 함수는 처음에 작성한 것과 달리 함수를 포함한 Maybe에서 시작해서 데이터
를 적용할 수 있다.

그러나 해결해야 할 문제가 한 가지 더 남아 있다. 코드 8-15는 입력 매개변수가
한 개인 함수, { x: Int -> x * 2 }를 가진 Maybe에 Just(10)을 적용했다. 만약 입
력 매개변수가 두 개 이상인 함수를 가진 Maybe라면 어떻게 해야 할까?

다음 예제와 같이 입력 매개변수가 두 개인 이항 함수를 pure 함수의 입력으로
사용하면 컴파일 오류가 발생한다.

코드 8-16 이항 함수를 가진 Maybe의 체이닝

```
Maybe.pure({ x: Int, y: Int -> x * y}) apply Just(10) apply Just(20) // 컴파일 오류
```

apply 확장 함수는 (A) -> B를 포함한 Maybe의 확장 함수다. 따라서 입력 매개변수
가 두 개인 함수에 대한 apply 함수는 없기 때문에 컴파일 오류가 발생한 것이다.
이 문제를 해결하려면 어떻게 해야 할까? Maybe<(A, B) -> C>에도 apply 함수를 추
가하는 방법을 시도해 볼 수 있다. 하지만 이 방법은 상당히 번거로운 작업들을 동
반한다. 그리고 매개변수가 늘어나면 더 난감한 상황이 생길 것이다.

우리는 이미 앞에서 유사한 문제를 여러 번 다루었다. 정답은 바로 커링과 부분
적용 함수를 활용하는 것이다. 이미 작성한 커링 함수를 활용하면 복잡한 apply 확
장 함수를 계속 늘려가지 않고도, 문제를 해결할 수 있다.

코드 8-17 커링 함수

```
fun <P1, P2, R> ((P1, P2) -> R).curried(): (P1) -> (P2) -> R = { p1: P1 ->
    { p2: P2 -> this(p1, p2) } }

fun <P1, P2, P3, R> ((P1, P2, P3) -> R).curried(): (P1) -> (P2) -> (P3) ->
    R = { p1: P1 -> { p2: P2 -> { p3: P3 -> this(p1, p2, p3) } } }
```

curried 함수는 매개변수가 여러 개인 함수를 매개변수가 한 개인 함수의 체인으로 바꾸어 준다. 따라서 이렇게 커링된 함수는 입력 매개변수가 한 개다. 이제 커링 함수를 사용해서 이항 함수에 apply 함수를 사용할 수 없는 문제를 해결해 보자.

코드 8-18 커링을 사용해서 이항 함수 펑터에 apply 함수를 연결

```
fun main() {
    println(Maybe.pure({ x: Int, y: Int -> x * y }.curried())
            apply Just(10)
            apply Just(20)
    )   // "Just(200)" 출력

    println(Maybe.pure({ x: Int, y: Int, z: Int -> x * y + z }.curried())
            apply Just(10)
            apply Just(20)
            apply Just(30)
    )   // "Just(230)" 출력
}
```

드디어 애플리케이티브 스타일 코드가 완성되었다. curried 함수에 의해서 변경된 함수는 매개변수가 한 개이기 때문에 apply 확장 함수를 사용할 수 있다. 이를 이용해서 Maybe 컨텍스트를 유지하면서 함수에 연속적으로 데이터를 적용할 수 있다.

연습문제 8-3 펑터를 상속받은 리스트를 만들고, pure와 apply를 확장 함수로 작성해서 리스트 애플리케이티브 펑터를 만든 후 테스트해 보자.

> **HINT** 리스트 2개를 합치는 확장 함수 append를 만들어서 활용하라. FunList의 기본 틀은 다음과 같다.
>
> **코드 8-19 리스트 애플리케이티브 펑터**
>
> ```
> sealed class FunList<out A> : Functor<A> {
>     abstract override fun <B> fmap(f: (A) -> B): FunList<B>
> ```

```
    companion object
}

object Nil : FunList<Nothing>() {
    override fun <B> fmap(f: (Nothing) -> B): FunList<B> = Nil
}

data class Cons<A>(val head: A, val tail: FunList<A>) :
    FunList<A>() {
    override fun <B> fmap(f: (A) -> B): FunList<B> = Cons(f(head),
        tail.fmap(f))
}

fun <A> FunList.Companion.pure(value: A): FunList<A> = TODO()

infix fun <A> FunList<A>.append(other: FunList<A>):
    FunList<A> = TODO()

infix fun <A, B> FunList<(A) -> B>.apply(f: FunList<A>):
    FunList<B> = TODO()
```

8.3 트리 애플리케이티브 펑터 만들기

앞 절에서 여러 가지 시행착오를 겪으면서 메이비 애플리케이티브 펑터를 완성했다. 이번 절에서는 이러한 경험을 기반으로 트리 애플리케이티브 펑터를 만들어 본다.

6장과 7장에서 재귀적 자료구조를 만들고 펑터로 만들어 보기 위해서 이진 트리를 만들었다. 하지만 이진 트리에는 애플리케이티브 펑터 개념을 적용할 수 없다. 왜냐하면 이진 트리와 이진 트리를 곱한 결과가 이진 트리가 아닐 수 있기 때문이다. 예를 들어 다음 그림과 같이 두 개의 이진 트리에 포함된 값을 애플리케이티브 펑터를 이용해서 곱하면, 그 결과는 일반 트리가 된다.

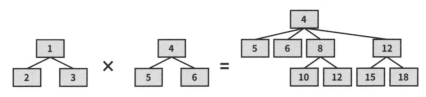

그림 8-2 애플리케이티브 펑터 곱

따라서 일반적인 트리의 펑터를 먼저 만들어 본 후 트리 애플리케이티브 펑터로 확장한다. 그리고 트리 애플리케이티브 펑터를 동작시키면서 그림 8-2을 설명할 것이다.

일반 트리 펑터 만들기

7장에서 작성한 이진 트리와는 달리 일반 트리의 하위 노드는 없거나 여러 개가 될 수 있다. 이러한 컨텍스트에 적합한 자료구조는 리스트다. 따라서 리스트를 사용해서 일반 트리 펑터를 작성하면 다음과 같다.

코드 8-20 **트리 펑터**

```
sealed class Tree<out A> : Functor<A> {

    abstract override fun <B> fmap(f: (A) -> B): Functor<B>

    companion object
}

data class Node<out A>(val value: A, val forest: List<Node<A>> = emptyList()) :
    Tree<A>() {

    override fun toString(): String = "$value $forest"

    override fun <B> fmap(f: (A) -> B): Node<B> = Node(f(value),
        forest.map { it.fmap(f) })
}
```

새로운 트리 펑터는 이진 트리보다도 간단하다. 먼저 트리를 펑터 타입 클래스의 인스턴스로 선언하고, 이후에 추가될 pure 함수를 위한 *companion object*를 선언했다.

노드는 속성값으로, 현재 트리가 가진 값 value와 하위 노드의 리스트 forest를 가진다. 하위 노드의 리스트가 비어 있으면 마지막 노드이므로 별도로 EmptyTree를 정의할 필요는 없다.

 예제에서 사용한 코틀린의 리스트는 게으른 평가(lazy evaluation)가 되지 않는다(5장 참고). 따라서 재귀적 자료구조인 트리에서 리스트를 사용하는 것은 위험하다. 트리의 크기가 커지면 성능이 현저하게 떨어지기 때문이다. 이러한 문제를 해결하려면 시퀀스를 사용하고, 구현에서 성능에 대한 고려를 해야 한다. 본문 예제는 애플리케이티브 펑터의 이해에 중점을 두었기 때문에 리스트를 사용했다.

Node의 `fmap` 함수는 먼저 트리의 값에 변환 함수 f를 적용하고, 트리의 모든 하위 노드에 `fmap` 함수를 재귀적으로 호출하여 f 함수를 적용했다. 결과적으로 트리의 모든 노드값에 변환 함수를 적용한 트리를 반환할 것이다. 이것으로 일반적인 트리의 펑터가 완성되었다. `fmap` 함수의 동작을 간단히 확인해 보자. 다음은 트리의 모든 노드값에 2를 곱하는 함수를 적용한 예다.

코드 8-21 트리 펑터 사용 예

```
fun main() {
    val tree = Node(1, listOf(Node(2), Node(3)))

    println(tree.fmap { it * 2 })    // "2 [4 [], 6 []]" 출력
}
```

애플리케이티브 펑터로 확장하기

이제 일반적인 트리의 펑터를 애플리케이티브 펑터로 확장해 보자. 메이비 애플리케이티브 펑터에서 했던 것처럼 pure, apply 확장 함수를 구현하면 된다.

코드 8-22 pure 함수

```
fun <A> Tree.Companion.pure(value: A) = Node(value)
```

pure 함수는 입력받은 값을 그대로 트리에 넣어 준다. 트리에 값이 존재하는 경우는 Node가 된다. 따라서 Node에 값을 넣어서 반환한다. 입력값만 포함하고 하위 노드는 없는 최소한의 트리가 생성된다. 다음은 트리 펑터의 apply 함수다.

코드 8-23 apply 함수

```
infix fun <A, B> Node<(A) -> B>.apply(node: Node<A>): Node<B> = Node(
        value(node.value),
        node.forest.map { it.fmap(value) } + forest.map { it.apply(node) }
)
```

apply 함수가 다소 복잡해 보일 수 있지만, 애플리케이티브 펑터와 재귀적 자료구조를 고려해서 천천히 따라가 보자. 먼저 입력된 노드값 `node.value`를 Node<(A) -> B>가 가진 함수인 value에 적용(`value(node.value)`)해서 최상위 노드값에 넣었다.

하위 노드는, 두 번째 트리의 모든 값을 첫 번째 트리의 모든 함수에 적용한 후 그 결괏값들을 트리 형태로 반환하는 방식으로 구현한다. 이를 위해서는 먼저 입력받

은 node의 모든 하위 노드 node.forest에 원본 트리의 함수 value를 적용해야 한다 (node.forest.map { it.fmap(value) }). 여기까지만 하면 원본 트리 Node<(A) -> B>의 하위 노드들이 가진 함수들은 적용되지 않는다. 따라서 원본 트리가 가진 하위 노드 forest의 map 함수를 호출하고, 각 노드가 포함한 함수에 입력 노드(하위 노드를 포함한)를 apply한다(forest.map { it.apply(node) }). 이렇게 하면 각 트리의 모든 적용 가능한 노드가 조합된 트리를 반환할 것이다.

트리와 같은 재귀적 자료구조는 글만으로 한번에 이해하긴 어려울 것이다. 간단하게 잘 동작하는지 테스트해 보고, 적용 과정을 살펴보자.

코드 8-24 fmap, pure, apply 사용 예

```
fun main() {
    val tree = Node(1, listOf(Node(2), Node(3)))

    println(tree.fmap { it * 2 })                       // "2 [4 [], 6 []]" 출력
    println(Tree.pure({ x: Int -> x * 2 }) apply tree)  // "2 [4 [], 6 []]" 출력
}
```

앞서 확인한 fmap 함수의 테스트와 결과는 동일하지만, 애플리케이티브 펑터는 함수가 트리 컨텍스트 안에 포함된 상태로 체이닝되었다. 일반 펑터의 fmap 함수는 일반적인 값만 입력으로 받을 수 있지만, **애플리케이티브 펑터의 apply 함수는 트리 컨텍스트를 입력받아 함수에 적용할 수 있다.** 커링을 사용하여 입력 매개변수가 여러 개인 함수를 적용하는 복잡한 예제를 살펴보자.

코드 8-25 트리 애플리케이티브 펑터 사용 예

```
fun main() {
    println(Tree.pure({ x: Int, y: Int -> x * y }.curried())
            apply Node(1, listOf(Node(2), Node(3)))
            apply Node(4, listOf(Node(5), Node(6)))
    )   // "4 [5 [], 6 [], 8 [10 [], 12 []], 12 [15 [], 18 []]]" 출력
}
```

이 절의 도입부에서 본 그림 8-2의 예제를 적용해 본 것이다. 출력 결과를 트리로 그려 보면 원하던 트리라는 것을 확인할 수 있다. 이 예제를 통해서 트리 애플리케이티브 펑터의 적용 과정을 이해해 보자.

그림 8-3 애플리케티브 펀터 곱 과정 1

그림 8-3에서 { x: Int, y: Int -> x * y } 함수가 커링되어 부분 적용되면, 첫 번째 매개변수만 적용된 함수를 가진 트리가 형성된다.

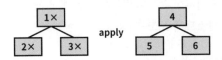

그림 8-4 애플리케이티브 펀터 곱 과정 2

두 트리의 최상위 노드가 적용(value(node.value))되고, 입력 노드의 하위 노드들의 값(5와 6)에도 왼쪽 트리의 최상위 노드의 함수가 적용된다(node.forest.map { it.fmap(value) }).

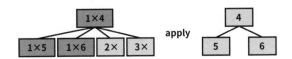

그림 8-5 애플리케이티브 펀터 곱 과정 3

이제 원본 트리의 하위 노드들의 함수(2×와 3×)에도 입력 노드를 적용한다(forest.map { it.apply(node) }).

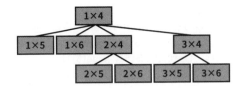

그림 8-6 애플리케이티브 펀터 곱 과정 4

두 트리의 가능한 모든 값과 함수가 적용된 트리가 완성되었다.

> **연습문제 8-4** 다음과 같이 두 트리를 반대의 순서로 적용했을 때는 어떤 트리가 완성될지 예상해 보고, 테스트해 보자.

코드 8-26 트리의 적용 순서를 바꾸어 사용한 예

```
Tree.pure({ x: Int, y: Int -> x * y }.curried())
            apply Node(4, listOf(Node(5), Node(6)))
            apply Node(1, listOf(Node(2), Node(3)))
```

연습문제 8-5 다음 두 트리를 apply로 결합하는 프로그램을 만들어 보고, 결과가 맞는지 확인해 보자.

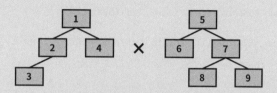

그림 8-7 트리를 apply로 결합하기

연습문제 8-6 연습문제 8-5를 통해서 작성한 두 리스트를 apply 함수로 적용하면 모든 가능한 조합의 리스트가 반환된다는 것을 확인했다. 이번에는 리스트의 동일한 위치의 함수와, 값끼리 적용되는 집리스트(ZipList) 애플리케이티브 펑터를 만들고 테스트해 보자. 두 리스트의 길이가 다른 경우, 반환되는 리스트는 둘 중 짧은 리스트의 길이와 같다. 예를 들어 [(*5), (+10)]과 [10, 20, 30]을 적용하면 [50, 30]이 반환된다.

8.4 이더 애플리케이티브 펑터 만들기

이번 절에서는 7장에서 작성한 이더 펑터를 애플리케이티브 펑터로 확장해 본다. 이더는 성공과 실패를 모두 포함하는 컨텍스트다. 성공한 경우는 라이트가 되고, 실패한 경우는 레프트가 된다. 두 상태는 각각 다른 타입을 포함할 수 있기 때문에 이더의 타입 매개변수는 두 개다. 이더 애플리케이티브 펑터도 7장에서 펑터를 다룰 때와 동일한 접근 방식을 적용하면 된다. 즉, 두 개의 타입 매개변수 중 하나는 고정하고, 나머지 한 개를 적용하는 것이다. 7장에서 작성한 이더 펑터를 다시 한 번 간단히 살펴보자.

코드 8-27 **이더 펑터**

```kotlin
sealed class Either<out L, out R> : Functor<R> {

    abstract override fun <R2> fmap(f: (R) -> R2): Either<L, R2>

    companion object
}

data class Left<out L>(val value: L) : Either<L, kotlin.Nothing>() {

    override fun toString(): String = "Left($value)"

    override fun <R2> fmap(f: (kotlin.Nothing) -> R2): Either<L, R2> = this

}

data class Right<out R>(val value: R) : Either<kotlin.Nothing, R>() {

    override fun toString(): String = "Right($value)"

    override fun <R2> fmap(f: (R) -> R2): Either<kotlin.Nothing, R2> = Right(f(value))
}
```

fmap 함수는 첫 번째 타입 매개변수 L은 그대로 두고, 두 번째 타입 매개변수 R만 매핑해서 Either<L, R2>를 반환한다. 따라서 Left일 때 fmap 함수가 호출되면 변경 없이 그대로 this를 반환한다. Right일 때는 해당 변환 함수에 성공한 상태값을 적용하고 그 결과를 Right에 감싸서 반환한다. fmap 함수를 테스트해서 의도한 동작을 하는지 간단히 확인해 볼 수 있다.

코드 8-28 **fmap 함수 사용 예**

```kotlin
fun main() {
    println(Right(10).fmap { it * 2 })                      // "Right(20)" 출력
    println(Left("error").fmap { x: String -> "$x log" })  // "Left(error)" 출력
}
```

이제 Either 펑터가 잘 동작하는 것을 확인했으니, pure 함수를 추가해 보자.

코드 8-29 **pure 함수**

```kotlin
fun <A> Either.Companion.pure(value: A) = Right(value)
```

pure를 호출하면 최소한의 컨텍스트에 해당 값을 넣는다. Either의 최소한의 컨텍스트는 성공한 결괏값을 포함한 Right다. 따라서 입력값 value를 그대로 Right에

넣어서 반환했다. pure 함수를 실행해 보면 다음과 같이 동작한다.

코드 8-30 **pure 함수 사용 예**

```kotlin
fun main() {
    println(Either.pure(10))        // "Right(10)" 출력
    println(Either.pure({ x: Int -> x * 2 }))
                                    // "Right((kotlin.Int) -> kotlin.Int)" 출력
}
```

다음으로 apply 확장 함수를 추가해 보자.

코드 8-31 **apply 함수**

```kotlin
infix fun <L, A, B> Either<L, (A) -> B>.apply(f: Either<L, A>): Either<L, B> =
        when (this) {
    is Left -> this
    is Right -> f.fmap(value)
}
```

함수의 타입을 살펴보면, 원본 Either는 Left 값의 타입 L과 Right 값의 타입 (A) -> B를 가지고 있다는 걸 알 수 있다. 애플리케이티브 펑터의 정의에 따라서 apply 함수는 입력 Either<L, A>의 A를 꺼내서 원본 Either의 함수 (A) -> B에 적용하고, 다시 Either에 넣어서 Either<L, B>를 반환한다. 이때 Left의 값 L은 고정되어 있으므로 건드리지 않는다. 내부 구현 로직에서는 fmap 함수와 유사하게 Left인 경우는 그대로 this를 반환하고, Right인 경우는 입력 Either의 fmap 함수에 원본 Either의 값((A) -> B)을 입력으로 넣어서 호출한 결과를 반환한다. Nothing이 아니라 Left인 점만 제외하면 메이비 애플리케이티브 펑터의 apply의 구현과 완전히 동일하다. 이제 실행코드를 작성하여 동작을 확인해 보자.

코드 8-32 **이더 애플리케이티브 펑터 사용 예**

```kotlin
fun main() {
    println(Either.pure({ x: Int -> x * 2 }) apply Left("error"))
                                                    // "Left(error)" 출력
    println(Either.pure({ x: Int -> x * 2 }) apply Right(10))
                                                    // "Right(20)" 출력
    println(Either.pure({ x: Int, y: Int -> x * y }.curried())
        apply Left("error")
        apply Right(10)
    )   // "Left(error)" 출력
    println(Either.pure({ x: Int, y: Int -> x * y }.curried())
            apply Right(10)
```

```
        apply Right(20)
    )   // "Right(200)" 출력
}
```

지금까지 작성했던 테스트 코드와 거의 유사하다. Maybe의 Nothing과 마찬가지로 Either 애플리케이티브 펑터 체인의 중간에 Left가 있으면, 최종 결과는 항상 실패를 의미하는 Left가 되는 것을 확인할 수 있다.

지금까지 메이비, 리스트, 트리, 이더를 애플리케이티브 펑터로 확장하는 방법을 살펴보았다. 각 예제를 살펴보면 동일한 패턴이 존재하는 것을 확인할 수 있을 것이다. 실제로 이미 존재하는 컨테이너형 타입을 유용한 애플리케이티브 펑터로 만드는 것은 해당 타입의 컨텍스트와 애플리케이티브 펑터의 동작 원리만 잘 이해하고 있으면 어렵지 않을 것이다.

8.5 애플리케이티브 펑터의 법칙

펑터와 마찬가지로 애플리케이티브 펑터에도 법칙이 있다. 모든 애플리케이티브 펑터의 인스턴스가 지켜야 하는 법칙을 간결하게 표현하면 다음과 같다.

- Identity: `pure(identity) apply af = af`
- Composition: `pure(compose) apply af1 apply af2 apply af3 = af1 apply (af2 apply af3)`
- Homomorphism: `pure(function) apply pure(x) = pure(function(x))`
- Interchange: `af apply pure(x) = pure(of(x)) apply af`

그리고 애플리케이티브 펑터의 법칙으로 다음 중요한 법칙이 도출된다.

코드 8-33 애플리케이티브 펑터의 법칙으로 도출된 마지막 법칙

```
pure(function) apply af = af.fmap(function)
```

그럼 지금부터 각 법칙에 대해 간단히 알아보고, 지금까지 만든 애플리케이티브 펑터들을 검증해 보자.

항등(identity) 법칙

항등 법칙은 다음과 같다.

코드 8-34 항등 법칙의 표현식

```
pure(identity) apply af = af
```

항등 함수에 값을 적용하는 것 외에는 아무것도 하지 않는다. 따라서 아무것도 하지 않고 그대로 af를 반환한다.

메이비, 트리, 이더가 항등 법칙을 만족하는지 확인해 보자.

코드 8-35 항등 함수

```
fun identity() = { x: Int -> x }
```

먼저 검증에 필요한 identity 함수를 선언한다. pure 함수에 입력으로 넣기 위해서 람다로 반환한다. 항등 함수는 입력받은 값을 그대로 반환하는 함수다. 이제 메이비, 트리, 이더 애플리케이티브 펑터가 항등 법칙을 만족하는지 확인해 보자.

코드 8-36 메이비, 트리, 이더 애플리케이티브 펑터 항등 법칙 검증

```
fun main() {
    val maybeAf = Just(10)
    val leftMaybe = Maybe.pure(identity()) apply maybeAf
    println(leftMaybe.toString() == maybeAf.toString())     // "true" 출력

    val treeAf = Node(1, listOf(Node(2), Node(3)))
    val leftTree = Tree.pure(identity()) apply treeAf
    println(leftTree.toString() == treeAf.toString())     // "true" 출력

    val eitherAf = Right(10)
    val leftEither = Either.pure(identity()) apply eitherAf
    println(leftEither.toString() == eitherAf.toString())  // "true" 출력
}
```

Maybe, Tree, Either를 각각 pure(identity) apply af = af에 대입해서 검증한 코드다. 수식의 좌변은 각각 left를 접두어로 붙인 변수에 값을 할당했고, 우변에 들어갈 애플리케이티브 펑터는 af를 접미사로 붙였다. 좌변과 우변의 동일한지 확인하기 위해서 toString 함수로 출력한 결과를 비교했다. 결과적으로 Maybe, Tree, Either가 애플리케이티브 펑터에 대해서 항등 법칙을 만족하는 것을 확인할 수 있다.

연습문제 8-7 연습문제 8-3에서 만든 리스트 애플리케이티브 펑터가 항등 법칙을 만족하는지 확인해 보자.

합성(composition) 법칙

합성 법칙은 다음과 같다.

코드 8-37 **합성 법칙의 표현식**

```
pure(compose) apply af1 apply af2 apply af3 = af1 apply (af2 apply af3)
```

좌변은 pure를 사용해서 애플리케이티브 펑터에 합성함수 compose를 넣고, 애플리케이티브 펑터 af1과 af2와 af3를 적용한 걸 의미한다. 우변은 애플리케이티브 펑터 af2에 af3를 적용한 애플리케이티브 펑터를 af1에 적용한 걸 의미한다. 이 좌변과 우변의 결과가 같아야 한다.

메이비, 트리, 이더가 이 법칙을 만족하는지 확인해 보자. 확인에 필요한 compose 함수는 다음과 같다.

코드 8-38 **합성 함수**

```
fun <P1, P2, P3> compose() = { f: (P2) -> P3, g: (P1) -> P2, v: P1 -> f(g(v)) }
```

pure 함수에 compose 함수를 넣으려면 입력과 출력이 한 개인 함수의 체인으로 커링해야 한다. 따라서 검증을 위해서는 커링을 위한 함수를 추가해야 한다.

코드 8-39 **커링 함수**

```
fun <P1, P2, P3, R> ((P1, P2, P3) -> R).curried(): (P1) -> (P2) -> (P3) -> R = {
    p1: P1 -> { p2: P2 -> { p3: P3 -> this(p1, p2, p3) } }
}
```

이제 수식에 대입해서 Maybe, Tree, Either가 애플리케이티브 펑터의 법칙을 만족하는지 검증해 보자.

코드 8-40 **메이비, 트리, 이더 애플리케이티브 펑터 합성 법칙 검증**

```
fun main() {
    val maybeAf1 = Just({ x: Int -> x * 2 })
    val maybeAf2 = Just({ x: Int -> x + 1})
```

```
    val maybeAf3 = Just(30)
    val leftMaybe = Maybe.pure(compose<Int, Int, Int>().curried()) apply
        maybeAf1 apply maybeAf2 apply maybeAf3
    val rightMaybe = maybeAf1 apply (maybeAf2 apply maybeAf3)
    println(leftMaybe.toString() == rightMaybe.toString())      // "true" 출력

    val treeAf1 = Node({ x: Int -> x * 2 })
    val treeAf2 = Node({ x: Int -> x + 1})
    val treeAf3 = Node(10)
    val leftTree = Tree.pure(compose<Int, Int, Int>().curried()) apply
        treeAf1 apply treeAf2 apply treeAf3
    val rightTree = treeAf1 apply (treeAf2 apply treeAf3)
    println(leftTree.toString() == rightTree.toString())        // "true" 출력

    val eitherAf1 = Right({ x: Int -> x * 2 })
    val eitherAf2 = Right({ x: Int -> x + 1})
    val eitherAf3 = Right(10)
    val leftEither = Either.pure(compose<Int, Int, Int>().curried()) apply
        eitherAf1 apply eitherAf2 apply eitherAf3
    val rightEither = eitherAf1 apply (eitherAf2 apply eitherAf3)
    println(leftEither.toString() == rightEither.toString())    // "true" 출력
}
```

compose에 의해서 합성될 함수를 가진 애플리케이티브 펑터는 Af1과 Af2를 접미사로 사용한 변수에 할당했다. 그리고 합성된 함수의 입력값을 가진 애플리케이티브 펑터는 Af3를 접미사로 사용한 변수에 할당했다. 이제 준비된 재료를 그대로 수식에 대입하면 Maybe, Tree, Either가 모든 합성 법칙을 만족하는 것을 확인할 수 있다.

> **연습문제 8-8** 연습문제 8-3에서 만든 리스트 애플리케이티브 펑터가 합성 법칙을 만족하는지 확인해 보자.

준동형 사상(homomorphism) 법칙

준동형 사상 법칙은 다음과 같다.

코드 8-41 **준동형 사상 법칙의 표현식**

```
pure(function) apply pure(x) = pure(function(x))
```

좌변은 pure를 사용해서 함수 function과 값 x를 애플리케이티브 펑터에 넣는 걸 의미한다. 그리고 우변은 function 함수에 x 값을 적용한 function(x)를, 애플리케이티브 펑터에 넣는 걸 의미한다. 이 좌변과 우변의 결과가 같아야 한다.

먼저 수식 대입에 필요한 function과 x를 선언하고, 애플리케이티브 펑터들을 검증해 보자.

코드 8-42 메이비, 트리, 이더 애플리케이티브 펑터 준동형 사상 법칙 검증

```
fun main() {
    val function = { x: Int -> x * 2 }
    val x = 10

    val leftMaybe = Maybe.pure(function) apply Maybe.pure(x)
    val rightMaybe = Maybe.pure(function(x))
    println(leftMaybe.toString() == rightMaybe.toString())      // "true" 출력

    val leftTree = Tree.pure(function) apply Tree.pure(x)
    val rightTree = Tree.pure(function(x))
    println(leftTree.toString() == rightTree.toString())        // "true" 출력

    val leftEither = Either.pure(function) apply Either.pure(x)
    val rightEither = Either.pure(function(x))
    println(leftEither.toString() == rightEither.toString())    // "true" 출력
}
```

따라서 Maybe, Tree, Either는 준동형 사상 법칙을 만족한다.

> **연습문제 8-9** 연습문제 8-3에서 만든 리스트 애플리케이티브 펑터가 준동형 사상 법칙을 만족하는지 확인해 보자.

교환(interchange) 법칙

교환 법칙은 다음과 같다.

코드 8-43 교환 법칙의 표현식

```
af apply pure(x) = pure(of(x)) apply af
```

좌변은 어떤 함수를 포함한 애플리케이티브 펑터 af와 값 x를 넣은 애플리케이티브 펑터를 적용하는 걸 의미한다. 그리고 우변은 of(x)를 애플리케이티브 펑터에 넣어

서 af를 적용하는 걸 의미한다. 이 좌변과 우변의 결과가 같아야 한다.

 여기서 of는 x를 다른 함수의 매개변수로 제공하는 함수다. 다음은 of를 활용한 코드 예시다.

코드 8-44 of 함수

```kotlin
fun <T, R> of(value: T) = { f: (T) -> R -> f(value) }
```

of 함수는 value 값을 입력으로 받아서 다른 함수((T) -> R)의 입력 매개변수로 사용하는 람다 함수를 반환한다. 이 함수를 사용하면 미래에 입력받을 함수에 값 value를 적용할 함수를 만들 수 있다. apply 함수의 좌변은 항상 함수를 포함한 애플리케이티브 펑터다. of 함수는 함수가 아닌 값 x를 미래에 적용될 함수로 만들어 줌으로써 apply의 좌변에 있는 pure 함수의 입력으로 넣을 수 있게 한다. of 함수는 애플리케이티브 펑터뿐만 아니라 다양한 고차 함수에 유용하게 활용될 수 있다.

이제 수식에 대입하기 위한 x 값을 선언하고 각 애플리케이티브 펑터가 이 법칙에 만족하는지 확인할 수 있다.

코드 8-45 메이비, 트리, 이더 애플리케이티브 펑터 교환 법칙 검증

```kotlin
fun main() {
    val x = 10

    val maybeAf = Just({ a: Int -> a * 2 })
    val leftMaybe = maybeAf apply Maybe.pure(x)
    val rightMaybe = Maybe.pure(of<Int, Int>(x)) apply maybeAf
    println(leftMaybe.toString() == rightMaybe.toString())    // "true" 출력

    val treeAf = Node({ a: Int -> a * 2 })
    val leftTree = treeAf apply Tree.pure(x)
    val rightTree = Tree.pure(of<Int, Int>(x)) apply treeAf
    println(leftTree.toString() == rightTree.toString())      // "true" 출력

    val eitherAf = Right({ a: Int -> a * 2 })
    val leftEither = eitherAf apply Either.pure(x)
    val rightEither = Either.pure(of<Int, Int>(x)) apply eitherAf
    println(leftEither.toString() == rightEither.toString())  // "true" 출력
}
```

먼저 함수를 포함한 애플리케이티브 펑터 xxxAf를 선언했다. 따라서 pure에 값 x를 넣은 애플리케이티브 펑터가 xxxAf 안에 있는 함수에 적용되어 좌변에 할당된다. 그러면 값 x가 of 함수에 의해서 어떤 함수를 받아서 x를 입력으로 넣어 주는 함수

가 된다. 이 함수를 pure를 사용해서 애플리케이티브 펑터로 만들고 xxxAf를 적용하면, xxxAf에 있는 함수가 of(x) 함수의 입력이 된다. 결과적으로 우변은 xxxAf에 있는 함수에 값 x를 적용한 애플리케이티브 펑터가 된다. 따라서 Maybe, Tree, Either는 교환 법칙을 만족한다.

> **연습문제 8-10** 연습문제 8-3에서 만든 리스트 애플리케이티브 펑터가 교환 법칙을 만족하는지 확인해 보자.

펑터와 애플리케이티브 펑터 간의 관계

애플리케이티브 펑터의 네 가지 법칙을 활용하면 결과적으로 다음과 같은 새로운 법칙을 도출할 수 있다.

코드 8-46 펑터와 애플리케이티브 펑터 간의 관계 법칙

```
pure(function) apply af = af.fmap(function)
```

도출하는 과정은 설명을 생략한다. 우리는 이미 Maybe, Tree, Either의 apply 확장 함수를 구현하면서 이 법칙을 사용했다. 결과적으로 어떤 함수의 애플리케이티브 펑터에 값을 포함한 애플리케이티브 펑터를 적용한 결과는, 함수를 펑터로 매핑한 결과와 동일하다. 법칙을 만족하는지 확인해 보자.

코드 8-47 메이비, 트리, 이더 애플리케이티브 펑터와 펑터의 관계 법칙 검증

```
fun main() {
    val function = { x: Int -> x * 2 }

    val maybeAf = Just(10)
    val leftMaybe = Maybe.pure(function) apply maybeAf
    val rightMaybe = maybeAf.fmap(function)
    println(leftMaybe.toString() == rightMaybe.toString())

    val treeAf = Node(1, listOf(Node(2), Node(3)))
    val leftTree = Tree.pure(function) apply treeAf
    val rightTree = treeAf.fmap(function)
    println(leftTree.toString() == rightTree.toString())

    val eitherAf = Right(10)
    val leftEither = Either.pure(function) apply eitherAf
```

```
    val rightEither = eitherAf.fmap(function)
    println(leftEither.toString() == rightEither.toString())
}
```

사실 apply 함수가 이 법칙에 근거해서 구현되었기 때문에 만족할 수밖에 없다.

지금까지 알아본 애플리케이티브 펑터의 법칙들은 모두 카테고리 이론(category theory)이라는 수학을 기반으로 한다. 각 법칙은 수학적으로 증명된 이론들이기 때문에, 법칙들을 만족하는 펑터와 애플리케이티브 펑터들은 항상 기대한 동작을 한다는 것을 보장한다. 따라서 펑터와 마찬가지로 새로운 애플리케이티브 펑터는 이 법칙들을 만족하는지 확인 후에 사용하는 것이 좋다.

> **연습문제 8-11** 연습문제 8-3에서 만든 리스트 애플리케이티브 펑터가 pure (function) apply af = af.fmap(function)을 만족하는지 확인해 보자.

8.6 실전 응용

지금까지 메이비, 트리, 이더 애플리케이티브 펑터를 직접 만들어 보면서 애플리케이티브 펑터의 동작 방식에 대해서 알아보았다. 이번 절에서는 애플리케이티브 스타일 프로그래밍을 좀 더 간결하게 할 수 있는 몇 가지 실전 유틸리티 함수를 작성해 볼 것이다.

liftA2 함수 만들기

liftA2 함수는 두 개의 애플리케이티브 펑터들 사이에 이항 함수를 적용해서 애플리케이티브 스타일을 숨긴다. 일반 이항 함수를 받아서 두 개의 펑터에서 적용되는 함수로 승급(lift)했다고 볼 수 있다. 말은 거창하게 했지만, 자주 활용되는 애플리케이티브 스타일을 일반화한 것이라고 보면 된다.

Just(10)을 Just([10])으로 변환하려면 Just(10).fmap { listOf(it) }과 같이 간단한 매핑을 사용한다. 그렇다면 3을 가진 메이비 Just(3)과 10을 넣은 리스트를 가진 메이비 Just([10])이 있을 때, 3과 10을 넣은 리스트를 가진 메이비 Just([3, 10])을 얻으려면 어떻게 구현해야 할까? 이 동작을 애플리케이티브 펑터를 사용해서 구현한다면 다음과 같을 것이다.

코드 8-48 liftA2 함수의 기능을 직접 구현한 예

```
Maybe.pure({ x: Int, y: FunList<Int> -> FunList.Cons(x, y) }.curried())
        apply Just(3)
        apply Just(funListOf(10))
```

liftA2 함수는 이 코드를 일반화해서 애플리케이티브 펑터 스타일을 숨기는 함수이다. 코드 8-48을 그대로 함수로 옮겨서 일반화하면 다음과 같다.

코드 8-49 liftA2 함수

```
fun <A, B, R> liftA2(binaryFunction: (A, B) -> R) = { f1: Maybe<A>, f2: Maybe<B> ->
    Maybe.pure(binaryFunction.curried()) apply f1 apply f2
}
```

이제 다음과 같이 liftA2 함수를 사용해서 승급 함수를 만들 수 있다.

코드 8-50 liftA2 함수 사용 예

```
val lifted = liftA2 { x: Int, y: FunList<Int> -> FunList.Cons(x, y) }
```

코틀린에서는 타입 추론 기능을 사용하기 때문에 lifted의 타입이 보이지 않지만, 실제 타입은 (Maybe<Int>, Maybe<FunList<Int>>) -> Maybe<FunList.Cons<Int>>이다. 따라서 다음과 같이 사용하면 애플리케이티브 펑터를 사용한 것과 동일한 결과를 얻을 수 있다.

코드 8-51 lifted 함수를 사용한 애플리케이티브 펑터 구현

```
lifted(Just(3), Just(funListOf(10)))
```

 예제에서 코틀린의 리스트는 리스트의 머리와 꼬리를 결합하는 Cons 함수가 존재하지 않기 때문에 FunList를 사용하였다.

함수형 프로그래밍에서 재사용성이 높은 코드를 간단한 고차 함수로 만들어 활용하는 것은 상당히 일반적인 일이다. 간단한 작업이지만 하스켈의 모든 애플리케이티브 펑터 인스턴스들은 listA2를 기본으로 제공한다. 그만큼 자주 사용되고, 이 함수를 사용하면 코드를 좀 더 간결하게 표현할 수 있기 때문이다.

 Applicative 타입 클래스가 존재했다면, Maybe, List, Tree, Either 등 모든 애플리케이티브 펑터 인스턴스에 해당하는 타입에 동작하는 하나의 liftA2 함수를 만들 수 있을 것이다.

이전 절에서 이미 언급했지만, 코틀린에는 함수를 포함한 컨테이너형 타입에 공변을 사용할 수 없기 때문에 Applicative 타입 클래스를 사용한 애플리케이티브 펑터를 만들 수 없다. 확장 함수로 구현한 애플리케이티브 펑터는 타입 클래스가 존재하지 않기 때문에 추상화할 수 없다.

연습문제 8-12 AFunList에도 동작하는 liftA2 함수를 추가해 보자.

연습문제 8-13 Tree에도 동작하는 liftA2 함수를 추가해 보자.

연습문제 8-14 Either에도 동작하는 liftA2 함수를 추가해 보자.

연습문제 8-15 listA3 함수를 구현해 보자. listA3은 삼항 함수를 받아서 세 개의 애플리케이티브 펑터를 적용하는 승급 함수다.

sequenceA 함수 만들기

sequenceA 함수는 애플리케이티브 펑터의 리스트를 받아서 각 애플리케이티브 펑터의 값들을 리스트로 가지고 있는 애플리케이티브 펑터 한 개로 만들어 준다. Maybe 타입 클래스의 sequenceA 함수는 다음과 같이 작성할 수 있다.

코드 8-52 sequenceA 함수

```
fun <T> cons() = { x: T, xs: FunList<T> -> FunList.Cons(x, xs) }

fun <T> sequenceA(maybeList: FunList<Maybe<T>>): Maybe<FunList<T>> =
when (maybeList) {
    is FunList.Nil -> Just(funListOf())
    is FunList.Cons -> Maybe.pure(cons<T>().curried()) apply maybeList.head
        apply sequenceA(maybeList.tail)
}
```

sequenceA 함수는 메이비의 리스트(FunList<Maybe<T>>)를 입력받고 나서 메이비 안에 있는 값들의 리스트를 메이비로 포장한 결과(Maybe<FunList<T>>)를 반환한다. 함수의 구현부에서는 패턴 매칭을 사용한다. 입력 FunList가 비어 있다면 재포장할 값이 없으므로 빈 리스트를 포함한 메이비를 반환한다. FunList 안에 메이비가 존재하면 FunList를 maybeList.head와 maybeList.tail로 분리한다. 그 다음 애플리케이티브 펑터를 사용해서 메이비 내의 maybeList.head와 maybeList.tail을

cons 함수를 활용해서 결합한다. 모든 메이비 내의 값들을 포함한 리스트를 만들기 위해서 maybeList.tail은 sequenceA 함수를 재귀 호출했다. 이제 sequenceA 함수를 실행해 보자.

 cons는 단순히 FunList의 머리(head)와 꼬리(tail)를 결합하는 람다 함수를 반환하는 함수로, 가독성 및 재사용성을 고려해 추가했다.

코드 8-53 sequenceA 함수 사용 예

```
fun main() {
    when (val result = sequenceA(funListOf(Just(10), Just(20)))) {
        is Nothing -> Nothing
        is Just -> printFunList(result.value)   // "[10, 20]" 출력
    }
}
```

Just(10)과 Just(20)을 포함한 리스트가 10과 20을 가진 리스트의 메이비로 변경되었음을 확인할 수 있다. sequenceA(funListOf(Just(10), Just(20)))은 재귀적으로 호출하기 때문에 연산은 FunList의 뒤에서부터 평가될 것이다. 오른쪽에서부터 결과를 누적하는 기능은 5장에서 배운 foldRight 함수로 구현할 수 있다. foldRight 함수를 사용하면 다음과 같이 간결하게 다시 작성할 수 있다.

코드 8-54 foldRight로 구현한 sequenceA

```
fun <T> sequenceAByFoldRight(maybeList: FunList<Maybe<T>>): Maybe<FunList<T>> =
    maybeList.foldRight(Maybe.pure(funListOf()), liftA2(cons()))
```

foldRight 함수의 초깃값은 Maybe.pure(funListOf())이고, maybeList의 오른쪽에서부터 연산한 누적값이 초깃값에 반영된다. 그리고 foldRight 함수의 두 번째 매개변수로는 liftA2 함수를 활용해서 애플리케이티브 펑터 스타일이 숨겨진 이항 함수를 만들어 사용했다. sequenceAByFoldRight의 동작을 확인해 보면 앞에서 작성한 sequenceA 함수와 결과가 동일하다는 걸 알 수 있다.

코드 8-55 sequenceAByFoldRight 사용 예

```
fun main() {
    when (val result = sequenceAByFoldRight(funListOf(Just(10), Just(20)))) {
        is Nothing -> Nothing
        is Just -> printFunList(result.value)   // "[10, 20]" 출력
    }
}
```

> **연습문제 8-16** AFunList에도 동작하는 sequenceA 함수를 추가하고 테스트해 보자.
>
> **연습문제 8-17** Tree에도 동작하는 sequenceA 함수를 추가하고 테스트해 보자.
>
> **연습문제 8-18** Either에도 동작하는 sequenceA 함수를 추가하고 테스트해 보자.

8.7 마치며

애플리케이티브 펑터는 일반 펑터보다는 다소 어렵고 생소한 형태의 예제였을 것이다. 애플리케이티브 펑터는 이후에 나올 모나드를 만들기 위해서 반드시 필요한 개념이다. 작성하는 프로그램에 따라서 함수들을 어떤 컨텍스트에 담아서 사용하는 일이 많지는 않을 수 있다. 하지만 애플리케이티브 펑터를 잘 알고 활용할 수 있다면, 적용할 수 있는 곳은 생각보다 많다. 현재 작성하고 있는 프로그램이 있다면, 어디에 어떻게 적용될 수 있을지 고민해 보자.

9장

모노이드

9장에서는 함수형 프로그래밍의 가장 기본적인 대수적 타입인 모노이드의 개념을 이해하고, 모노이드 타입 클래스를 작성한다. 작성된 모노이드 타입 클래스를 사용해서 덧셈과 곱셈을 모노이드 인스턴스로 작성한다. 모노이드의 법칙에 대해서 살펴보고 덧셈과 곱셈 모노이드를 법칙을 만족하는지 검증한다. 그리고 성공한 결괏값을 가진 상태 또는 실패한 상태가 될 수 있는 메이비 모노이드를 만들어서 모노이드의 법칙을 만족하는지 확인한다. 마지막으로 모노이드를 사용해서 Foldable 타입 클래스를 정의하고, Foldable 인스턴스로 이진 트리를 만들어 테스트한다.

9.1 모노이드란?

모노이드는 연관 바이너리 함수(associative binary function)와 항등값(identity)을 가진 대수적 타입으로 정의할 수 있다. 여기서 연관 바이너리 함수와 항등값이란 무엇을 뜻하는 걸까?

두 개의 매개변수를 받는 바이너리 함수를 예로 들어 보자. 첫 번째 예로 { x: Int, y: Int -> x * y }는 두 개의 숫자를 받아서 곱하는 함수다. 여기서 x가 1이면 y값을 그대로 반환한다. 반대로 y가 1이면 x값을 그대로 반환한다. 순서에 관계 없이 1을 곱하면 나머지 다른 값을 그대로 반환하는 것이다.

또 다른 예로 { x: Int, y: Int -> x + y }는 두 숫자를 더하는 함수다. 덧셈에서는 두 입력값 중의 하나가 0이면, 나머지 하나의 값을 그대로 반환한다. 마지막 예로 { x: List<Int>, y: List<Int> -> x + y }에서는 빈 리스트가 곱셈의 1이나 덧셈의 0과 동일한 특징을 가진다.

곱셈에서는 1, 덧셈에서는 0, 리스트 결합에서는 빈 리스트가 하나의 입력값일 때, 바이너리 함수는 또 다른 입력값을 그대로 반환한다. 수학에서는 이러한 특징을 가지는 값들을 항등원(identity element)이라고 하고, 집합의 어떤 원소와 연산을 취해도, 자기 자신이 되게 하는 원소라고 정의한다. 이 책에서는 이러한 값들을 항등값이라고 할 것이다.

곱셈, 덧셈, 리스트를 합치는 함수는 두 개의 매개변수와 반환값의 타입이 동일한 바이너리 함수이다. 이를 연관 바이너리 함수라 한다.

곱셈, 덧셈, 리스트 결합 함수의 또 다른 공통된 특징으로 결합 법칙(associative law)이 있다. 결합 법칙은 연산이 두 번 이상 연속될 때, 연산 순서에 관계없이 결과가 동일한 것이다. 예를 들어 (2 * 3) * 4와 2 * (3 * 4)는 결괏값이 동일하다. 반면에 빼기와 나누기는 연산 순서에 따라 결과가 달라지기 때문에 결합 법칙을 만족하지 않는다.

모노이드(monoid)의 이해는 이러한 특징을 알고 사용하는 데서 시작된다. 모노이드는 곱셈이나 덧셈, 리스트 결합하기의 예와 같이 모노이드의 성질로 설명될 수 있는 모든 타입을 가지고 몇 가지 동작을 일반화할 수 있다. 그리고 모노이드로 일반화될 수 있는 몇 가지 동작은 함수형 프로그래밍에서 다루는 대부분의 대수적 타입에서 사용된다.

9.2 모노이드 타입 클래스

곱셈, 덧셈, 리스트 결합 함수를 모노이드 타입 클래스를 이용해 직접 만들어 보자.

간단한 모노이드 타입 클래스 선언

모노이드의 성질을 타입 클래스로 선언하면 다음과 같다.

코드 9-1 모노이드 타입 클래스

```
interface Monoid<T> {

    fun mempty(): T

    fun mappend(m1: T, m2: T): T
}
```

모노이드 타입 클래스는 항등원을 반환하는 `mempty` 함수와, 바이너리 함수를 반환하는 `mappend` 함수를 가진다. 여기서 두 함수는 모노이드를 반환하는 게 아니라, 모노이드가 가진 값의 타입을 반환한다. 따라서 모노이드 컨텍스트에서의 코드 체이닝을 할 수 없다. 만약 체이닝이 가능한 모노이드를 선언한다면 다음과 같을 것이다.

코드 9-2 체이닝 가능한 모노이드 타입 클래스

```
interface Monoid<T> {

    fun mempty(): Monoid<T>

    fun mappend(m: Monoid<T>): Monoid<T>
}
```

하지만 체이닝이 가능한 모노이드 타입 클래스를 기반으로 인스턴스를 작성하면 코드가 상당히 복잡하고, 부수적으로 필요한 코드도 많아진다. 본 책에서는 모노이드라는 대수적 타입의 이해에 초점을 맞추기 위해서 코드 9-1의 모노이드 타입 클래스를 사용한다.

 `mappend`라는 함수명은 하스켈의 모노이드에서 가져왔다. 곱셈과 같은 바이너리 함수의 이름으로는 적합하지 않게 느껴질 수도 있다. 모노이드가 될 수 있는 대수적 타입이 매우 다양하기 때문에 적절한 이름을 찾기 어려웠을 것으로 추측된다. 스칼라와 코틀린의 함수형 라이브러리인 cats, arrow 프로젝트에서는 combine이라는 이름을 사용한다.

모노이드 타입 클래스를 이용하기 위해서 다음과 같이 덧셈을 모노이드의 인스턴스로 정의한다.

코드 9-3 SumMonoid

```
class SumMonoid : Monoid<Int> {

    override fun mempty(): Int = 0

    override fun mappend(m1: Int, m2: Int): Int = m1 + m2
}
```

도입부에서 언급한 것처럼 덧셈의 항등원은 0이다. 따라서 `mempty` 함수는 0을 반환한다. 연관 바이너리 함수 `mappend`는 입력받은 두 값을 더한 결괏값을 반환한다.
　다음은 곱셈 모노이드를 구현한 것이다.

코드 9-4 **ProductMonoid**

```
class ProductMonoid : Monoid<Int> {

    override fun mempty(): Int = 1

    override fun mappend(m1: Int, m2: Int): Int = m1 * m2
}
```

곱셈의 항등원은 1이다. 따라서 mempty 함수는 1을 반환한다.

> **연습문제 9-1** || 연산을 Any 모노이드로 만들어 보자.
>
> **연습문제 9-2** && 연산을 All 모노이드로 만들어 보자.

모노이드의 법칙

모노이드는 기본적으로 항등값과 바이너리 함수를 가지고, 항등 법칙과 결합 법칙을 만족해야 한다. 이것을 법칙으로 정리하면 다음과 같다.

- mappend(mempty(), x) = x
- mappend(x, mempty()) = x
- mappend(mappend(x, y), z) = mappend(x, mappend(y, z))

첫 번째와 두 번째 법칙은 empty 함수가 mappend 함수의 입력일 때, 순서에 관계없이 동일한 결과를 반환한다는 것이다. 세 번째 법칙은 mappend 함수의 결합 법칙을 나타낸다. mappend를 사용해서 여러 개의 값을 하나로 줄일 때, 연산 순서에 관계없이 결과가 같아야 한다.

이제 앞에서 만들었던 곱셈 모노이드와 덧셈 모노이드가 모노이드의 법칙을 만족하는지 확인해 보자.

코드 9-5 **ProductMonoid 모노이드 법칙 검증**

```
fun main(args: Array<String>) {
    val x = 1
    val y = 2
    val z = 3
```

```
    ProductMonoid().run {
        println(mappend(mempty(), x) == x)                            // "true" 출력
        println(mappend(x, mempty()) == x)                            // "true" 출력
        println(mappend(mappend(x, y), z) == mappend(x, mappend(y, z)))  // "true" 출력
    }
}
```

코드 9-6 SumMonoid 모노이드 법칙 검증

```
fun main(args: Array<String>) {
    val x = 1
    val y = 2
    val z = 3

    SumMonoid().run {
        println(mappend(mempty(), x) == x)                            // "true" 출력
        println(mappend(x, mempty()) == x)                            // "true" 출력
        println(mappend(mappend(x, y), z) == mappend(x, mappend(y, z)))  // "true" 출력
    }
}
```

ProductMonoid와 SumMonoid가 모노이드의 법칙을 만족하는 것을 확인할 수 있다.

모노이드 타입 클래스의 인스턴스가 항상 모노이드의 법칙을 만족하는 것이 아니다. 예를 들어 뺄셈을 모노이드 타입 클래스의 인스턴스로 만들 수는 있겠지만 연산 순서에 영향을 받기 때문에, 이 법칙을 만족하지는 못할 것이다. 따라서 모노이드를 만들어서 사용할 때는 법칙을 만족하는지 직접 확인해야 한다.

> **연습문제 9-3** Any 모노이드가 모노이드의 법칙을 만족하는지 테스트해 보자.
>
> **연습문제 9-4** All 모노이드가 모노이드의 법칙을 만족하는지 테스트해 보자.

mconcat 함수 만들기

모노이드의 법칙을 활용하면 리스트를 입력받은 후 그 리스트를 하나의 값으로 줄이는 행위를 일반화할 수 있다. 5장에서는 foldLeft와 foldRight를 이용해 이 행위를 구현했었다. 이 두 함수는 기본적으로 초깃값과 바이너리 함수를 입력으로 받아서 동작한다. 여기서 초깃값을 mempty, 바이너리 함수를 mappend로 해서 foldRight 함수의 입력으로 활용하면, 리스트를 하나의 값으로 줄이는 동작을 일반화할 수

있다. 여기서는 foldRight를 사용해서 일반화한 mconcat 함수를 모노이드 타입 클래스에 추가해 보자.

코드 9-7 mconcat 함수

```
fun <T> Monoid<T>.mconcat(list: FunList<T>): T = list.foldRight(mempty(), ::mappend)
```

모노이드 타입 클래스에 mconcat 확장 함수를 추가함으로써 모든 모노이드에 입력 리스트를 줄이는 행위를 정의하였다. 모든 모노이드는 항등 법칙과 결합 법칙을 만족하므로 mconcat 함수는 모든 모노이드에서 동작한다.

SumMonoid와 ProductMonoid에서 mconcat 함수 동작을 간단히 확인해 보자.

코드 9-8 mconcat 함수 사용 예

```
fun main(args: Array<String>) {
    println(ProductMonoid().mconcat(funListOf(1, 2, 3, 4, 5)))     // "120" 출력
    println(SumMonoid().mconcat(funListOf(1, 2, 3, 4, 5)))         // "15" 출력
}
```

mconcat 함수는 모든 모노이드에 대해서 일반적인 동작으로 정의되므로 인스턴스를 만들 때 별도로 구현하지 않아도 된다. 모노이드 타입 클래스의 인스턴스만 정의하면 공짜로 mconcat 함수를 사용할 수 있는 것이다.

> **연습문제 9-5** Any 모노이드의 mconcat 함수를 테스트해 보자. 입력이 [true, true, true], [false, false, false], [true, false, true]라면 어떤 결과가 나오는가?
>
> **연습문제 9-6** All 모노이드의 mconcat 함수를 테스트해 보자. 입력이 [true, true, true], [false, false, false], [true, false, true]라면 어떤 결과가 나오는가?

9.3 메이비 모노이드 만들기

메이비를 모노이드의 인스턴스로 만들기 위해서는 항등원과 바이너리 함수에 대해서 어떻게 동작할지 먼저 정의해 두어야 한다. 메이비 모노이드는 실패할 수 있

는 연산의 결과를 모노이드로 처리할 때 사용된다. 메이비 모노이드가 가진 값은 구체화된 타입에 따라서 결합하는 방식이 다르기 때문에 메이비가 가진 값의 타입도 모노이드가 되어야 한다. 다음은 이와 같은 특징을 고려해서 작성한 메이비 모노이드다.

코드 9-9 **MaybeMonoid**

```
object MaybeMonoid {

    fun <T> monoid(inValue: Monoid<T>) = object : Monoid<Maybe<T>> {

        override fun mempty(): Maybe<T> = Nothing

        override fun mappend(m1: Maybe<T>, m2: Maybe<T>): Maybe<T> = when {
            m1 is Nothing -> m2
            m2 is Nothing -> m1
            m1 is Just && m2 is Just -> Just(inValue.mappend(m1.value, m2.value))
            else -> Nothing
        }
    }
}
```

메이비 펑터는 상속을 통해서, 메이비 애플리케이티브 펑터는 확장 함수를 사용해서 작성했다. 그런데 메이비 모노이드의 경우 monoid라는 정적 팩터리 함수를 사용해서 작성한다. 컴파일 타임에는 메이비가 가진 값이 어떤 타입이 될지 모르고, 따라서 값들을 결합하는 방법도 정해져 있지 않기 때문이다. 예를 들어 상속을 사용해서 class MaybeMonoid<T : Monoid<T>> : Monoid<Maybe<T>>와 같은 형태로 선언하면, 값 T를 결합하는 방법이 덧셈 모노이드인지 곱셈 모노이드인지 알 수 없다. 따라서 여기서는 정적 팩토링 함수 MaybeMonoid.monoid()를 사용해서 런타임에 모노이드 inValue를 받고, inValue의 append 함수를 사용해서 메이비의 값을 결합했다.

메이비 컨텍스트에서 항등원은 실패 상태인 Nothing이다. 따라서 mempty 함수는 Nothing을 반환했다. 그리고 항등원의 특성대로 동작하도록, mappend 함수에서 m1, m2 중 하나가 Nothing일 때 다른 값을 그대로 반환하도록 처리했다.

mappend 함수의 입력 m1, m2가 모두 Just인 경우, 입력받은 모노이드 두 메이비의 값 m1.value와 m2.value가 inValue의 mappend 함수로 결합되어야 한다. 그리고 결합된 결괏값은 다시 Just에 감싸져 반환되어야 한다.

append 함수의 마지막 매칭 조건인 else -> Nothing의 경우, 로직상 매칭될 수 없으나 컴파일 오류를 없애기 위해 적어 두었다.

> **연습문제 9-7** 앞에서 작성한 FunList를 활용해서 리스트 모노이드를 만들어 보자.

메이비 모노이드 검증하기

이번에는 MaybeMonoid가 모노이드의 법칙을 만족하는지 확인해 보자. 코드 9-5와 코드 9-6을 통해서 모노이드임이 증명된 ProductMonoid와 SumMonoid를 사용할 것이다.

코드 9-10 MaybeMonoid 모노이드 법칙 검증

```
fun main(args: Array<String>) {
    val x = Just(1)
    val y = Just(2)
    val z = Just(3)

    MaybeMonoid.monoid(ProductMonoid()).run {
        println(mappend(mempty(), x) == x)                           // "true" 출력
        println(mappend(x, mempty()) == x)                           // "true" 출력
        println(mappend(mappend(x, y), z) == mappend(x, mappend(y, z)))  // "true" 출력
    }

    MaybeMonoid.monoid(SumMonoid()).run {
        println(mappend(mempty(), x) == x)                           // "true" 출력
        println(mappend(x, mempty()) == x)                           // "true" 출력
        println(mappend(mappend(x, y), z) == mappend(x, mappend(y, z)))  // "true" 출력
    }
}
```

MaybeMonoid.monoid 함수에 모노이드를 입력하면 메이비가 가진 값의 타입과 결합 방법이 결정된다. ProductMonoid, SumMonoid 입력을 사용해서 메이비가 가진 값의 타입은 Int가 되고, 결합을 위해서는 각 모노이드의 mappend 함수를 사용한다. 예제를 실행해 보면 MaybeMonoid가 모노이드 법칙에 만족한다는 것을 확인할 수 있다.

연습문제 9-8 리스트 모노이드가 모노이드의 법칙을 만족하는지 확인해 보자.

연습문제 9-9 리스트 모노이드의 mconcat 함수를 [[1, 2], [3, 4], [5]]와 같은 중첩 리스트를 넣어서 테스트해 보자. 테스트 결과를 확인하고, 동작 원리를 생각해 보자.

9.4 폴더블 이진 트리에 foldMap 함수 만들기

모노이드는 항등원과 바이너리 함수를 가지고 있기 때문에 폴드(fold) 자료구조를 정의할 때 사용하기 좋다. 컬렉션의 폴드 함수는 5장에서 배웠다. 그런데 Foldable 타입 클래스를 활용하면 트리와 같은 재귀적 자료구조에도 폴드 함수를 정의할 수 있다. 따라서 5장에서 다루었던 폴드 함수들과 달리 Foldable 타입 클래스는 메이비, 리스트, 트리와 같은 모든 자료구조에 사용될 수 있다.

Foldable 타입 클래스에는 foldLeft, foldRight, foldMap 등 필수적인 함수를 포함하여 유용한 함수가 많다. 이번 절에서는 모노이드를 활용한 foldMap 함수를 만들기 위한 최소한의 함수로만 Foldable 타입 클래스를 선언한다.

foldMap 함수

foldMap은 폴더블 자료구조가 가진 모든 값을 단항 함수로 매핑해서 모노이드로 결합한 결괏값을 반환하는 함수다. 이때 입력은 단항 함수와 모노이드로 받는다. foldMap 함수를 포함한 Foldable 타입 클래스는 다음과 같다.

코드 9-11 **Foldable 타입 클래스**

```
interface Foldable<out A> {

    fun <B> foldLeft(acc: B, f: (B, A) -> B): B

    fun <B> foldMap(f: (A) -> B, m: Monoid<B>): B = foldLeft(m.mempty())
        { b, a -> m.mappend(b, f(a)) }

}
```

매핑을 위한 변환 함수 f: (A) -> B와 모노이드 m: Monoid<B>를 입력으로 받았다.

그리고 매핑 및 결합을 통해서 줄어든 결괏값 B를 반환한다. 구현부는 입력으로 받은 모노이드의 항등원과 결합 함수를 활용하여 foldLeft 함수를 호출한다. 이때 foldLeft 함수의 초깃값으로는 항등원 m.mempty()를 사용한다. 그리고 입력받은 모노이드 m의 mappend 함수를 사용해서 누산값인 b와 폴더블 자료구조의 값 a에 변환 함수를 적용한 f(a)를 결합한다.

이제 foldMap 함수는 Foldable 타입 클래스에 구현되었기 때문에 Foldable 타입 클래스의 인스턴스에서 foldLeft만 구현하면 foldMap 함수를 사용할 수 있다. 여기서는 이진 트리를 Foldable 타입 클래스의 인스턴스로 만들어서 foldMap 함수의 동작을 확인해 보자.

폴더블 이진 트리 만들기

Foldable 타입 클래스의 인스턴스를 정의하기 위해 최소한의 함수 foldLeft를 구현한 이진 트리는 다음과 같이 작성할 수 있다.

코드 9-12 폴더블 이진 트리

```kotlin
sealed class BinaryTree<out A> : Foldable<A> {

    override fun <B> foldLeft(acc: B, f: (B, A) -> B): B = when(this) {
        is EmptyTree -> acc
        is Node -> {
            val leftAcc = leftTree.foldLeft(acc, f)
            val rootAcc = f(leftAcc, value)
            rightTree.foldLeft(rootAcc, f)
        }
    }
}

data class Node<A>(val value: A, val leftTree: BinaryTree<A> = EmptyTree,
    val rightTree: BinaryTree<A> = EmptyTree) : BinaryTree<A>()
object EmptyTree : BinaryTree<kotlin.Nothing>()
```

BinaryTree는 *sealed class*로 선언되었다. BinaryTree가 Node일 때는 루트 Node가 가진 값 value, 왼쪽 하위 트리 leftTree와 오른쪽 하위 트리 rightTree로 구성된다. 그리고 비어 있는 트리는 EmptyTree로 선언했다.

foldLeft 함수는 BinaryTree가 EmptyTree일 때는 acc를 반환하고, Node일 때는 왼쪽 하위 트리부터 오른쪽으로 foldLeft 함수를 재귀적으로 호출했다.

스칼라의 cats나 코틀린의 arrow 프로젝트에서 Foldable 타입 클래스의 최소 구현 함수는 foldLeft와 foldRight 함수다. 나머지 fold 함수들은 기본 구현체가 존재한다. 따라서 두 함수만 작성하면 유용한 폴드 함수들을 공짜로 사용할 수 있다. 따라서 폴드 함수를 만들 때는 Foldable 타입 클래스의 인스턴스로 작성하는 것이 좋다.

반면에 하스켈의 Foldable 타입 클래스는 최소 구현 함수가 foldMap 함수 한 개다. 따라서 foldMap 함수만 작성하면 foldLeft, foldRight 함수 등을 사용할 수 있다.

이제 완성된 BinaryTree에서 foldLeft, foldMap 함수가 어떻게 동작하는지 확인해 보자.

코드 9-13 **BinaryTree 사용 예**

```
fun main(args: Array<String>) {
    val tree = Node(1,
            Node(2,
                    Node(3), Node(4)),
            Node(5,
                    Node(6), Node(7)))

    println(tree.foldLeft(0) { a, b -> a + b } )    // "28" 출력
    println(tree.foldLeft(1) { a, b -> a * b } )    // "5040" 출력

    println(tree.foldMap({ a -> a * 2 }, SumMonoid()))      // "56" 출력
    println(tree.foldMap({ a -> a + 1 }, ProductMonoid()))  // "40320" 출력
}
```

foldLeft 함수는 tree에 있는 모든 노드값을 더한 결과 28과 곱한 결과 5040을 출력 했다. 그리고 첫 번째 foldMap 함수는 모든 노드에 2를 곱한 값들을 덧셈 연산으로 결합하였고, 두 번째는 모든 노드에 1을 더한 값들을 곱셈 연산으로 결합했다.

foldMap 함수에 SumMonoid, ProductMonoid 등 다양한 모노이드를 사용하면, 각 인 스턴스에 foldLeft 함수 하나를 추가함으로써 많은 폴드 동작을 공짜로 사용할 수 있다. 실제 Foldable 타입 클래스에는 훨씬 더 많은 함수가 있고, 그 많은 함수들은 모노이드와 foldMap 함수를 활용하여 작성되어 있다.

> **연습문제 9-10** 리스트 모노이드를 Foldable 타입 클래스의 인스턴스로 만들어서 foldLeft 함수를 작성하고, foldMap 함수를 테스트해 보자.

> **연습문제 9-11** 일반 트리를 Foldable 타입 클래스의 인스턴스로 만들고, foldLeft, foldMap 함수의 동작을 테스트해 보자. 이때 트리의 노드는 값 val value: A 와 하위 트리의 리스트인 val forest: FunList<Node<A>>를 프로퍼티로 가진다.
>
> **HINT** 후위 탐색(post-order)으로 트리를 순회한다.

9.5 실전 응용

지금까지 모노이드 타입 클래스를 만들고, 몇 가지 모노이드 인스턴스를 만들어 보면서 모노이드의 개념과 사용법에 대해서 알아보았다. 이번 절에서는 모노이드를 활용해서 복잡한 로직을 간단하게 처리할 수 있는 몇 가지 예를 살펴볼 것이다.

이진 트리 내에 특정 값이 존재하는지 확인하기

앞에서 작성한 BinaryTree에 특정 값이 존재하는지 여부를 확인하고자 contains 함수를 추가하려고 한다. 이 함수를 구현하는 방법은 매우 다양하다. 그중 쉽게 생각할 수 있는 방법은 이진 트리를 직접 순회하면서 값을 비교하는 것이다. 이진 트리를 순회하면서 입력받은 값과 일치하는 값이 하나라도 있으면 True를 반환하고, 하나도 없으면 False를 반환한다. 트리 내에 하나라도 있는지 확인하는 모노이드는 AnyMonoid이다. 따라서 contain 함수는 다음과 같이 작성한다.

코드 9-14 contains 함수

```
fun <A> BinaryTree<A>.contains(value: A) = foldMap({ it == value }, AnyMonoid())
```

foldMap 함수와 AnyMonoid를 활용해서 이진 트리를 순회하면서 입력받은 값과 일치하는 노드 값이 있는지 확인한다. AnyMonoid는 입력 조건 함수 { it == value }에 만족하는 노드가 하나라도 있다면 True를 반환하도록 한다. contains 함수가 잘 동작하는지 확인해 보자.

코드 9-15 contains 함수 사용 예

```
fun main(args: Array<String>) {
    val tree = Node("a",
```

```
        Node("b",
                Node("c"), Node("d")),
        Node("e",
                Node("f"), Node("g")))

    println(tree.contains("c"))   // "True" 출력
    println(tree.contains("z"))   // "False" 출력
}
```

c는 tree 안에 존재하므로 True를 반환하였고, z는 존재하지 않으므로 False를 반환했다.

> **연습문제 9-12** foldMap 함수를 사용하여 폴더블 리스트에 contains 함수를 구현해 보자.
>
> **연습문제 9-13** foldMap 함수를 사용하여 폴더블 트리에 contains 함수를 구현해 보자.

foldMap을 사용하여 이진 트리를 리스트로 바꾸기

이번에는 BinaryTree를 FunList로 변환하는 toFunList 함수를 작성해 보자. 이와 같이 값은 그대로 있고, 값을 가지고 있는 타입 클래스를 변경하는 함수를 일반적으로 승급 함수(lift function)라 한다. 이 함수는 구현하기가 까다롭다고 느낄 수 있다. 하지만 이번에도 연습문제 9-7에서 작성한 FunListMonoid를 떠올릴 수 있다면 문제가 쉽게 풀린다. BinaryTree의 모든 노드를 순회하면서 각 값을 리스트로 결합하면 된다.

코드 9-16 **toFunList 함수**

```
fun <A> BinaryTree<A>.toFunList(): FunList<A> = foldMap({ funListOf(it) },
    FunListMonoid())
```

foldMap 함수와 FunListMonoid를 사용해서 단 한 줄에 toFunList 함수를 작성했다. foldMap 함수는 BinaryTree를 순회한다. 그리고 각 노드의 값은 funListOf 함수를 사용해서 리스트로 변환하고, FunListMonoid의 함수로 결합하여 하나의 리스트를 완성한다. 이제 잘 동작하는지 확인해 보자.

코드 9-17 **toFunList 함수 사용 예**

```
fun main(args: Array<String>) {
    val tree = Node("a",
            Node("b",
                    Node("c"), Node("d")),
            Node("e",
                    Node("f"), Node("g")))

    printFunList(tree.toFunList())   // "[c, b, d, a, f, e, g]" 출력
}
```

BinaryTree가 FunList로 변경된 것을 확인할 수 있다. 여기서 foldMap 함수는 내부적으로 foldLeft를 사용하기 때문에 이진 트리의 왼쪽에서 오른쪽 방향으로 정렬된 것을 확인할 수 있다.

> 연습문제 9-14 foldMap 함수를 활용해서 Tree를 FunList를 변환하는 함수 toFunList를 작성해 보자.

9.6 마치며

모노이드는 가장 기본적인 형태의 대수적 타입이다. Foldable 타입 클래스의 예와 같이 모노이드 인스턴스를 사용하면, 어떤 모노이드 인스턴스에도 동작하는 일반화된 함수나 타입 클래스를 정의할 수 있다. 이렇게 하스켈을 비롯한 함수형 언어들의 많은 타입 클래스와 함수 들은 실제로 모노이드를 사용한다. 모노이드는 대수적 타입을 입력으로 받을 때 사용되는 가장 기본적이고 일반화된 타입이라는 점을 기억하고, 지금까지 작성한 코드에서 어떤 타입이 모노이드의 인스턴스가 될 수 있는지 고민해 보자. 그리고 한층 더 일반화된 타입은 어떻게 만들 수 있을지도 생각해 보자.

10장

모나드

이번 장에서는 flatMap을 가진 모나드 타입 클래스를 정의하고, 모나드의 기능들을 살펴본다. 그리고 모나드의 첫 번째 인스턴스로 메이비 모나드를 만들고 사용해 본다. 모나드의 법칙을 알아보고 작성한 Maybe 모나드가 법칙을 만족하는지 검증해 본다. IO 모나드와 필요성에 대해서 알아본 후, 코틀린에 어떻게 적용할 수 있는지 설명한다. 마지막으로 리스트 모나드를 만들면서 동작을 테스트하고 검증한다.

10.1 모나드 타입 클래스

7장의 펑터는 어떤 컨텍스트 내의 값을 변경할 때 사용되었다. Functor 타입 클래스를 사용해서 메이비, 리스트 등 다양한 타입에서 fmap 함수를 적용할 수 있다. 뿐만 아니라 (A) -> B와 (B) -> C 함수를 합성해서 (A) -> C 함수를 만든다. 하지만 펑터는 Just({ x -> x * 2 })와 Just(5) 같이 함수와 값이 컨텍스트 안에 있을 때는 사용할 수 없다. 이러한 한계를 해결하기 위한 게 8장에서 다룬 애플리케이티브 펑터다.

애플리케이티브 펑터는 apply 함수를 사용해서 이 문제를 해결한다. 또한 어떤 값을 컨텍스트 안에 넣는 pure 함수가 있다. 이 함수들을 사용하면 컨텍스트를 유지하면서 함수와 값들을 적용할 수 있다. Just({ x -> x * 2 })에 Just(5)를 적용해서 Just(10)을 얻을 수 있는 것이다. 그런데 Just(5)를 { x -> Just(x * 2) } 함수의 입력으로 넣으려면 어떻게 해야 할까? 즉, **어떤 값이 포함된 컨텍스트를 일반적인 값을 받아서 컨텍스트를 반환하는 함수의 입력으로 넣으려면 어떻게 해야 할까?**

모나드는 이 질문에 대한 답을 얻는 데서부터 시작된다.

모나드는 펑터이자 애플리케이티브 펑터다. 그런데 모나드는 flatMap이라는 함수가 추가로 제공된다. 따라서 모나드를 애플리케이티브 펑터의 확장으로 볼 수 있다.

모나드의 faltMap 함수에 대해서 살펴보기 전에, 모나드 타입 클래스를 정의하고 각 함수에 대해서 살펴보자.

코드 10-1 모나드 타입 클래스

```
interface Monad<out A> : Functor<A> {

    fun <V> pure(value: V): Monad<V>

    override fun <B> fmap(f: (A) -> B): Monad<B> = flatMap { a -> pure(f(a)) }

    infix fun <B> flatMap(f: (A) -> Monad<B>): Monad<B>

    infix fun <B> leadTo(m: Monad<B>): Monad<B> = flatMap { m }
}
```

flatMap 함수는 Monad<A>를 (A) -> Monad<B> 함수에 적용해서 Monad<B>를 반환한다. 내부적으로는 다음 그림과 같이 입력받은 Monad<A>에서 A를 꺼내서 (A) -> Monad<B> 함수의 입력값으로 넣어 적용한 결과 Monad<B>를 반환한다.

그림 10-1 flatMap 함수

이와 같은 flatMap 함수의 동작을 이용하면 모나드 컨텍스트에 있는 값을 일반값처럼 다룰 수 있다.

flatMap 함수의 또 다른 기능으로는 중첩된 컨텍스트를 하나의 컨텍스트로 펼쳐서 매핑하는 것이다. 예를 들어 Monad<Monad<A>>와 같이 모나드로 중첩된 값을 입력으로 받는다면 (Monad<A>) -> Monad<B> 타입의 매핑 함수를 사용해서 Monad<B>로 중첩을 벗겨낸 결괏값으로 매핑할 수 있다. 그러나 중첩을 펼치는 것은 flatMap

함수를 사용해서 할 수 있는 한 가지 기능일 뿐이다. 모나드를 좀 더 깊게 이해하고 폭넓게 활용하려면 flatMap 함수가 컨텍스트에 있는 값을 마치 일반 값처럼 다룰 수 있게 해 준다는 것을 기억하자.

 하스켈에서 flatMap 함수는 >>=라는 기호(symbol)로 표기되고 일반적으로 바인드(bind)라는 이름으로 불린다. 여기서는 대부분의 언어에서 가장 일반적으로 사용되는 이름인 flatMap을 사용했지만, 펼쳐서 매핑하는 기능이 모나드의 전부인 것으로 오해하지 않기를 바란다.

pure 함수는 애플리케이티브 펑터의 pure 함수와 기능이 동일하다. 입력받은 값을 모나드 컨텍스트에 그대로 넣어서 반환한다.

 하스켈의 Monad 타입 클래스는 pure 대신 return이라는 이름으로 선언되어 있다. 두 함수의 기능은 완전히 동일하다. 그러나 하스켈에서는 애플리케이티브 펑터가 나오기 이전에 모나드가 먼저 추가되었고, 그때는 모나드가 곧 애플리케이티브 펑터라는 것을 몰랐다고 한다. 그래서 하스켈의 모나드 역시 애플리케이티브 펑터를 상속하고 있지 않다(하스켈에서는 상속이라는 표현을 사용하지 않지만, 이해를 돕기 위해서 사용하였다). 코틀린에서는 return이라는 함수명을 사용할 수 없기 때문에 동일한 기능의 함수 이름인 pure를 사용하였다.

모나드에서 fmap 함수는 flatMap과 pure 함수를 활용해서 기본 구현체로 제공된다. 따라서 모나드 인스턴스에서 flatMap과 pure 함수만 구현해 주면 fmap 함수는 별도로 작성할 필요가 없다. 즉, 모나드이면 자동으로 펑터가 된다. 여기서 fmap 함수는 flatMap 함수의 동작을 이해한다면 쉽게 구현할 수 있을 것이다. fmap 함수의 입력 변환 함수 f에 Monad<A>가 가지고 있는 값 a를 넣어서 적용하고, 다시 pure 함수를 사용해서 컨텍스트 안에 넣어 주었다. 최종적으로 flatMap 함수는 함수가 적용된 결괏값을 Monad<B>로 컨텍스트에 넣어서 반환하므로 fmap 함수와 동일한 결과를 반환한다.

 앞서 모나드는 펑터고 또한 애플리케이티브 펑터라고 설명했다. 그러나 Monad 타입 클래스가 애플리케이티브를 상속하지는 않았다. 애플리케이티브를 상속하지 않은 이유는 8장에서 언급했다. Applicative 타입 클래스를 정의하지 않고, 확장 함수로 만들었기 때문이다. 따라서 모나드의 apply 함수도 각 인스턴스의 확장 함수로 만들어야 한다. 모나드가 애플리케이티브 펑터라는 점을 잊지 말자. 8장에서 언급한 것처럼 카인드(kind)를 만들어서 사용하면 코틀린에서도 Applicative 타입 클래스를 만들어서 사용할 수 있다.

leadTo 함수는 기존 컨텍스트 Monad<A>의 값 A를 무시하고, 입력받은 Monad<B>로 컨텍스트를 이어갈 때 사용한다. flatMap 함수를 활용한 기본 구현체로 제공되므로 인스턴스를 만들 때 신경 쓰지 않아도 된다. 이후에 어떻게 활용되는지 살펴볼 것이다.

 여기서 정의한 모나드 타입 클래스는 하스켈에서 가져왔다. 실제로 모나드 타입 클래스에 추가로 필요한 것은 flatMap 함수뿐이다. 각 언어의 모나드 구현체에서는 leadTo 함수와 같은 여러 가지 유용한 기본 구현체를 추가로 제공한다. 하스켈에서 leadTo 함수는 >>라는 기호(symbol)로 표기된다. 이 함수는 일반적으로 부르는 이름이 없어서 여기서는 "~로 이어진다"라는 의미의 leadTo로 이름 붙였다. leadTo가 일반적으로 사용되는 이름이 아니니 오해하지 않도록 하자. 하스켈의 모나드 타입 클래스에서 제공되는 fail 함수의 경우 이 책에서는 사용되지 않아 생략했다.

10.2 메이비 모나드

이전 절에서 가장 간단한 형태의 모나드 타입 클래스에 대해서 살펴보았다. 이번 절에서는 Monad 타입 클래스를 활용한 첫 번째 인스턴스인 메이비 모나드를 만들어 볼 것이다. 메이비 모나드는 언어에 따라서 옵셔널, 옵션 모나드라고 불리기도 한다.

Monad 타입 클래스의 인스턴스인 메이비 모나드를 구현하면 다음과 같다.

코드 10-2 메이비 모나드

```
sealed class Maybe<out A> : Monad<A> {

    companion object {
        fun <V> pure(value: V) : Maybe<V> = Just(0).pure(value)
    }

    override fun <V> pure(value: V): Maybe<V> = Just(value)

    override fun <B> fmap(f: (A) -> B): Maybe<B> = super.fmap(f) as Maybe<B>

    override infix fun <B> flatMap(f: (A) -> Monad<B>): Maybe<B> = when (this) {
        is Just -> try { f(value) as Maybe<B> } catch (e: ClassCastException) { Nothing }
        Nothing -> Nothing
    }
}

data class Just<out A>(val value: A) : Maybe<A>() {
```

```kotlin
    override fun toString(): String = "Just($value)"
}

object Nothing : Maybe<kotlin.Nothing>() {

    override fun toString(): String = "Nothing"
}

infix fun <A, B> Maybe<(A) -> B>.apply(f: Maybe<A>): Maybe<B> = when (this) {
    is Just -> f.fmap(value)
    Nothing -> Nothing
}
```

Monad 타입 클래스의 인스턴스를 만들면서 구현해야 할 것은 pure와 flatMap 함수다. fmap 함수는 Monad 타입 클래스의 기본 구현체로 제공된다. pure와 apply 함수는 메이비 애플리케이티브 펑터와 동일하다. 따라서 Maybe는 펑터이자 애플리케이티브 펑터다.

flatMap 함수는 Maybe가 Just일 때, 입력받은 함수 f에 값 value를 적용한 결과를 반환한다. Nothing일 때는 입력 함수에 관계없이 Nothing을 반환한다. 여기서 입력받은 함수의 반환 타입은 Monad<B>이므로 Maybe<B>로 캐스팅해야 하는데, Maybe가 아닌 모나드를 반환하는 함수가 입력될 경우를 대비해서 예외처리를 추가했다.

 예외처리 없이 flatMap을 구현하려면 Monad 타입 클래스를 상속하지 않고, Maybe 타입에 모든 함수를 직접 구현하거나 카인드를 적용한 모나드를 사용해야 한다.

이제 작성된 메이비 모나드가 잘 동작하는지 하나씩 확인해 보자. 먼저 다음과 같이 fmap 함수가 잘 동작하는지 확인해 보자.

코드 10-3 **fmap 함수 사용 예**

```kotlin
fun main(args: Array<String>) {
    println(Just(10).fmap { it + 10 })          // "Just(20)" 출력
    println(Nothing.fmap { x: Int -> x + 10 })  // "Nothing" 출력
}
```

Monad 타입 클래스의 기본 구현체로 제공된 fmap 함수가 잘 동작하는 것을 확인할 수 있다.

모나드를 만들어서 펑터의 기능을 구현할 수 있는 것이다. 다음으로 pure, apply 함수가 잘 동작하는지 테스트해 보자.

코드 10-4 **pure, apply 함수 사용 예**

```
fun main(args: Array<String>) {
    println(Maybe.pure(10))                         // "Just(10)" 출력
    println(Maybe.pure({ x: Int -> x * 2 }))  // "Just((kotlin.Int) -> kotlin.Int)" 출력

    println(Maybe.pure({ x: Int -> x * 2 }) apply Just(10))  // "Just(20)" 출력
    println(Maybe.pure({ x: Int -> x * 2 }) apply Nothing)    // "Nothing" 출력
    println(Maybe.pure({ x: Int, y: Int -> x * y }.curried())
            apply Just(10)
            apply Just(20)
    )   // "Just(200)" 출력

    println(Maybe.pure({ x: Int, y: Int, z: Int -> x * y + z }.curried())
            apply Just(10)
            apply Just(20)
            apply Just(30)
    )   // "Just(230)" 출력
}
```

메이비 모나드의 pure와 apply 함수, 그리고 apply 함수의 체인까지 잘 동작하는 것을 확인할 수 있다. 또한 curried 함수를 활용해서 입력 매개변수가 여러 개인 함수도 잘 동작한다.

이번에는 flatMap 함수를 사용해서 기본 구현체로 제공되는 leadTo 함수의 동작을 확인해 보자.

코드 10-5 **leadTo 함수 사용 예**

```
fun main(args: Array<String>) {
    println(Just(10).leadTo(Nothing))     // "Nothing" 출력
    println(Nothing.leadTo(Just(10)))     // "Nothing" 출력
    println(Just(10).leadTo(Just(20)))    // "Just(20)" 출력
}
```

leadTo 함수는 기존에 가지고 있던 값을 무시하고, 새로운 모나드로 컨텍스트를 이어갈 때 사용한다. 예를 들어 Just(10).leadTo(Nothing)에서는 10을 무시하고 입력받은 Nothing으로 컨텍스트가 이어지므로 결과는 Nothing이 된다. Nothing. leadTo(Just(10))에서 기존의 값을 무시하지만 컨텍스트까지 버리는 것은 아니기 때문에 결과가 Nothing이 된 것이다. 이와 같은 동작은 leadTo 함수의 구현 로직이 flatMap { m }인 것을 보면 쉽게 이해할 수 있다. 마지막으로 모나드의 핵심 함수인 flatMap의 동작을 테스트해 보자.

코드 10-6 **flatMap 함수 사용 예**

```
fun main(args: Array<String>) {
    println(Just(10).flatMap { x -> Maybe.pure(x * 2) })          // "Just(20)" 출력
    println(Nothing.flatMap { x: Int -> Maybe.pure(x * 2) })      // "Nothing" 출력
    println(Just(Just(10)).flatMap { m -> m.fmap { x -> x * 2 } }) // "Just(20)" 출력
}
```

첫 번째 라인에서 Just(10)의 10은 flatMap 함수에 의해 x -> Maybe.pure(x * 2) 함수의 입력이 된다. 그리고 함수의 적용 결괏값으로 모나드 Just(20)이 반환된다. 이와 같은 일련의 동작은 이번 장의 도입부에서 언급했던 질문 "어떤 값을 포함한 컨텍스트를 일반적인 값을 받아서 컨텍스트를 반환하는 함수의 입력으로 넣으려면 어떻게 해야 할까?"에 대한 답이 된다.

두 번째 라인에서는 flatMap 함수도 메이비 컨텍스트를 그대로 유지하면서 체이닝되기 때문에 그대로 Nothing을 반환했다.

세 번째 라인에서는 컨텍스트가 중첩되었을 때 안쪽의 컨텍스트를 꺼내서 중첩을 풀고(flatten), 체이닝을 이어갈 수 있다는 것을 보여 준다.

지금까지 모나드 타입 클래스를 살펴보고, 첫 번째 모나드의 인스턴스로 메이비 모나드를 만들었다. 모나드의 flatMap 함수를 사용하면 컨텍스트가 중첩되거나 변환 함수가 일반 값을 매개변수로 받는 경우에도 컨텍스트를 유지하면서 연산이 가능하다는 것을 알았다.

 애플리케이티브 펑터의 apply 함수는 단순히 컨텍스트가 가진 함수의 매개변수로 컨텍스트를 전달한다. 따라서 이전의 결괏값과 상호작용을 할 수 없다. 반면 모나드의 flatMap 함수는 기존 컨텍스트의 결괏값을 입력으로 받아서 동작을 구현할 수 있기 때문에, 모나드의 각 단계가 이전 단계의 결괏값을 이용할 수 있다.

연습문제 10-1 Monad 타입 클래스의 인스턴스인 FunList를 작성하여 리스트 모나드를 만들어 보자.

HINT mappend 함수를 만들어서 사용하자.

연습문제 10-2 연습문제 10-1에서 작성한 리스트 모나드의 fmap, pure, apply, leadTo, flatMap 함수가 잘 동작하는지 테스트해 보자.

메이비 모나드 활용

메이비 컨텍스트에서 flatMap 함수가 활용되는 예를 살펴보자. 다음은 복잡한 모델을 작성할 때 자주 만나게 되는 중첩된 클래스 구조다.

코드 10-7 중첩된 널이 될 수 있는 객체 내의 값 접근 예

```kotlin
class A1(val b: B1?)
class B1(val c: C1?)
class C1(val d: D1?)
class D1(val value: String?)

fun main(args: Array<String>) {
    val a = A1(B1(C1(D1("someValue"))))

    println(getValueOfD1(a))      // "someValue" 출력
}

fun getValueOfD1(a: A1): String {
    val b = a.b
    if (b != null) {
        val c = b.c
        if (c != null) {
            val d = c.d
            if (d != null) {
                if (d.value != null) {
                    return d.value
                } else {
                    return ""
                }
            }
        }
    }

    return ""
}
```

클래스 A1은 B1을 가질 수도 있고, 가지고 있지 않을 수도 있다. 예제에서는 가지고 있지 않은 경우 프로퍼티 b는 널이 된다. 마찬가지로 B1은 C1을, C1은 D1을, D1은 문자열을 중첩된 구조로 가지고 있고, 모두 널이 될 수 있는(nullable) 프로퍼티다. A1의 인스턴스 a를 가지고 있는데 얻고 싶은 값은 D1이 가진 문자열 value라면 a.b.c.d와 같은 방식으로 값을 가져올 수 있다. 이때 객체 a, b, c 중에서 널인 객체가 있다면 NullPointerException이 발행할 것이다. 예외가 발생하는 것을 방지하기 위해서는 getValueOfD1 함수의 구현 로직과 같은 중첩된 널 체크가 필요하다.

만약 어떤 객체가 널인 경우를 실패라고 본다면 메이비 컨텍스트의 사용을 고려할 수 있다. 따라서 getValueOfD1 함수는 메이비 모나드를 활용해서 다음과 같이 다시 작성할 수 있다.

코드 10-8 메이비를 사용한 값 접근 예

```kotlin
class A2(val b: Maybe<B2>)
class B2(val c: Maybe<C2>)
class C2(val d: Maybe<D2>)
class D2(val value: Maybe<String>)

fun main(args: Array<String>) {
    val a = A2(Just(B2(Just(C2(Just(D2(Just("someValue")))))))))
    val result = when (val maybe = getValueOfD2(a)) {
        is Just -> maybe.value
        Nothing -> ""
    }

    println(result)     // "someValue" 출력
}

fun getValueOfD2(a: A2): Maybe<String> =
    a.b.flatMap { it.c }
     .flatMap { it.d }
     .flatMap { it.value }  as Maybe<String>
```

코드 10-7에 있는 널이 될 수 있는 프로퍼티와 반환값을 모두 Maybe를 사용해서 변경했다. 이로써 중첩된 *if else*의 구조는 flatMap 함수로 모두 대체되었다. 만약 중간에 Nothing인 프로퍼티가 있다면 getValueOfD2 함수는 Nothing을 반환한다. flatMap 함수는 메이비 내의 값을 일반 값처럼 입력받아서 활용할 수 있기 때문에 여러 번 연결해서 호출하는데 문제가 없다. 또한 flatMap 함수는 이전의 컨텍스트에 담긴 값을 변환 함수에서 활용하기 때문에, 이전 컨텍스트의 결괏값에 의존된 결과를 반환할 수 있다.

 이 책의 예제에서는 메이비 모나드가 어떻게 활용될 수 있는지 설명하기 위해서 코틀린의 안전한 널 처리(null safety) 기능을 사용하지 않았다. 이 기능을 활용한다면 코드 10-8을 다음과 같이 다시 작성할 수 있다.

코드 10-9 코틀린 안전한 널 처리를 사용한 값 접근 예

```kotlin
class A3(val b: B3?)
class B3(val c: C3?)
```

```
class C3(val d: D3?)
class D3(val value: String?)

fun main(args: Array<String>) {
    val a = A3(B3(C3(D3("someValue"))))

    println(a.b?.c?.d?.value ?: "")      // "someValue" 출력
}
```

안전한 널 처리 기능을 지원하기 때문인지 코틀린에서는 메이비 모나드를 별도로 제공하지 않는다. 그러나 실패를 의미하는 값은 프로그래머가 정하기 나름이고, 널뿐만 아니라 거짓값 (false), 음수값, 빈 문자열 등도 사용될 수 있다. 코틀린의 안전한 널 처리 기능은 널에 대해서만 사용이 가능하기 때문에, 간단한 널 처리가 필요한 것이 아니라면 메이비 모나드를 직접 만들어서 사용하는 것이 좋다.

연습문제 10-3 다음과 같이 중첩된 클래스 중간에 널이 될 수 없는 프로퍼티 D4 가 있다고 가정해 보자. 이때 A4에서 D4의 값 value를 얻기 위한 함수 get ValueOfD4를 작성하고 테스트해 보자.

코드 10-10 getValueOfD4 함수 타입 선언

```
class A4(val b: Maybe<B4>)
class B4(val c: Maybe<C4>)
class C4(val d: D4)
class D4(val value: Maybe<String>)

fun getValueOfD4(a: A4): Maybe<String> = TODO()
```

HINT d에 접근할 때 fmap을 사용하고, 함수 체이닝을 이어 갈 수 있도록 get ValueOfD4_2 함수도 작성하자.

10.3 모나드 법칙

어떤 타입이 Monad 타입 클래스의 인스턴스로 만들어졌다고 해서 모나드가 완성되는 것은 아니다. 펑터나 애플리케이티브 펑터처럼, 작성된 타입이 모나드의 법칙을 만족해야 안전하게 동작한다. 이 법칙을 만족하면 타입과 타입이 가진 행위에 대한 합리적인 가정을 할 수 있다. 그 이유는 모나드 법칙이 카테고리 이론(category theory)을 기반으로 수학적으로 증명되어 있기 때문이다.

 모나드 법칙의 원리에 대해서 깊이있게 이해하기 위해서는 카테고리 이론을 알아야 한다. 그러나 카테고리 이론을 제대로 설명하려면 별도의 책 한 권 분량을 할애해야 한다. 필자들이 수학을 전공한 것이 아니기 때문에 깊이 있는 내용을 다룰 수도 없다. 만약 모나드의 원리를 깊게 이해하고 싶다면, 카테고리 이론에 대해서만 집중적으로 다룬 책을 참고하길 바란다. 함수형 프로그래밍을 고급 수준으로 사용하기 위해서 반드시 카테고리 이론을 공부할 필요는 없으므로 필요에 따라 학습하면 된다.

이번 절에서는 모나드의 법칙에 대해서 알아보고, 메이 모나드가 이 법칙에 부합하는지 확인해 본다. 지금부터 알아볼 모나드 법칙을 간결하게 표현하면 다음과 같다. 표현식에서 m은 모나드, f와 g는 일반값을 받아서 모나드를 반환하는 함수, x는 일반 값이다.

- 왼쪽 항등 법칙: pure(x) flatMap f = f(x)
- 오른쪽 항등 법칙: m flatMap pure = m
- 결합 법칙: (m flatMap f) flatMap g = m flatMap { x -> f(x) flatMap g }

왼쪽 항등(left identity) 법칙

코드 10-11 왼쪽 항등 법칙의 표현식

```
pure(x) flatMap f  = f(x)
```

좌변은 어떤 값 x를 pure 함수에 넣어서 모나드를 만들고, flatMap 함수에 일반값을 매개변수로 받는 함수 f를 넣어서 변환한 모나드를 반환한다. 우변은 함수 f에 x를 적용한 모나드를 반환한다. 왼쪽 항등 법칙이 만족하려면 좌변과 우변의 결과가 같아야 한다. 메이비 모나드가 왼쪽 항등 법칙을 만족하는지 확인해 보자.

코드 10-12 메이비 모나드 왼쪽 항등 법칙 검증

```
fun main(args: Array<String>) {
    val x = 10
    val f = { a: Int -> Just(a * 2) }
    val pure = { a: Int -> Just(a) }

    println(pure(x) flatMap f == f(x))  // "true" 출력
}
```

먼저 표현식에 대입하기 위해서 필요한 값 x와 함수 pure, f를 선언했다. 여기서 pure 함수는 Maybe에 구현된 pure 함수와 동일하다. 선언한 값들을 그대로 표현식에 대입하면 메이비 모나드가 왼쪽 항등 법칙을 만족한다는 것을 확인할 수 있다.

> **연습문제 10-4** 리스트 모나드가 왼쪽 항등 법칙을 만족하는지 확인해 보자.

오른쪽 항등(right identity) 법칙

코드 10-13 오른쪽 항등 법칙의 표현식

```
m flatMap pure = m
```

오른쪽 항등 법칙은 어떤 모나드 m의 flatMap 함수에 pure 함수를 넣은 결과가 모나드 m을 그대로 반환해야 한다는 것이다. 메이비 모나드가 오른쪽 항등 법칙을 만족하는지 확인해 보자.

코드 10-14 메이비 모나드 오른쪽 항등 법칙 검증

```
fun main(args: Array<String>) {
    val pure = { a: Int -> Just(a) }
    val m = Just(10)

    println(m flatMap pure == m)    // "true" 출력
}
```

표현식에 그대로 대입하기 위한 pure 함수와 모나드 m을 선언했다. 여기서 pure 함수는 Maybe에 구현된 pure 함수와 동일하다. 그대로 대입하면 메이비 모나드가 오른쪽 항등 법칙을 만족하는 것을 확인할 수 있다.

> **연습문제 10-5** 리스트 모나드가 오른쪽 항등 법칙을 만족하는지 확인해 보자.

결합(associativity) 법칙

코드 10-15 결합 법칙의 표현식

```
(m flatMap f) flatMap g = m flatMap { x -> f(x) flatMap g }
```

함수 f와 g는 일반값을 입력받아서 모나드를 반환한다. 표현식의 좌변은 m과 f를 flatMap 함수로 적용한 후 g를 적용한다. 우변은 m과 { x -> f(x) flatMap g }를 flatMap 함수로 적용한다. 여기서 x는 m이 가진 값이다. 결합 법칙이 만족하려면 좌변과 우변의 결과가 같아야 한다. 이제 메이비 모나드가 결합 법칙을 만족하는지 확인해 보자.

코드 10-16 메이비 모나드 결합 법칙 검증

```
fun main(args: Array<String>) {
    val f = { a: Int -> Just(a * 2) }
    val g = { a: Int -> Just(a + 1) }
    val m = Just(10)

    println((m flatMap f) flatMap g == m flatMap { a -> f(a) flatMap g } )
                                                            // "true" 출력
}
```

함수 f, g와 모나드 m을 선언하고, 표현식에 그대로 대입하면 메이비 모나드가 결합 법칙을 만족하는 것을 확인할 수 있다. 결과적으로 모나드는 flatMap이 어떤 순서로 중첩되어 호출되든 동일한 결과를 반환한다는 것을 알 수 있다.

> **연습문제 10-6** 리스트 모나드가 결합 법칙을 만족하는지 확인해 보자.

함수 합성 관점에서의 모나드 법칙

지금까지 다룬 모나드의 법칙은 표현식만 봤을 때는 그게 왜 항등 법칙과 결합 법칙인지 직관적으로 이해되지 않을 수 있다. 모나드의 법칙은 함수 합성의 성질을 이용해서 정리하면, 좀 더 직관적인 수식을 얻을 수 있다. 항등 법칙과 결합 법칙을 항등(identity) 함수와 일반 함수 f, g, h의 합성으로 재정립하면 다음과 같다.

- `identity compose f = f`

- f compose identity = f
- (f compose g) compose h = f compose (g compose h)

함수 f를 항등 함수 identity와 합성하면, 항상 f 함수와 같은 것으로 두 항등 법칙을 설명할 수 있다. 또한 함수 f, g, h는 합성 순서에 관계없이 동일하다는 것으로 결합 법칙이 설명된다. 이와 같이 합성에 의해서 성립된 두 가지 항등 법칙과 결합 법칙은 기초 수학에서 다루는 합성 함수의 법칙과 동일하다.

모나드 함수는 어떤 값 x를 받아서 모나드를 반환한다. 예를 들어 { x -> Just(10) }은 모나드 함수다. 그리고 동일한 관점에서 모나드의 항등 함수는 { x -> Just(x) }인 pure 함수다. 일반적인 함수의 compose 함수는 7장 펑터에서 다음과 같이 작성했다.

코드 10-17 compose 함수

```
infix fun <F, G, R> ((F) -> R).compose(g: (G) -> F): (G) -> R {
    return { gInput: G -> this(g(gInput)) }
}
```

여기서 사용된 일반 함수를 모나드 함수로 바꾸면, 모나드 함수의 compose 함수를 다음과 같이 작성할 수 있다.

코드 10-18 모나드 함수 합성을 위한 compose 함수

```
infix fun <F, G, R> ((F) -> Monad<R>).compose(g: (G) -> Monad<F>): (G) -> Monad<R> {
    return { gInput: G -> g(gInput) flatMap this }
}
```

모나드 합성 함수는 두 모나드 함수를 flatMap으로 합성하여 모나드 함수를 반환한다. 이렇게 작성된 모나드의 합성이 일반 함수 합성의 성질을 그대로 만족하는지 확인해 보자.

코드 10-19 메이비 모나드 함수 합성의 법칙 검증

```
fun main(args: Array<String>) {
    val f = { a: Int -> Just(a * 2) }
    val g = { a: Int -> Just(a + 1) }
    val h = { a: Int -> Just(a * 10) }
    val pure = { a: Int -> Just(a) }
```

```
    println((pure compose f)(10) == f(10))                    // "true" 출력
    println((f compose pure)(10) == f(10))                    // "true" 출력
    println(((f compose g) compose h)(10) == (f compose (g compose h))(10))
                                                              // "true" 출력
}
```

예제에서는 두 람다 함수가 같은 함수인지 비교할 방법이 없기때문에, 직접 값을 넣어서 결괏값을 비교했다. 여기서는 함수 실행 결과가 같을 때 두 함수가 같다고 가정했다. 일반 함수의 합성의 성질과 유사하게 모나드가 합성의 관점에서 항등 법칙과 결합 법칙을 만족한다는 것을 확인할 수 있다.

 두 함수가 완전히 같은 함수인지 확인하려면, 더 많은 입력값으로 테스트할 필요가 있다. 여기서는 지면 관계상 한 가지 값으로 테스트했다.

연습문제 10-7 함수 합성 관점에서 리스트 모나드가 모나드 법칙 세 가지를 만족하는지 확인하라.

10.4 IO 모나드

순수한 함수형 언어에서 입출력(Input/Output) 작업은 큰 골칫거리이다. 입출력 자체가 외부와의 연결이 불가피해서 상태를 변경해야 하고, 데이터의 순수성을 깨는 컨텍스트이기 때문이다. 이와 같은 이유로 코틀린이나 스칼라 같은 하이브리드 언어도 입출력 작업은 명령형 프로그래밍의 방식을 따른다.

그런데 하스켈의 경우 언어의 순수성을 지키기 위해서 내부적으로 아주 복잡한 방법으로 입출력을 구현했다. 입출력 역시 모나드로 작성하였고, 언어의 철학을 유지하면서 입출력 문제를 해결하였다. 그 방법이 상당히 흥미로워 여기서 가볍게 언급하고 지나가려 한다. 책의 범위상 코틀린으로 입출력을 직접 만드는 시도는 하지 않는다.

하스켈은 프로그램의 순수한 영역과, 상태를 변경해야 하는 순수하지 못한 영역(side effect가 존재하는 부분)을 완전히 분리하는 방법으로 입출력을 구현했다. 분리된 두 영역은 게으른 평가, 견고성, 모듈성과 같은 순수한 함수형 프로그래밍이 제공하는 장점을 그대로 유지하면서 외부 영역과 커뮤니케이션할 수 있다. 입출력

을 할 수 있는 컨텍스트를 IO 모나드로 분리해서 관리하고, 모나드 내부에서 일어
나는 작업은 외부에 영향을 줄 수 없다.

입출력 작업이 외부와 분리되지 않은 예

우선 IO 모나드를 이용하지 않고 작업하는 경우부터 살펴보자. 다음 코드는 입출
력 작업이 외부에 영향을 준다.

코드 10-20 getFirstLine 함수

```
fun getFirstLine(filePath: String): String = File(filePath).readLines().first()
```

입력받은 filePath에서 파일을 읽어서 첫 번째 라인을 반환한다. getFirstLine 함
수는 내부에서 파일 입출력 작업을 수행하기 때문에 순수한 함수가 아니다. 함수가
순수하지 않다는 것은 참조 투명하지 않다는 것이고, 이것은 동일한 입력에 항상
동일한 출력을 보장하는 함수가 아니라는 의미다. 이 함수는 출력을 예측할 수 없
을 뿐만 아니라 예외가 발생할 수도 있다. 그러나 문제는 여기서 끝나지 않는다. 순
수하지 않은 함수는 그것을 사용한 다른 함수를 오염(taint)시킨다. 다음 예를 살펴
보자.

코드 10-21 getFirstWord 함수

```
fun main(args: Array<String>) {
    println(getFirstWord("someArticle.txt"))
}

fun getFirstWord(filePath: String): String = getFirstLine(filePath).split("\\s").first()
```

getFirstWord 함수는 파일에서 첫 번째 단어를 반환하기 위해서 getFirstLine 함수
를 사용한다. 내부에서 순수하지 않은 함수를 사용했기 때문에 getFirstWord 함수
도 순수하지 않다.

입출력 작업이 외부와 분리된 예

하스켈에서는 함수 안에서 입출력 작업을 할 수 없다. 입출력 작업을 모나드 안에
서만 가능하게 하고, 입출력 작업의 결과물을 IO 모나드에서 꺼내올 수 있는 유일
한 통로를 제공한다. 그리고 유일한 통로를 통해서 순수하지 못한 영역에서 꺼내

온 데이터는 순수한 영역에서 사용할 수 있는 불변 데이터가 된다. 코드 10-21의 getFirstWord 함수와 동일한 기능을 다음과 같이 영역을 분리해서 작성해 보자.

코드 10-22 getLines, getFirstWord2 함수

```kotlin
fun main(args: Array<String>) {
    val lines = getLines(filePath)
    println(getFirstWord2(lines))
}

fun getFirstWord2(lines: List<String>): String = lines.first().split(" ").first()

fun getLines(filePath: String): List<String> = File(filePath).readLines()
```

예제에서는 입출력 작업과 순수한 영역을 두 함수로 분리했다. getLines 함수는 내부에서 파일에서 모든 라인을 가져오는 입출력 작업만 수행한다. main 함수에서는 getLines의 반환값을 lines에 할당하고, 변경이 불가능하도록 val로 선언한다. getFirstWord2 함수는 lines를 입력받아서 첫 번째 라인을 공백 기준으로 분리하고, 첫 번째 단어를 반환한다. getFirstWord2 함수는 입출력 작업을 하거나 입출력 작업을 하는 함수를 사용하지 않았으므로 순수한 함수다. 따라서 입력인 lines이 같다면 항상 동일한 결과를 반환할 것이다. 하지만 코틀린에서는 = 할당 연산자를 사용해서 두 작업을 분리하는 것을 강제하지 않는다. 또한 readLines()라는 입출력 함수는 IO 모나드에서 동작하지 않는다.

하스켈은 입출력 작업이 모나드 내에서만 가능하도록 강제하고, IO 모나드의 결괏값을 꺼내오는 바인딩 연산자(<-)를 제공한다. 그리고 IO 모나드에서 값을 꺼낼 때 반드시 <-를 사용하도록 강제함으로써 두 작업을 분리를 강제한다.

 getFirstLine 함수를 하스켈로 작성하면 다음과 같다.

코드 10-23 하스켈의 getFirstLine 함수

```haskell
getFirstLine :: String -> IO String
getFirstLine :: [] = return ()
getFirstLine :: x = do
    handle <- openFile x ReadMode
    content <- hGetContents handle
    let firstLine = head . lines $ content
    return firstLine
```

하스켈 코드를 이해할 필요는 없다. 여기서 중요한 것은 getFristLine 함수의 반환값이 IO

모나드(IO String)이고, <-를 사용해서만 값을 꺼낼 수 있다는 점이다. 이러한 컴파일러의 강제성은 자연스럽게 프로그래머가 순수한 영역과 순수하지 못한 영역을 분리해서 작성하게 한다.

지금까지 하스켈에서 입출력을 다루는 방법에 대해서 설명했다. 코틀린은 입출력과 비입출력 영역의 분리를 강제하지는 않는다. 그러나 함수형 프로그래밍을 할 때는 코드 10-22와 같이 항상 분리해서 작성하는 습관을 들이는 것이 좋다.

10.5 리스트 모나드

리스트 컬렉션이 제공하는 여러 가지 함수는 5장에서 학습했다. 그리고 펑터, 애플리케이티브 펑터, 모노이드를 다루었던 7, 8, 9장에서는 연습문제를 통해서 리스트를 경험할 수 있었다. 이번 절에서는 리스트 모나드의 특성과 활용에 대해서 다룬다. 리스트 모나드를 만들고 테스트하기 위해서 다른 장에서 직접 만들거나 다루었던 함수들이 자주 등장한다. 위치를 적어 두었으니 기억나지 않는 부분이 있다면 해당 내용을 다시 한번 살펴보기 바란다.

FunList 기본 골격 선언하기

리스트를 만들기 위한 기본 골격을 먼저 만들어 보자.

코드 10-24 FunList 타입 클래스

```
sealed class FunList<out T>
object Nil : FunList<kotlin.Nothing>()
data class Cons<out T>(val head: T, val tail: FunList<T>) : FunList<T>()
```

FunList는 빈 리스트인 Nil이거나, 한 개 이상의 값을 가진 리스트 Cons이다. Cons는 리스트의 첫 번째 값인 head와 첫 번째 값을 제외한 나머지 리스트 tail로 구성되어 있는 재귀적 자료구조다.

 이번 절에서 작성할 리스트 모나드는 타입 클래스를 사용하지 않는다. 지금까지 다루었던 모든 타입 클래스를 활용해서 리스트 모나드를 만들면 코드가 상당히 복잡해지기 때문이다. 따라서 여기서는 코틀린에서 제공하는 언어적 기능을 최대한 활용하여 이해하기 쉽고 간단한 리스트 모나드를 작성해 본다.

리스트 생성 함수 및 출력 함수 만들기

먼저 리스트를 간단한 문법으로 생성하기 위한 funListOf 함수와, 보기 쉽게 출력하기 위한 toString 함수를 구현해 보자. 두 함수는 앞으로 추가될 함수들을 쉽게 테스트하고 이해하기 위한 재료들이다. 5장에서 이미 다루었지만, 다시 한번 만들고 설명한다.

funListOf 함수는 1, 2, 3을 가진 리스트를 생성하는 방법으로 Cons(1, Cons(2, Con(3, Nil)))과 같이 생성자를 직접 호출하는 대신, funListOf(1, 2, 3)과 같이 간결한 생성 방법을 제공한다.

코드 10-25 funListOf 함수

```
fun <T> funListOf(vararg elements: T): FunList<T> = elements.toFunList()

private fun <T> Array<out T>.toFunList(): FunList<T> = when {
    this.isEmpty() -> Nil
    else -> Cons(this[0], this.copyOfRange(1, this.size).toFunList())
}
```

코틀린에서는 *vararg* 키워드를 사용하면 여러 개의 매개변수를 배열(Array)로 받을 수 있다. Array에 대한 확장 함수를 추가해서 입력받은 매개변수의 배열을 FunList로 변환하는 toFunList 함수를 작성했다. 매개변수 배열이 비어 있는 경우는 Nil을 반환하고, 비어 있지 않은 경우는 배열의 첫 번째 값을 head로 나머지를 tail로 만들어서 Cons를 반환한다. tail을 만들기 위해서는 매개변수 배열의 첫 번째 값을 제외한 나머지를 배열로 만들고 toFunList 함수를 재귀 호출했다.

toString의 경우 FunList가 빈 리스트일 때는 []를 1, 2, 3을 가진 리스트라면 [1, 2, 3]을 출력한다. 5장에서 작성한 것과 다르게 여기서는 FunList에서 오버라이드하여 리스트 출력 시 자동으로 포맷팅된 문자열을 출력하도록 하였다. Nil과 Cons에서 toString 함수는 다음과 같다.

코드 10-26 toString 함수

```
object Nil : FunList<kotlin.Nothing>() {
    override fun toString(): String = "[]"
}

data class Cons<out T>(val head: T, val tail: FunList<T>) : FunList<T>() {
    override fun toString(): String = "[${foldLeft("") { acc, x -> "$acc,
        $x" }.drop(2)}]"
}
```

Cons의 toString 함수가 기억나지 않는다면 5.8절 실전 응용 부분의 첫 번째 예제를 복습하자. toString 함수를 작성하기 위해서 필요한 foldLeft 함수는 다음과 같다.

코드 10-27 foldLeft 함수

```
tailrec fun <T, R> FunList<T>.foldLeft(acc: R, f: (R, T) -> R): R = when (this) {
    Nil -> acc
    is Cons -> tail.foldLeft(f(acc, head), f)
}
```

꼬리 재귀로 작성하기 위해서 acc를 만들고, head부터 차례대로 입력 함수 f에 재귀적으로 적용한다. 이러한 꼬리 재귀 패턴이 기억나지 않는다면, 3.4절 꼬리 재귀 최적화 부분을 복습하자.

> **연습문제 10-8** FunList와 동일하지만 게으른 평가를 하는 인터페이스의 Fun Stream을 만들어 보자.
>
> **HINT** 5.7절에서 작성한 FunStream을 참고하라.
>
> **연습문제 10-9** FunStream에 리스트 생성 함수 funStreamOf를 작성해 보자.
>
> **연습문제 10-10** FunStream에 출력 함수 printFunStream()를 작성해 보자.
>
> **HINT** [1, 2, 3 ..]의 형식으로 출력한다.

리스트 모노이드로 만들기

먼저 FunList를, 가장 기초적인 대수적 자료구조인 모노이드로 만들어 보자. 리스트는 모노이드가 되려면 mempty와 mappend 함수가 필요하다. 타입 클래스를 활용하지 않고, 코틀린의 확장 함수를 사용해서 두 함수를 작성하면 다음과 같다.

코드 10-28 mempty, mappend 함수

```
fun <T> FunList<T>.mempty() = Nil

infix fun <T> FunList<T>.mappend(other: FunList<T>): FunList<T> = when (this) {
    Nil -> other
```

```
    is Cons -> Cons(head, tail.mappend(other))
}
```

mempty 함수는 리스트의 항등원인 빈 리스트 Nil을 반환한다. mappend는 결합 함수 이므로 입력받은 두 리스트를 연결해 준다. 따라서 왼쪽 리스트가 Nil일 때는 오른 쪽 리스트를 그대로 반환한다. 왼쪽 리스트가 Cons일 때는 head 값을 그대로 사용 하고, tail에 mappend 함수를 재귀 호출하여 오른쪽 리스트를 붙인다. 따라서 왼쪽 리스트가 Nil이 되는 시점에 오른쪽 리스트를 반환하므로, 왼쪽 리스트와 오른쪽 리스트가 연결된다. 간단하게 테스트해 보면 다음과 같다.

코드 10-29 mempty, mappend 함수 사용 예

```
fun main(args: Array<String>) {
    val list1 = funListOf(1, 2, 3)
    val list2 = funListOf(5, 10, 15, 20)

    println(list1.mempty())        // "[]" 출력
    println(list1 mappend list2)   // "[1, 2, 3, 5, 10, 15, 20]" 출력
}
```

리스트를 모노이드로 만들었다. 리스트 모노이드는 리스트의 기본적인 기능인 리 스트 연결(concatenation) 기능을 제공한다. mappend 함수는 리스트의 다른 기능들 을 구현하기 위해서 꼭 필요한 함수다.

> **연습문제 10-11** FunStream을 모노이드로 작성해 보자.

fmap 함수 구현하기

리스트 모나드는 펑터다. 따라서 매핑할 수 있는 함수 fmap 함수를 제공해야 한다. FunList에 fmap 함수를 구현하면 다음과 같다.

코드 10-30 fmap 함수

```
infix fun <T, R> FunList<T>.fmap(f: (T) -> R): FunList<R> = when (this) {
    Nil -> Nil
    is Cons -> Cons(f(head), tail.fmap(f))
}
```

코틀린의 확장 함수를 사용했기 때문에 FunList의 기본 골격을 건드릴 필요는 없다. 매핑 함수 f에는 리스트가 가진 모든 값이 입력되어 있다. fmap 함수는 f에 적용된 결괏값의 리스트를 반환한다. 따라서 리스트가 빈 리스트일 때는 Nil을 반환하고, 값을 가지고 있을 때는 head 값부터 재귀적으로 함수 f에 적용한 리스트를 반환한다.

연습문제 10-12 FunStream에 fmap 함수를 구현해 보자.

pure와 apply 함수 구현하기

리스트 모나드는 리스트 애플리케이티브 펑터이기도 하다. 따라서 pure와 apply 함수가 제공되어야 한다. 먼저 pure 함수를 구현하면 다음과 같다.

코드 10-31 **pure 함수**

```
sealed class FunList<out T> {
    companion object
}

fun <T> FunList.Companion.pure(value: T): FunList<T> = Cons(value, Nil)
```

pure 함수를 FunList에서 바로 호출하기 위해서, FunList에 *companion object* 키워드를 추가해 주었다. pure 함수는 어떤 값을 입력받아서 최소한의 자료구조를 반환한다. 리스트에서 한 개의 값을 입력받아 생성되는 최소한의 자료구조는 한 개의 값을 가진 리스트다. 따라서 Cons(value, Nil)을 반환했다.

이제 apply 함수를 살펴보자.

코드 10-32 **apply 함수**

```
infix fun <T, R> FunList<(T) -> R>.apply(f: FunList<T>): FunList<R> = when (this) {
    Nil -> Nil
    is Cons -> f.fmap(head) mappend tail.apply(f)
}

infix fun <T, R> FunList<T>._apply(f: FunList<(T) -> R>): FunList<R> = when (this) {
    Nil -> Nil
    is Cons -> f.fmap { it(head) } mappend tail._apply(f)
}
```

여기서는 리스트 모나드의 apply 함수를 양방향으로 결합할 수 있도록 하기 위해서 _apply 함수도 작성했다. 즉, 함수를 가진 리스트에서는 apply 함수를 사용해서 호출을 이어갈 수 있고, 값을 가진 리스트에서는 _apply 함수를 사용해서 호출을 이어갈 수 있다.

apply 함수는 함수를 가진 리스트가 Nil이면 Nil을 반환한다. 리스트가 어떤 함수를 가지고 있는 경우, 첫 번째 함수부터 재귀적으로 값을 적용해서 mappend 함수로 결합한 리스트를 반환한다. 따라서 첫 번째 함수 head를 값을 가진 리스트의 매핑 함수의 입력으로 사용해서 f.fmap(head)와 같이 값을 적용한다. 그리고 나머지 함수 tail의 apply 함수를 재귀적으로 적용한 결과를 mappend로 결합해서 모든 조합의 함수와 값이 적용된 결과 FunList<R>를 반환한다.

_apply 함수는 apply 함수와 구현 원리가 동일하다. 다만 함수에 값을 적용할 때, 함수의 리스트의 매핑 함수 f에 값들을 적용하기 위해서 f.fmap { it(head) }와 같이 작성했다.

 함수의 매개변수에 무의미한 기본값을 할당하는 방식으로 apply 하나의 함수를 사용할 수도 있다. 그러나 이 경우는 infix를 사용할 수 없게 된다. 필자들은 간단하게 다른 이름의 함수 _apply를 만들어 양방향 결합을 지원하도록 하였다.

앞에서 만들었던 pure, apply, _apply 함수를 사용해서 동작을 확인해 보자.

코드 10-33 **pure, apply, _apply 함수 사용 예**

```
fun main(args: Array<String>) {
    val list1 = funListOf(1, 2, 3)
    val list2 = funListOf(5, 10, 15, 20)

    println(FunList.pure(10))      // "[10]" 출력

    val list3 = funListOf<(Int) -> Int>({ x -> x * 2 }, { x -> x + 1 },
        { x -> x - 10 })
    println(list3 apply list1)     // "[2, 4, 6, 2, 3, 4, -9, -8, -7]" 출력
    println(list3 apply list2)     // "[10, 20, 30, 40, 6, 11, 16, 21, -5, 0,
                                   //   5, 10]" 출력
    println(list1 _apply list3)    // "[2, 4, 6, 2, 3, 4, -9, -8, -7]" 출력
    println(list2 _apply list3)    // "[10, 20, 30, 40, 6, 11, 16, 21, -5, 0,
                                   //   5, 10]" 출력
}
```

두 리스트를 결합하여 왼쪽 리스트와 오른쪽 리스트의 모든 가능한 조합이 반환되었다. 리스트와 같은 비결정적(non-deterministic) 데이터는 많은 경우의 수를 만들수 있고, 따라서 모든 경우의 수를 시도한다. 이러한 특징으로 볼 때 리스트는 비결정적 컨텍스트로 볼 수 있다. 비결정적 컨텍스트를 이해하면 리스트 모나드를 해석하는 데 도움이 된다.

 숫자 5와 같이 정확하게 예측할 수 있는 하나의 값을 결정적인(deterministic) 값이라 한다. 반대로 여러 개의 값을 가진 리스트는 실제로 여러 개의 값이지만 동시에 리스트라는 하나의 값으로 볼 수 있는데, 이러한 값을 비결정적 값이라 한다.

연습문제 10-13 FunStream에 pure, apply 함수를 추가해 보자.

flatMap 함수 구현하기

리스트 모나드에 flatMap 함수는 다음과 같이 재귀로 작성할 수 있다.

코드 10-34 **flatMap 함수**

```
infix fun <T, R> FunList<T>.flatMap(f: (T) -> FunList<R>): FunList<R> = when (this) {
    Nil -> Nil
    is Cons -> f(head) mappend tail.flatMap(f)
}
```

리스트의 flatMap 함수는 리스트가 가진 모든 값을 입력된 매핑 함수에 적용한다. 그리고 변환된 결과 리스트를 mappend 함수로 연결한 결과를 반환한다. 따라서 리스트가 비어 있을 때는 Nil을 반환하고, 값을 가지고 있을 때는 head 값부터 재귀적으로 함수 f에 적용한다. 그리고 적용한 결과 리스트들을 mappend로 연결한다.

 flatMap 함수를 사용하면 모나드 타입 클래스에 기본적으로 구현된 방식을 이용해 fmap 함수를 다시 작성할 수 있다. 하지만 여기서는 타입 클래스를 사용하지 않았기 때문에, flatMap 함수만 작성하면 fmap 함수는 추가 작성하지 않아도 된다는 장점이 사라진다.

코드 10-35 **flatMap으로 작성된 fmap 함수**

```
infix fun <T, R> FunList<T>.fmap(f: (T) -> R): FunList<R> =
    flatMap { x -> Cons(f(x), Nil) }
```

작성된 flatMap 함수의 동작을 확인해 보면 다음과 같다.

코드 10-36 flatMap 함수 사용 예

```
fun main(args: Array<String>) {
    val list1 = funListOf(1, 2, 3)

    println(Nil flatMap { x -> funListOf(x) })          // "[]" 출력
    println(list1 flatMap { x -> funListOf(x, -x) })    // "[1, -1, 2, -2, 3, -3]" 출력
}
```

메이비 모나드와 유사하게 리스트 모나드도 입력 리스트가 비어 있으면, flatMap 함수의 입력 함수에 아무것도 전달되지 않기 때문에 빈 리스트가 반환된다.

리스트가 비어 있지 않으면, flatMap 함수는 list1의 모든 값을 양수와 음수의 리스트로 만드는 함수에 적용한 결과들을 펼쳐서 반환한다. 먼저 funListOf(1, 2, 3)과 funListOf(x, -x)라는 두 리스트의 모든 경우의 수를 적용하면 [[1, -1], [2, -2], [3, -3]]과 같은 중첩 리스트가 반환될 것이다. 그리고 나서 최종적으로 중첩 리스트를 펼친(flatten) 결과 리스트를 반환한다.

여기서 flatMap 함수의 두 가지 동작은 각각 별도의 함수로 쪼갤 수 있다. 첫 번째 동작은 단순히 변환 함수를 적용하는 fmap 함수이고, 두 번째 동작은 중첩 리스트를 펼치는 flatten 함수다. 따라서 flatten 함수는 다음과 같이 별도로 작성해서 다시 활용할 수 있다(foldRight 함수는 5.4절에서 작성하였다).

코드 10-37 foldRight, flatten 함수

```
fun <T, R> FunList<T>.foldRight(acc: R, f: (T, R) -> R): R = when (this) {
    Nil -> acc
    is Cons -> f(head, tail.foldRight(acc, f))
}

fun <T> FunList<FunList<T>>.flatten(): FunList<T> = foldRight(mempty())
    { t, r: FunList<T> -> t mappend r }
```

flatten 함수 자체는 재귀를 사용해서 작성할 수 있으나, 여기서는 foldRight 함수를 만들어서 다시 활용했다. flatten 함수는 중첩 리스트 FunList<FunList<T>>를 받아서 FunList<T>로 펼친 결과를 반환한다. 따라서 빈 리스트(mempty)에서 시작해서 안쪽 리스트들을 mappend 함수로 연결한 결과를 반환했다. 작성된 flatten 함수를 테스트해 보면 다음과 같이 동작한다.

코드 10-38 **flatten 함수 사용 예**

```
fun main(args: Array<String>) {
    val list1 = funListOf(1, 2, 3)
    val list2 = funListOf(5, 10, 15, 20)

    println(funListOf(list1, list2).flatten())  // "[1, 2, 3, 5, 10, 15, 20]" 출력
}
```

list1과 list2를 가진 중첩 리스트에 flatten 함수를 적용하면 중첩 리스트의 안쪽 리스트들이 연결된 리스트가 반환되는 것을 확인할 수 있다. 이렇게 작성된 flatten 함수와 fmap 함수를 사용해서 flatMap 함수를 다시 작성하고 테스트하면 다음과 같다.

코드 10-39 **flatMap 함수와 사용 예**

```
fun main(args: Array<String>) {
    val list1 = funListOf(1, 2, 3)

    println(Nil flatMap { x -> funListOf(x) })           // "[]" 출력
    println(list1 flatMap { x -> funListOf(x, -x) })     // "[1, -1, 2, -2, 3, -3]" 출력
}

infix fun <T, R> FunList<T>.flatMap(f: (T) -> FunList<R>): FunList<R> =
    fmap(f).flatten()
```

fmap, flatten 함수를 호출해서 작성한 flatMap 함수가 코드 10-34에서 작성된 flatMap 함수와 동일하게 동작하는 것을 확인할 수 있다.

> 연습문제 10-14 FunStream에 flodRight, flatten,flatMap 함수를 추가해 보자. 게으른 평가로 동작해야 한다.

10.6 실전 응용

지금까지 모나드 타입 클래스와 모나드 법칙을 배우고, 메이비 모나드, IO 모나드, 리스트 모나드에 대해서 살펴보았다. 여기서는 앞에서 작성한 리스트 모나드의 함수들을 연결해서, 값이 없거나 하나 이상인 리스트 컨텍스트 내에서 데이터를 변경하는 과정을 살펴볼 것이다.

리스트 생성하기

먼저 funListOf 함수를 사용해서 리스트 모나드를 생성한다.

코드 10-40 FunList 생성

```
funListOf(1, 2)    // "[1, 2]" 출력
```

funListOf 함수를 사용해서 숫자 1과 2를 가진 간단한 리스트 모나드를 만들었다.

두 리스트의 모든 조합의 튜플 리스트 만들기

다음으로 생성된 리스트 [1, 2]와 문자 a, b의 모든 조합을 튜플로 결합한 리스트를 생성해 보자. 다음과 같이 작성하면 된다.

코드 10-41 flatMap 함수 연결 예

```
funListOf(1, 2)
    .flatMap { x -> funListOf(x to 'a', x to 'c') }  // [(1, a), (1, c),
                                                      //  (2, a), (2, c)]
```

두 리스트를 결합해서 만들 수 있는 모든 조합의 리스트가 필요하다면 flatMap 함수를 사용한다. flatMap 함수에 입력된 변환 함수 내에서 funListOf 함수를 사용해서 튜플의 리스트를 생성했다. 여기서 x가 1일 때 x to 'a'는 튜플 (1, a)를 생성한다. 따라서 값 1, 2에 대해서 모든 변환 작업을 진행하고 나면 [[(1, a), (1, c)], [(2, a), (2, c)]] 상태가 될 것이다. 그러나 flatMap 함수는 중첩된 리스트를 펼쳐서 반환하기 때문에 [(1, a), (1, c), (2, a), (2, c)]가 된다.

리스트의 문자를 대문자로 변환하기

이번에는 생성된 튜플의 리스트에서 튜플의 두 번째 요소인 영문자를 모두 대문자로 변환하려고 한다. 다음과 같이 작성하면 된다.

코드 10-42 fmap 함수 연결 예

```
funListOf(1, 2)
    .flatMap { x -> funListOf(x to 'a', x to 'c') }   // [(1, a), (1, c),
                                                       //  (2, a), (2, c)]
    .fmap { x -> x.first to x.second.toUpperCase() }   // [(1, A), (1, C),
                                                       //  (2, A), (2, C)]
```

리스트의 모든 값에 어떤 함수를 적용할 때는 fmap을 사용한다. 튜플 내의 문자만

대문자로 변경된 튜플을 만들기 위해서, 숫자는 그대로 넣고 문자는 toUpperCase 함수를 사용해서 대문자로 변경했다.

 코틀린에서 first 함수와 second 함수는 각각 튜플의 첫 번째 값과 두 번째 값을 꺼내오는 함수다.

리스트의 값에 함수 적용하기

이번에는 리스트 내의 모든 튜플에 숫자를 버리는 함수 { x -> x.second }와 각 문자에 숫자를 더해서 새로운 문자를 만드는 함수 { x -> x.second + x.first }를 적용한 리스트를 만들려고 한다. 다음과 같이 구현할 수 있다.

코드 10-43 apply 함수 연결 예

```
funListOf(1, 2)
    .flatMap { x -> funListOf(x to 'a', x to 'c') }    // [(1, a), (1, c),
                                                        //  (2, a), (2, c)]
    .fmap { x -> x.first to x.second.toUpperCase() }    // [(1, A), (1, C),
                                                        //  (2, A), (2, C)]
    ._apply(funListOf<(Pair<Int, Char>) -> Char>({ x -> x.second },
        { x -> x.second + x.first }))                   // [A, B, C, D, A, C, C, E]
```

리스트의 모든 구성요소에 어떤 일반값을 받아서 처리하는 함수들을 적용할 때는 apply를 사용한다. 이때도 리스트의 구성요소와 함수를 가진 리스트의 모든 조합으로 리스트가 생성된다. 먼저 리스트의 첫 번째 튜플을 첫 번째 함수 x -> x.second에 적용한다. 이때는 튜플의 숫자만 제거되므로 A가 된다. 다음으로 첫 번째 튜플이 두 번째 함수 x -> x.second + x.first에 적용되면, 문자에 숫자가 아스키값으로 더해지므로 B가 된다. 두 결괏값은 funListOf에 의해서 [A, B]가 된다. 동일한 과정으로 모든 튜플이 진행되면 [A, B, C, D, A, C, C, E]가 될 것이다.

 코틀린에서 튜플 (first, second)는 Pair 객체다.

중복 문자 제거하기

이번에는 생성된 리스트 내의 중복 문자를 제거해 보자. 중복 문자인지 여부를 확인하려면, 리스트에 어떤 값이 포함되어 있는지 확인할 수 있는 함수가 필요하다. 지금까지 작성한 리스트 모나드에는 이러한 기능을 하는 함수가 없으므로 먼저

contains 함수를 추가하자. contains 함수는 다음과 같이 확장 함수로 추가할 수 있다.

코드 10-44 contains 함수

```
tailrec fun <T> FunList<T>.contains(element: T): Boolean = when (this) {
    Nil -> false
    is Cons -> if (element == head) true else tail.contains(element)
}
```

재귀를 순차적으로 돌면서 head 값이 입력 element와 동일한지 비교한다. 만약 하나라도 일치하는 값이 있다면 true를 반환하고 종료한다. 끝까지 일치하는 값이 없다면 마지막에 Nil을 만나 false를 반환한다.

중복 문자가 있는지 알아보기 위해서는 리스트의 값을 하나씩 꺼내서, 이미 존재하는 문자인지 확인해야 한다. 이 작업은 재귀로 직접 구현하는 방법이나 재귀를 일반화한 foldRight나 foldLeft 함수로 구현하는 방법을 쓸 수도 있다. 재귀로 직접 구현할 경우 지금까지의 결과 리스트를 먼저 이름에 할당하고 별도의 함수를 만들어서 호출해야 하므로 체이닝을 유지하기 위해서 foldRight가 foldLeft 함수를 이용하는 게 낫다.

그렇다면 foldRight와 foldLeft 중에서는 어떤 함수를 쓰는 게 나을까? 주어진 함수의 비용에 따라서 foldRight가 성능에 유리할 수도 있지만, 스택에 안전하지 않다. foldLeft 함수는 스택에 안전하지만, 성능에서 손해를 볼 수 있다. 둘 다 장단이 있기 때문에 상황에 맞게 정해야 한다(자세한 내용은 5.4절을 참고하기 바란다). 여기서는 foldLeft를 사용해서 구현해 보자.

코드 10-45 foldLeft 함수 연결 예

```
funListOf(1, 2)
    .flatMap { x -> funListOf(x to 'a', x to 'c') }     // [(1, a), (1, c),
                                                        //  (2, a), (2, c)]
    .fmap { x -> x.first to x.second.toUpperCase() }    // [(1, A), (1, C),
                                                        //  (2, A), (2, C)]
    ._apply(funListOf<(Pair<Int, Char>) -> Char>({ x -> x.second },
        { x -> x.second + x.first }))                   // [A, B, C, D, A, C, C, E]
    .foldLeft(Nil as FunList<Char>) { acc, x -> if (acc.contains(x))
        acc else Cons(x, acc) }                         // [E, D, C, B, A]
```

foldLeft 함수의 초깃값을 Nil로 하고, 리스트의 왼쪽부터 순차적으로 중복 여부를 확인한다. 만약 중복이 있는 경우(acc.contains(x))는 acc를 그대로 반환하고, 중복

이 없는 경우는 acc에 x 값이 추가된 리스트를 반환한다. 최종적으로 리스트의 중복 문자가 제거된 [E, D, C, B, A]가 된다. 리스트에서 중복값을 제거하는 작업은 자료를 처리할 때 자주 사용되는 동작이라서 코드 재사용 가능성이 높다. 따라서 중복 제거를 위한 함수 distinct를 리스트 모나드에 추가해 보자.

코드 10-46 distinct 함수

```
fun <T> FunList<T>.distinct(): FunList<T> =
        foldLeft(Nil as FunList<T>) { acc, x -> if (acc.contains(x)) acc else
                                    Cons(x, acc) }
```

foldLeft를 사용해서 작성한 코드 10-45에서 타입만 T로 일반화한 확장 함수 distinct를 추가했다. 이제 리스트의 중복값을 제거할 때마다 새롭게 구현할 필요가 없어졌다. 코드 10-45를 distinct 함수를 사용해서 다시 작성하면 다음과 같다.

코드 10-47 distinct 함수를 사용해서 연결한 예

```
funListOf(1, 2)
    .flatMap { x -> funListOf(x to 'a', x to 'c') }    // [(1, a), (1, c),
                                                       //  (2, a), (2, c)]
    .fmap { x -> x.first to x.second.toUpperCase() }    // [(1, A), (1, C),
                                                       //  (2, A), (2, C)]
    ._apply(funListOf<(Pair<Int, Char>) -> Char>({ x -> x.second },
        { x -> x.second + x.first }))    // [A, B, C, D, A, C, C, E]
    .distinct()                          // [E, D, C, B, A]
```

코드 10-45와 동일한 상태가 되는 것을 확인할 수 있다.

리스트 구성요소 뒤집기

마지막으로 리스트의 구성요소를 뒤집기 위한 reverse 함수를 확장 함수로 추가하고, 결과를 확인해 보자.

코드 10-48 reverse 함수

```
tailrec fun <T> FunList<T>.reverse(acc: FunList<T> = Nil): FunList<T> = when
(this) {
    Nil -> acc
    is Cons -> tail.reverse(Cons(head, acc))
}
```

재귀를 수행하면서 head 값을 tail의 맨 뒤에 붙여서 최종적으로 뒤집어진 리스트를 반환한다. 이제 reverse 함수를 코드 10-47에 연결하면 다음과 같다.

코드 10-49 **reverse 함수 연결 예**

```
funListOf(1, 2)
    .flatMap { x -> funListOf(x to 'a', x to 'c') }      // [(1, a), (1, c),
                                                         //  (2, a), (2, c)]
    .fmap { x -> x.first to x.second.toUpperCase() }     // [(1, A), (1, C),
                                                         //  (2, A), (2, C)]
    ._apply(funListOf<(Pair<Int, Char>) -> Char>({ x -> x.second },
        { x -> x.second + x.first }))                    // [A, B, C, D, A, C, C, E]
    .distinct()                                          // [E, D, C, B, A]
    .reverse()                                           // [A, B, C, D, E]
```

리스트 내의 모든 값이 뒤집힌 [A, B, C, D, E]가 된 것을 확인할 수 있다.

지금까지 리스트 모나드를 사용해서 데이터를 다양한 방식으로 변경해 보았다. 이 과정에서 구현한 고차 함수를 사용하기도 했고, 활용성이 높은 작업을 리스트 모나드에 확장 함수로 추가하기도 했다. 그러면서 재귀나 펑터, 애플리케이티브 펑터, 모나드 등 1장부터 배우고 익혀온 개념들을 모두 활용했다. 이와 같이 함수들을 체이닝하면서 다양한 프로그래밍 문제들을 해결해 가는 과정이 함수형 프로그래밍이다. 그리고 그 과정은 생각보다 쉽고 재미있다는 것을 느낄 수 있었을 것이다.

> **연습문제 10-15** 이진 트리 모나드 FunTree를 만들어 보자.

10.7 마치며

이번 장에서는 모나드 타입 클래스와 모나드 법칙에 대해서 설명했다. 그리고 모나드 인스턴스인 메이비, 리스트, IO 모나드에 대해서 살펴보았다. 모나드는 펑터이나 애플리케이티브 펑터다. 필요한 컨텍스트에 따라서 다양한 모나드가 존재한다. 이 책에서 모나드를 전부 다룬 것도 아니고, 카테고리 이론이라는 수학을 다룬 것도 아니다. 하지만 새로운 컨텍스트를 정의하고, 모나드에 필요한 몇 가지 함수를 컨텍스트에 맞게 구현하며, 모나드 법칙을 사용해 이를 검증해 보는 절차를 거쳤기 때문에 앞으로 새로운 모나드를 만나더라도 쉽게 이해하고 사용할 수 있을 것이다.

11장

로깅, 예외처리, 테스팅, 디버깅

로깅, 예외처리, 테스팅, 디버깅은 프로그램을 만들 때 요구되는 기본적인 스킬이다. 언어에서 각 기능을 자체적으로 제공하기도 하고, 다양한 라이브러리를 통해 제공하기도 한다. 이번 장에서는 함수형 프로그래밍에서 이와 같은 실용적인 주제들이 어떻게 적용되는지 살펴본다.

11.1 함수형 프로그래밍에서 로깅하기

리스트 컬렉션을 다루다 보면 코드가 길고 복잡하게 연결되는 경우가 많다. 10.5절에서 다룬 아래 예제에서는 다음과 같이 체이닝 과정에서 값이 어떻게 변하는지 주석으로 표시했었다.

코드 11-1 FunList 체이닝 예

```
funListOf(1, 2)
    .flatMap { x -> funListOf(x to 'a', x to 'c') }      // [(1, a), (1, c),
                                                         //  (2, a), (2, c)]
    .fmap { x -> x.first to x.second.toUpperCase() }     // [(1, A), (1, C),
                                                         //  (2, A), (2, C)]
    ._apply(funListOf<(Pair<Int, Char>) -> Char>({ x -> x.second },
        { x -> x.second + x.first }))   // [A, B, C, D, A, C, C, E]
    .distinct()                         // [E, D, C, B, A]
    .reverse()                          // [A, B, C, D, E]
```

이런 복잡한 데이터 변환 과정을 로그로 남기고 싶다면 어떻게 해야 할까? 이번 절에서는 간단한 예제를 사용해서 함수형 프로그래밍에서 로그를 어떻게 다루는지 살펴본다.

명령형 프로그래밍에서의 로깅

함수형 프로그래밍에서의 로깅을 알아보기 전에 먼저 명령형 프로그래밍에서는 어떻게 로깅을 했는지 살펴보자. 다음 imperativeFunction 함수는 어떤 숫자의 리스트를 받아서 5를 더하고, 제곱을 한 후에 그 값이 50보다 큰지 여부를 Boolean의 리스트에 기록해 반환한다.

코드 11-2 imperativeFunction 함수

```
fun imperativeFunction(list: List<Int>): MutableList<Boolean> {
    val newList = mutableListOf<Boolean>()

    for (value: Int in list) {
        val addFive = value + 5
        println("$value + 5")

        val square = addFive * addFive
        println("$addFive * $addFive")

        val isGreaterThan50 = square > 50
        println("$square > 50")

        newList.add(isGreaterThan50)
    }

    return newList
}
```

명령형 프로그래밍 방식으로 로그를 출력하기 위해 원하는 위치에 출력문을 넣었다. 이 프로그램을 실행하면 다음과 같은 로그가 출력될 것이다.

코드 11-3 imperativeFunction 함수 로그 출력

```
1 + 5
6 * 6
36 > 50
2 + 5
7 * 7
49 > 50
3 + 5
8 * 8
64 > 50
```

함수형 프로그래밍에서의 로깅

코드 11-3에서 로그를 제거하고 FunStream을 사용해서 다시 작성해 보자.

코드 11-4 **functionalFunction 함수**

```
fun functionalFunction(list: FunStream<Int>) = list
        .fmap { it + 5 }
        .fmap { it * it }
        .fmap { it > 50 }
```

functionalFunction 함수는 imperativeFunction 함수와 동일하게 동작한다. 다만, 로그 출력을 제외했고, 게으른 평가가 수행된다는 점이 다르다. 만약 여기서 각 단계별로 값이 변환되는 과정을 출력하고 싶다면 어떻게 하는 것이 좋을까? 가장 간단하게는 함수 안에 직접 로깅하는 방법이 있다.

코드 11-5 **functionalSolution1 함수**

```
fun functionalSolution1(list: FunStream<Int>) = list
        .fmap {
            println("$it + 5")
            it + 5
        }
        .fmap {
            println("$it * $it")
            it * it
        }
        .fmap {
            println("$it > 50")
            it > 50
        }
```

각 단계별 고차 함수 내에서 로깅하였다. 그런데 이 방법은 각 고차 함수 내에서 입출력 작업에 println 함수를 사용한다. 따라서 functionalSolution1 함수는 참조 투명성을 보장하지 않고, 부수효과가 존재한다. 또한 하나의 함수는 가급적 하나의 일만 하도록 작성하는 것이 좋은데, 이것 또한 지켜지지 않았다.

 FunList는 게으른 평가(lazy evaluation)를 수행하는 컬렉션이 아니다. 따라서 FunStream이 아니라 FunList를 사용해서 출력하면, 다음과 같은 순서로 출력된다.

코드 11-6 **functionalSolution1 함수 로그 출력**

```
1 + 5
2 + 5
3 + 5
6 * 6
7 * 7
8 * 8
```

```
36 > 50
49 > 50
64 > 50
```

fmap 함수의 나열 순서대로 출력되었다. 따라서 FunList는 게으른 평가를 하지 않았고, 최적화되지 않았다는 것을 알 수 있다. 관련 내용은 5.7절에서 다루었으니 참고하기 바란다.

확장 함수를 사용해서 개선하기

코드를 개선하기 위해서 비즈니스 로직은 순수한 함수로 각각 분리하고, 로그 출력은 확장 함수를 사용해서 좀 더 일관성 있게 해 보자.

코드 11-7 functionalSolution2 함수

```kotlin
fun functionalSolution2(list: FunStream<Int>) = list
        .fmap { addFive(it) withLog "$it + 5" }
        .fmap { square(it) withLog "$it * $it" }
        .fmap { isGreaterThan50(it) withLog "$it > 50" }

fun addFive(it: Int) = it + 5

fun square(it: Int) = it * it

fun isGreaterThan50(it: Int) = it > 50

infix fun <T> T.withLog(log: String): T {
    println(log)
    return this
}
```

각 비즈니스 로직이 순수한 함수로 분리되고, 일관성 있는 로깅을 통해서 가독성도 개선됐다. 프로그램이 동작하는 데는 문제가 없으나, functionalSolution2 함수 내부에서 일어나는 입출력 작업은 여전히 참조 투명성을 보장하지 않는다. 10.4절의 코드 10-21에서처럼 순수하지 않은 함수가 그것을 사용한 다른 함수를 오염시킨 전형적인 예다.

그렇다면 입출력 작업을 순수한 영역과 완전히 분리하려면 어떻게 해야 할까? 이에 대한 답은 바로 게으른 평가다. 로그는 어떤 컨텍스트 내부에 쌓아두고, 입출력 작업을 최대한 미루어 수행하는 것이다. 이와 같은 컨텍스트로 라이터(Writer) 모나드가 있다.

라이터 모나드 만들기

라이터 모나드는 함수의 연결 중에도 안전하고 효과적으로 로그를 남기기 위해서 사용된다. 라이터 모나드를 사용하면 필요한 로그들을 하나의 로그로 결합하면서 연산을 수행하고, 필요한 시점에 결합된 로그를 출력할 수 있다. 로깅을 위한 컨텍스트를 일반화해서 모나드 타입 클래스를 선언하기 전에 튜플(Pair)을 사용해서 로그를 쌓는 함수를 먼저 만들어 보자.

코드 11-8 Pair의 applyLog 함수

```
fun <T, R> Pair<T, String>.applyLog(f: (T) -> Pair<R, String>): Pair<R, String> {
    val applied = f(this.first)
    return Pair(applied.first, this.second + applied.second)
}
```

Pair<T, String>은 어떤 값과 로그를 가진 튜플이다. applyLog 함수는 f: (T) -> Pair<R, String>을 받아서 튜플의 첫 번째 값을 적용(f(this.first))하고, 이미 가지고 있는 로그 this.second와 새로운 로그 applied.second를 붙여서 Pair<R, String>을 반환한다. 따라서 새로운 연산을 수행할 때마다 새로운 로그를 쌓을 수 있다. 여기서 로그를 문자열로만 쌓으면 로그 자체에 대한 활용성이 떨어지므로, FunStream<String>으로 바꾸어 보자.

코드 11-9 FunStream의 applyLog 함수

```
fun <T, R> Pair<T, FunStream<String>>.applyLog(f: (T) -> Pair<R,
FunStream<String>>): Pair<R, FunStream<String>> {
    val applied = f(this.first)
    return Pair(applied.first, this.second mappend applied.second)
}
```

로그를 FunStream에 담았기 때문에 mappend 함수를 사용해서 결합했다. 이제 코드 11-7의 functionalSolution2 함수를 applyLog를 사용해서 다시 작성해 보자.

코드 11-10 functionalSolution3 함수와 사용 예

```
fun main(args: Array<String>) {
    val result = functionalSolution3(funStreamOf(1, 2, 3))
    printFunStream(result.fmap { it.first })        // "[false, false, true]" 출력
    printFunStream(result.flatMap { it.second })    // "[1 + 5, 6 * 6, 36 > 50, 2 + 5,
                                                    //   7 * 7, 49 > 50, 3 + 5, 8 * 8,
                                                    //   64 > 50]" 출력
}
```

```
fun functionalSolution3(list: FunStream<Int>) = list
        .fmap { Pair(addFive(it), funStreamOf("$it + 5")) }
        .fmap { it.applyLog { x -> Pair(square(x), funStreamOf("$x * $x")) } }
        .fmap { it.applyLog { x -> Pair(isGreaterThan50(x), funStreamOf("$x > 50")) } }
```

result에는 functionalSolution3 함수의 수행 결과와 로그가 분리되어 저장된다. 그리고 functionalSolution3 함수 내에서는 중간 작업에서 로그를 출력하지 않고, FunStream에 보관만 해 둔다. applyLog 함수는 어떤 값 x를 받아서 튜플 Pair<T, FunStream<String>>을 반환하는 함수를 입력받는다. 그리고 여기서 x는 원본 튜플의 첫 번째 값이 된다. 따라서 예제에서 첫 번째 applyLog 함수의 x는 addFive(it)의 결괏값이고, 두 번째 applyLog 함수의 x는 square(x)의 결괏값이다. 이와 같이 실질적인 연산이 수행되는 동안에 튜플의 두 번째 값에는 수행 작업 내용에 대한 로그를 쌓아서 전달한다.

결과적으로 applyLog 함수는 값을 함수에 적용하면서도 로그를 FunStream에 보관하는 기능을 한다. 그리고 applyLog의 수행 동작과 입출력 타입을 살펴보면 flatMap의 기능과 같다는 것을 알 수 있다. 이제 applyLog 함수를 일반화해서 라이터 모나드를 만들어 보자.

코드 11-11 WriterMonad

```
data class WriterMonad<out T>(val value: T, val logs: FunStream<String>) : Monad<T> {

    override fun <V> pure(value: V): WriterMonad<V> = WriterMonad(value, logs.mempty())

    override fun <R> flatMap(f: (T) -> Monad<R>): WriterMonad<R> {
        val applied = f(this.value) as WriterMonad<R>
        return WriterMonad(applied.value, this.logs mappend applied.logs)
    }
}
```

WriterMonad는 Pair<T, FunStream<String>>과 동일한 컨텍스트를 모나드로 일반화한 것이다. 기본적으로 어떤 값과 로그의 리스트를 가지고 있고, Monad를 상속함으로써 펑터, 애플리케이티브 펑터, 모나드로서의 기능을 할 수 있게 되었다. flatMap 함수는 앞에서 언급한 것과 같이 applyLog 함수와 동일하게 구현되었다. WriterMonad의 컨텍스트 내에서 flatMap, fmap은 다음과 같은 용도로 사용될 것이다.

- flatMap은 값도 수정하고 로그를 추가한다.
- fmap은 값만 수정하고 로그는 유지한다.

> ✅ 여기서 연습문제를 통해서 작성된 FunStream은 모노이드지만, Monoid를 상속해서 작성하지
> 않았다. 만약 Monoid를 상속해서 만들었다면, 로그의 타입을 모노이드로 한번 더 일반화할 수
> 도 있다.

이제 모든 타입에 대해서 WriterMonad를 좀 더 간결하게 생성할 수 있는 확장 함수
withLog를 만들고, 테스트해 보자.

코드 11-12 **WriterMonad 사용 예**

```
fun main(args: Array<String>) {
    val result = functionalSolution4(funStreamOf(1, 2, 3))

    printFunStream(result.fmap { it.value })     // "[false, false, true]" 출력
    printFunStream(result.flatMap { it.logs })   // "[1 + 5, 6 * 6, 36 > 50, 2 + 5,
                                                 //    7 * 7, 49 > 50, 3 + 5, 8 * 8,
                                                 //    64 > 50]" 출력
}

fun functionalSolution4(list: FunStream<Int>) = list
        .fmap { addFive(it) withLog "$it + 5" }
        .fmap { it.flatMap { x -> square(x) withLog "$x * $x" } }
        .fmap { it.flatMap { x -> isGreaterThan50(x) withLog "$x > 50" } }

infix fun <T> T.withLog(log: String): WriterMonad<T> =
        WriterMonad(this, funStreamOf(log))
```

> 연습문제 11-1 WriterMonad가 모나드의 법칙을 만족하는지 확인해 보자.
>
> 연습문제 11-2 최대공약수를 구하는 유클리드 알고리즘(Euclidean algorithm)
> 의 동작 로그를 살펴볼 수 있는 함수 gcd를, WriterMonad를 사용해서 만들어
> 보자.
>
> HINT gcd(60, 48)을 호출했을 때 다음과 같이 출력되어야 한다.
>
> [60 mod 48 = 12, 48 mod 12 = 0, Finished with 12]

11.2 함수형 프로그래밍에서 예외처리하기

명령형 프로그래밍에서는 프로그램에 예외가 발생하면, 발생한 위치에서 예외를 던지거나 실패를 의미하는 값을 반환한다. 그런데 게으르게 평가되는 함수형 프로그래밍에서는 예외처리를 어디에서 해야 할까? 예를 들어 예외가 발생할 가능성이 있는 람다 함수가 모나드의 함수 체인 중간에 입력되면 예외처리를 어떻게 하는 것이 좋을까?

명령형 프로그래밍에 익숙한 프로그래머들은 기본적으로 게으르게 평가되고 컨텍스트를 유지하면서 함수를 연결해야 하는 함수형 프로그래밍에서 예외처리를 적절하게 하기 어렵다고 느낄 것이다. 이번 절에서는 명령형 프로그래밍의 예를 살펴보면서 함수형 프로그래밍에서 예외처리 방법을 살펴보자.

널값이나 -1을 사용한 예외처리

명령형 프로그래밍에서는 보통 함수의 실패를 -1 또는 널(null)로 표현한다. 하지만 -1과 널값은 실패를 의미하는 것으로 합의해서 사용하는 것뿐이지, 의미상으로 명확한 것은 아니다. 어떤 경우에는 -1이나 널값이 정상적인 값을 의미해야 할 수도 있다.

코드 11-13 음수를 사용한 예외처리 예

```kotlin
fun main(args: Array<String>) {
    println(divideTenBy(0))      // "-1" 출력
    println(subtractTenBy(10))   // "0" 출력
}

fun divideTenBy(value: Int) = try {
    10 / value
} catch (e: Exception) {
    -1
}

fun subtractTenBy(value: Int) = 10 - value
```

divideTenBy 함수에서는 예외가 발생했을 때 -1를 반환하고, 호출자는 이를 실패로 간주할 수도 있다. 하지만 subtractTenBy 함수에서는 -1이 실패를 의미하지 않는다. 여기서 -1은 정상적인 값이 될 수도 있고, 실패한 값이 될 수도 있다. 또한 널값을 반환하는 것이 실패를 의미할 수도 있지만, 단순히 '결과없음'을 의미할 수도 있다.

이와 같이 값을 중의적으로 사용하면 프로그래머가 실수할 가능성이 높고 가독성을 해친다. divideTenBy 함수와 divSubTenBy 함수를 사용해서 만든 divSubTenBy 함수의 예를 보자.

코드 11-14 **divSubTenBy 함수와 사용 예**

```kotlin
fun main(args: Array<String>) {
    val result = divSubTenBy(5)
    if (result == -1) {
        println("divSubTenBy(5) error")
    } else {
        println("divSubTenBy(5) returns $result")
    }   // "divSubTenBy(5) returns 8" 출력

    val result2 = divSubTenBy(0)
    if (result2 == -1) {
        println("divSubTenBy(0) error")
    } else {
        println("divSubTenBy(0) returns $result2")
    }   // "divSubTenBy(0) error" 출력
}

fun divSubTenBy(value: Int): Int {
    val divByTen = divideTenBy(value)

    if (divByTen == -1) {
        return -1                    // -1은 실패를 의미
    }

    return subtractTenBy(divByTen)  // -1은 정상적인 결과를 의미
}
```

예제 프로그램에는 치명적인 버그가 있다. divSubTenBy 함수에서 -1은 적절한 반환 값을 의미하지만, 0을 입력으로 넣었을 때의 -1 값은 실패로 처리되어야 한다. 생각보다 이와 같은 실수는 발생하기 쉽고, 문제가 드러났을 때 버그를 찾기도 어렵다. 매번 함수의 결괏값에 대한 예외처리를 정확하게 해 주어야 하기 때문에 프로그램은 길어지고 가독성은 떨어진다.

메이비 모나드를 사용한 예외처리

메이비는 실패할 가능성을 포함하는 컨텍스트다. 따라서 앞에서의 문제점들은 메이비를 사용해서 해결할 수 있다.

코드 11-15 메이비를 사용한 예외처리 예

```
fun divideTenBy(value: Int): Maybe<Int> = try {
    Just(10 / value)
} catch (e: Exception) {
    Nothing
}

fun subtractTenBy(value: Int) = 10 - value

fun divSubTenBy(value: Int) = divideTenBy(value).fmap { subtractTenBy(it) }
```

divideTenBy 함수가 반환한 값의 타입을 Maybe로 변경한다. 그리고 예외가 발생하면 실패를 의미하는 Nothing을 반환하고, 성공하면 결괏값을 Just에 담아서 반환한다. subtractTenBy 함수는 실패할 가능성이 없는 함수(부수효과가 없는 함수)이기 때문에 수정하지 않았다.

이제 divSubTenBy 함수는 divideTenBy가 반환한 값인 메이비 컨텍스트 내에서 예외를 처리할 수 있다. 따라서 10 / value가 성공하면 fmap을 수행하고 subtractTenBy(it) 함수의 적용 결과를 Just에 담아서 반환한다. 실패하면 fmap을 수행하지 않고, Nothing을 반환한다. 다시 작성된 divSubTenBy는 다음과 같이 사용할 수 있다.

코드 11-16 divideTenBy 함수 사용 예

```
fun main(args: Array<String>) {
    when(val result = divSubTenBy(5)) {
        Nothing -> println("divSubTenBy(5) error")
        is Just -> println("divSubTenBy(5) returns ${result.value}")
    }   // "divSubTenBy(5) returns 8" 출력

    when(val result = divSubTenBy(0)) {
        Nothing -> println("divSubTenBy(0) error")
        is Just -> println("divSubTenBy(0) returns ${result.value}")
    }   // "divSubTenBy(0) error" 출력
}
```

divSubTenBy 함수의 수행 결과를 패턴 매칭한 후 Nothing, Just에 대한 결과를 각각 화면에 출력했다.

Nothing은 항상 실패를 의미하기 때문에 명확한 예외처리가 가능하다. 그리고 예외처리를 위해서 메이비 컨텍스트의 흐름을 끊지 않고, fmap, flatMap 등을 사용할 수 있다. 결과적으로 코드가 간결해지고 프로그래머가 실수할 가능성이 줄어든다.

이더 모나드를 사용한 예외처리

메이비를 사용하여 예외처리를 하면 실패 여부를 정확하게 반환할 수 있다. 그러나 호출자가 실패의 원인까지는 파악할 수 없다. 따라서 실패 여부뿐만 아니라 실패에 대한 부가 정보를 포함할 수 있는 컨텍스트를 사용해야 한다. 이런 의미의 컨텍스트가 이더다.

이더 모나드는 한번도 다루지 않았으므로 8장의 코드 8-27에서 작성한 이더 애플리케이티브 펑터를 이더 모나드로 업그레이드해 보자.

코드 11-17 이더 모나드

```
sealed class Either<out L, out R> : Monad<R> {

    companion object {
        fun <V> pure(value: V) = Right(0).pure(value)
    }

    override fun <V> pure(value: V): Either<L, V> = Right(value)

    override fun <R2> fmap(f: (R) -> R2): Either<L, R2> = when (this) {
        is Left -> Left(value)
        is Right -> Right(f(value))
    }

    override fun <B> flatMap(f: (R) -> Monad<B>): Monad<B> = when (this) {
        is Left -> Left(value)
        is Right -> f(value)
    }
}

data class Left<out L>(val value: L) : Either<L, kotlin.Nothing>() {
    override fun toString(): String = "Left($value)"
}

data class Right<out R>(val value: R) : Either<kotlin.Nothing, R>() {
    override fun toString(): String = "Right($value)"
}

infix fun <L, A, B> Either<L, (A) -> B>.apply(f: Either<L, A>): Either<L, B> =
        when (this) {
    is Left -> Left(value)
    is Right -> f.fmap(value)
}
```

Monad를 상속해서 pure, fmap, flatMap 함수를 구현했다. 또한 8장과 동일한 apply

확장 함수도 추가해서 이더 모나드를 만들었다.

flatMap 함수는 실패하면 Left에 실패한 이유를 담은 값을 넣어서 반환하고, 성공하면 함수 f에 적용한 결과를 반환했다.

> ✅ 앞에서 작성한 이더 모나드의 flatMap 함수는 반환 타입이 Monad다. 따라서 Monad 타입 클래스에 정의되어 있지 않은 함수를 Either 타입에 추가한다면, 타입 캐스팅 없이는 체이닝할 수 없는 문제가 생긴다. flatMap 함수가 Either 타입을 반환하도록 10장에서 작성한 메이비 모나드와 동일한 처리 방법을 생각할 수도 있다. 그러나 Either에서는 try catch에 의한 예외 처리에 문제가 있다. 다음 예제를 보자.
>
> 코드 11-18 flatMap 함수
>
> ```
> override fun <R2> flatMap(f: (R) -> Monad<R2>): Either<L, R2> =
>         when (this) {
>     is Left -> Left(value)
>     is Right -> try {
>         f(value) as Right<R2>
>     } catch (e: TypeCastException) {
>         Left(e.message) as Left<L>
>     }
> }
> ```
>
> 위와 같은 TypeCastException에 대한 예외처리를 생각할 수도 있을 것이다. 하지만 Right에 매칭되었을 때는 Left가 가진 값의 타입 L을 알 수 없다. 결과적으로 Left(e.message) as Left<L>의 캐스팅에서 또다시 TypeCastException이 발생할 수 있는 가능성이 생긴다. 이번 예제에서는 이더 모나드에 추가되는 함수가 없기 때문에 flatMap 함수가 Monad<B>를 반환하도록 작성하였다. 문제를 정확하게 해결하기 위해서는 Monad를 상속하지 않고 모든 함수를 직접 작성하거나, 카인드(kind)를 지원하는 모나드 타입 클래스를 정의해야 한다.

이제 이더 모나드를 사용해서 호출자가 실패의 이유를 알 수 있도록 수정해 보자.

코드 11-19 이더 모나드를 사용한 예외처리 예

```
fun divideTenBy(value: Int): Either<String, Int> = try {
    Right(10 / value)
} catch (e: ArithmeticException) {
    Left("divide by zero exception")
}

fun subtractTenBy(value: Int) = 10 - value

fun divSubTenBy(value: Int) = divideTenBy(value).fmap { subtractTenBy(it) }
```

divideTenBy 함수가 Either<String, Int> 타입을 반환하도록 수정했다. 연산에 성공하면 결괏값이 Right에 담겨 반환된다. 연산에 실패하면 Left를 반환하는데, 여기에는 연산에 실패한 이유가 문자열로 담겨 있다. divSubTenBy 함수는 수정되지 않았지만, 내부적으로 이더 모나드의 fmap 함수를 사용해서 체이닝하였다. Left가 반환된 경우는 fmap을 수행하지 않고, Left를 그대로 반환할 것이다. 수정된 divideTenBy 함수를 사용한 호출자 코드는 다음과 같다.

코드 11-20 divideTenBy 함수 사용 예

```
fun main(args: Array<String>) {
    when(val result = divSubTenBy(5)) {
        is Left -> println("divSubTenBy(5) error by ${result.value}")
        is Right -> println("divSubTenBy(5) returns ${result.value}")
    }   // "divSubTenBy(5) returns 8" 출력

    when(val result = divSubTenBy(0)) {
        is Left -> println("divSubTenBy(0) error by ${result.value}")
        is Right -> println("divSubTenBy(0) returns ${result.value}")
    }   // "divSubTenBy(0) error by divide by zero exception" 출력
}
```

result를 패턴 매칭하여 Left와 Right인 경우를 각각 처리를 해 준 것은 코드 11-16 메이비의 처리 방식과 유사하다. 하지만 실패한 경우 Left에 매칭되고, result.value 값에는 실패한 이유인 "divide by zero exception" 오류 메시지가 담겨 있다는 점에서 메이비와 다르다.

트라이 모나드를 사용한 예외처리

이더 모나드를 사용한 예제에서 divideTenBy 함수는 *try catch* 문으로 예외를 받고 Left에 직접 메시지를 넣어서 반환했다. 트라이 모나드는 예외 자체를 컨텍스트에 담아서, 별도의 예외처리 없이 체이닝을 가능하게 한다. 트라이 모나드는 다음과 같이 작성할 수 있다.

 하스켈, 스칼라 같은 함수형 언어에서는 실패에 대한 표시로 예외 자체를 담는 새로운 컨텍스트를 제공한다. 하스켈은 이더에 Error(deprecated), Except와 같은 새로운 타입으로 실패를 표시한다. 스칼라는 실패를 나타내는 타입으로 자바의 Throwable을 사용하는 트라이 모나드를 제공한다. 코틀린도 JVM 기반의 언어이기 때문에 여기서는 트라이라는 이름으로 모나드를 정의했다.

코드 11-21 **트라이 모나드**

```kotlin
sealed class Try<out R> : Monad<R> {

    companion object {
        fun <V> pure(value: V) = Success(0).pure(value)
    }

    override fun <B> fmap(f: (R) -> B): Try<B> = super.fmap(f) as Try<B>

    override fun <V> pure(value: V): Try<V> = Success(value)

    override fun <R2> flatMap(f: (R) -> Monad<R2>): Try<R2> = when (this) {
        is Failure -> Failure(e)
        is Success -> try { f(value) as Try<R2> } catch (e: Throwable) { Failure(e) }
    }
}

data class Failure(val e: Throwable) : Try<kotlin.Nothing>() {
    override fun toString(): String = "Failure(${e.message})"
}

data class Success<out R>(val value: R) : Try<R>() {
    override fun toString(): String = "Success($value)"
}

infix fun <T, R> Try<(T) -> R>.apply(f: Try<T>): Try<R> = when (this) {
    is Failure -> Failure(e)
    is Success -> f.fmap(value)
}
```

트라이 모나드는 이더 모나드와 유사하지만, 실패를 의미하는 Failure가 항상 Throwable 타입을 가진다. flatMap의 입력 함수 f에서 예외가 발생하면, 내부적으로 예외를 catch하고 Failure에 담아서 반환한다. 따라서 트라이 컨텍스트 내에서 수행되는 비즈니스 로직은 호출자에서 별도의 예외처리를 하지 않아도 된다. divideTenBy 함수를 트라이 모나드를 사용해서 다시 작성하면 다음과 같다.

코드 11-22 **divideTenBy 함수**

```kotlin
fun divideTenBy(value: Int): Try<Int> = Try.pure(10).fmap { it / value }

fun subtractTenBy(value: Int) = 10 / value

fun divSubTenBy(value: Int) = divideTenBy(value).fmap { subtractTenBy(it) }
```

divideTenBy 함수가 트라이 모나드를 반환하도록 수정했다. 트라이 컨텍스트 내에서 나눗셈 연산이 수행되도록 하기 위해서 먼저 pure 함수를 사용해서 10을 컨텍스트 안에 넣고, fmap으로 it / value 연산을 수행했다. 여기서 예외가 발생하면 트라이 모나드는 내부적으로 예외를 catch하고 Failure에 담아서 반환한다. 의도한 대로 동작하는지 확인해 보자.

코드 11-23 divideTenBy 함수 사용 예

```
fun main(args: Array<String>) {
    when(val result = divSubTenBy(5)) {
        is Failure -> println("divSubTenBy(5) error by ${result.e}")
        is Success -> println("divSubTenBy(5) returns ${result.value}")
    }   // "divSubTenBy(5) returns 5" 출력

    when(val result = divSubTenBy(0)) {
        is Failure -> println("divSubTenBy(0) error by ${result.e}")
        is Success -> println("divSubTenBy(0) returns ${result.value}")
    }   // "divSubTenBy(0) error by java.lang.ArithmeticException: / by zero" 출력
}
```

예외가 발생한 divSubTenBy(0)에서 java.lang.ArithmeticException: / by zero 예외를 출력한 것을 확인할 수 있다.

트라이 모나드를 사용하면 내부적으로 어떤 예외가 발생해도 컨텍스트를 벗어나지 않고 모든 연산을 수행할 수 있다. 이와 같이 함수형 프로그래밍에서는 메이비, 이더, 트라이 모나드 등을 활용하여 예외 상황에서도 흐름이 끊기지 않고 일관성 있는 프로그램을 만들 수 있다. 일반적으로 모나드에는 toMaybe, toEither 등이 상호 변환 함수를 제공한다. 그리고 Nothing, Left, Failure와 같이 실패를 의미하는 상태인 경우에는 기본값(default value)을 반환하는 getOrElse 함수 등의 유용한 유틸리티들을 제공한다.

> **연습문제 11-3** Try를 Maybe로 변환해 주는 확장 함수 toMaybe를 만들어 보자.
>
> **HINT** Try가 Success일 경우에는 Just를, Failure인 경우에는 Nothing으로 변환한다.
>
> **연습문제 11-4** Try를 Either로 변환해 주는 확장 함수 toEither를 만들어 보자.

> **HINT** Try가 Success일 경우에는 Right를, Failure인 경우에는 Left를 변환한다.
>
> **연습문제 11-5** Try가 Success일 경우에는 value를 반환하고, Failure인 경우에는 지정한 기본값을 반환하는 확장 함수 getOrElse(default)를 만들어 보자.

11.3 함수형 프로그래밍에서 테스팅하기

함수형 프로그래밍을 하면 일반적으로 명령형 프로그래밍보다 테스트하기 좋은 코드가 만들어진다. 그러나 테스트하기 쉬운 코드를 만든다고 해서 테스트의 중요성이 줄어드는 것은 아니다. 이번 절에서는 함수형 프로그래밍으로 테스트하기 쉬운 코드를 만들고 테스트하는 방법을 배운다. 그리고 함수적으로 만들었음에도 테스트하기 어려운 코드는 어떻게 테스트하는지 살펴본다.

테스트하기 좋은 코드 만들기

함수형 프로그래밍의 기본적인 특징들을 준수해서 작성했다면, 이미 여러분의 프로그램은 보다 더 안전하고 테스트하기 쉽게 만들어져 있을 것이다. 그렇다면 함수형 프로그래밍을 이용하여 테스트하기 좋은 프로그램을 만드는 방법을 알아보고, 그 특징을 만족하게 코드를 작성해 보자.

첫 번째, **불변 객체를 사용하라**. 순수한 함수형 언어에서 한번 생성된 객체는 변경할 수 없다. 따라서 객체가 함수나 또 다른 객체, 혹은 스레드를 돌아다닐 때에도 변경되지 않는다. 따라서 불변 객체를 사용한 함수는 예측 가능하다.

코드 11-24 **변경 가능한 객체를 사용한 checkName 함수**

```
data class ImmutablePerson(val name: String, val age: Int)

fun checkName(person: ImmutablePerson, validName: String): Boolean {
    return person.name == validName
}

fun main(args: Array<String>) {
    val immutablePerson = ImmutablePerson("Tom", 5)
    require(checkName(immutablePerson, "Tom"))
    require(!checkName(immutablePerson, "John"))
}
```

예제에서 checkName 함수는 ImmutablePerson 객체의 name과 validName이 같은 값인지 비교해서 반환한다. 여기서 person은 한번 생성되면 변경이 불가능하기 때문에, 동일한 person 객체와 validName에 대해서는 항상 동일한 결과를 반환한다는 것을 확신할 수 있다. 따라서 main 함수의 코드만으로 충분한 테스트가 된다. 그렇다면 변경 가능한 객체를 사용한다면 어떨까?

코드 11-25 변경 가능한 객체를 사용한 checkName 함수

```kotlin
data class MutablePerson(var name: String, var age: Int)

fun checkName(person: MutablePerson, validName: String): Boolean {
    return person.name == validName
}

fun rename(person: MutablePerson, name: String) {
    person.name = name
}
```

checkName 함수는 코드 11-24의 main 함수에서 작성한 테스트를 통과하더라도 실제 프로그램에서 문제를 일으키지 않는다는 보장은 할 수 없다. rename과 같은 함수가 name을 언제 어디서 변경할지 모르기 때문이다. 따라서 테스트를 통해서 프로그램의 안전한 동작을 보장하려면 checkName과 rename 함수를 모두 사용하는 비즈니스 로직에 대한 테스트가 필요하다.

예제에서 불변 객체를 사용함으로 인해서 checkName 함수의 순수성(참조 투명성)이 깨지는 것을 확인할 수 있다. 결국 불변 객체를 사용하면 안 되는 이유는 순수하지 못한 함수를 만들어 내기 때문으로 볼 수 있다.

두 번째, **동일한 입력에 동일한 출력을 보장하는 순수한 함수를 만들라**. 불변 객체의 사용은 순수한 함수를 만들기 위한 필수 조건이다. 하지만 불변 객체만을 사용하는 함수도 내부적으로 파일/네트워크 입출력 등을 사용한다면 부수효과가 발생할 수 있다. 다음 예제를 보자.

코드 11-26 부수효과가 발생한 checkName 함수

```kotlin
data class Person(val id: Int, val name: String, val age: Int)

fun checkName(person: Person, db: Database): Boolean {
    return person.name == db.getPerson(person.id)?.name
}
```

db.getPerson()이 실제로 외부의 데이터베이스에 접근해서 Person 객체를 가져온 다고 가정하면 checkName 함수는 부수효과가 발생한다. checkName 함수를 테스트 하려면 다양한 부수효과를 대비하기 위한 모의 객체(mock object)가 필요하다.

 모의 객체란 어떤 함수나 다른 객체의 동작을 테스트하기 위해서 만들어진 의존성을 가진 가짜 객체다. 예를 들어 checkName 함수를 테스트하려면 db.getPerson()이 결과를 출력해야 한다. 이때 실제 데이터베이스에 접근하는 Database 객체를 넣으면 테스트 독립성이 깨진다. getPerson 함수 호출 시, 테스트를 위한 Person 객체를 반환하는 모의 Database 객체를 만 든다. 그리고 checkName을 호출할 때, 모의 객체의 인스턴스를 입력으로 넣는다. 자세한 내용 은 *https://en.wikipedia.org/wiki/Mock_object*를 참고하자.

세 번째, 파일, 네트워크 입출력과 같은 부수효과를 발생하거나 상태를 가진 영역은 순수한 영역과 최대한 분리하라. 앞의 예제와 같이 checkName 함수가 직접 Database 객체를 입력받으면 checkName을 사용하는 함수들도 Database 객체를 외부로부터 입력받아야 한다. 따라서 checkName 함수를 사용하는 함수들을 테스트하려면, checkName 함수에 전달하는 것 외에는 Database 객체를 사용하지 않더라도 모의 객체를 만들어야 한다. 이와 같은 비효율적인 모의 객체 생성을 막기 위해서는 부수효과가 발생하는 영역을 최대한 분리해서 작성해야 하고, 함수는 하나의 일만 하도록 설계해야 한다. 다음 코드를 보자.

코드 11-27 **부수효과가 없는 checkName 함수**

```kotlin
fun main(args: Array<String>) {
    val person = Person(1, "Tom", 5)
    val db = Database()
    val validName = getPersonNameFromDB(1, db)
    val result = checkName(person, validName)
    ...
}
fun getPersonNameFromDB(id: Int, db: Database): String? {
    return db.getPerson(id)?.name
}

fun checkName(person: Person, validName: String?): Boolean {
    return validName.equals(person.name)
}
```

checkName 함수에서 Database와의 의존성을 제거하고, Person 객체의 이름과 주어진 입력이 동일한지만 확인하도록 수정했다. 실제로 데이터베이스로부터 Person

객체를 가져오는 작업은 함수 외부의 getPersonNameFromDB 함수에서 진행한다. getPersonNameFromDB 함수는 부수효과가 발생할 수 있는 함수이고, 별도로 테스트할 수 있다. 이제 checkName 함수를 사용하는 다른 함수를 테스트하기 위해서 불필요한 모의 객체를 생성할 필요가 없어졌다. 또한 checkName을 사용하는 다른 함수들에서 의도치 않게 부수효과가 발생할 가능성도 없어졌다.

네 번째, **널값의 사용을 피하라.** 코드 11-27에서 validName이 널값이 된다면, checkName 함수의 두 번째 매개변수는 null이 입력될 것이다. 다행히 코틀린에서는 checkName(person, null)이 호출되어도 NullPointerException이 발생하지 않는다.

널값을 입력으로 받을 수 있거나, 널값을 허용하는(nullable) 객체를 반환하는 함수도 테스트가 많아지게 하는 원인 중의 하나다. 코틀린에서는 안전한 널 처리(null safety) 기능을 이용해서 널값을 간단하게 처리할 수 있다. 하지만 다른 언어에서는 널값을 빈번하게 사용할 경우 많은 실수가 발생하므로, 테스트 코드에서 널값이 될 수 있는 입출력을 철저하게 테스트해야 한다. 다음 코드와 같이 널값의 사용이 불필요한 로직에서 널값을 허용하지 않은 객체를 사용하는 것이 좋다.

코드 11-28 널값을 허용하지 않은 객체를 사용한 예

```kotlin
fun main(args: Array<String>) {
    val person = Person(1, "Tom", 5)
    val db = Database()
    val validName = getPersonNameFromDB(1, db)
    val result = checkName(person, validName)
    ...
}

fun getPersonNameFromDB(id: Int, db: Database): String {
    return db.getPerson(id)?.name ?: throw IllegalStateException()
}

fun checkName(person: Person, validName: String): Boolean {
    return validName.equals(person.name)
}
```

이제 checkName 함수를 테스트할 때 널값을 고려할 필요가 없다.

코틀린에서는 코드 11-27의 checkName 함수도 컴파일러 최적화가 되므로 NullPointerException에 의한 부수효과가 없다. 하지만 언어에 따라서 validName이 널값일 때, validName.equals(...)는 예외가 발생할 수 있다. 따라서 프로그램에서 널값의 사용은 예외 발생 가능성을 높이고, 더 많은 테스트 코드를 작성하게 만든다.

다섯 번째, 메이비와 이더를 적극적으로 활용하라. person 객체가 널값이 될 수 있다고 가정했을 때, checkName 함수에서 발생하는 예외를 막으려면 메이비 모나드의 사용을 고려할 수 있다. 모든 실패를 메이비 모나드에 담는다고 했을 때, 데이터베이스 접근에 의한 부수효과도 컨텍스트 안에 담을 수 있다. 다음 예제를 보자.

코드 11-29 메이비 컨텍스트를 반환하는 예

```kotlin
fun main(args: Array<String>) {
    val maybePerson = getPersonFromDB(1, db)
    val result = checkName(maybePerson, validName)
    ...
}

fun getPersonFromDB(id: Int, db: Database): Maybe<Person> = try {
    val person = db.getPerson(id)
    if (person == null) Nothing else Just(person)
} catch (e: Exception) {
    Nothing
}

fun checkName(maybePerson: Maybe<Person>, validName: String) = when (maybePerson) {
    is Nothing -> false
    is Just -> validName == maybePerson.value.name
}
```

getPersonFromDB 함수에서 발생한 모든 부수효과는 메이비 모나드에 담긴다. 따라서 checkName 함수 내에서는 maybePerson이 Just라면 안심하고 name에 접근할 수 있다.

 프로덕션 코드에서 db.getPerson(id)에서 발생할 수 있는 예외를 Exception으로 캐치 (catch)하는 것은 권장하지 않는다. 실제 코드에서는 getPerson 함수에서 발생할 수 있는 보다 구체적인 예외로 캐치하고, 예외 발생에 대한 로그를 남기는 게 낫다. 왜냐하면 예외를 구체적인 예외로 캐치하고 로그를 남기지 않으면 코드의 예외나 문제점이 드러나지 않기 때문이다.

지금까지 함수적 특징을 적용해서 테스트하기 용이한 코드를 만드는 방법을 살펴보았다. 여러 가지를 언급했지만, 방향성은 한 가지다. 바로 **부수효과를 최대한 격리하고 프로그램을 순수한 함수들만으로 구성하라**는 것이다. 참조 투명성을 보장하는 순수한 함수는 프로그램을 예측 가능하게 한다.

여기서 순수한 함수의 범위를 좀 더 명확하게 할 필요가 있다. 순수한 함수는 동일한 입력에 항상 동일한 결과를 반환해야 한다. 즉, 입력이 없는 함수나 어떤 결과도 반환하지 않는 함수는 순수한 함수가 아니다. 따라서 다음 세 가지 함수는 순수하지 않다.

코드 11-30 순수하지 않은 함수 타입

```kotlin
fun doSomething(input: String): Unit
fun doSomething(): Int
fun doSomething(): Unit
```

입력만 있고, 출력이 없는 함수는 함수 내부에 부수효과가 존재하지 않는 이상 불필요한 함수다. 출력만 존재하는 함수는 상수를 사용한 것과 다르지 않고, 입출력이 모두 없는 함수는 어디에도 쓸 수 없다. 따라서 위와 같은 타입의 함수들은 테스트 코드를 작성할 수 없다. 또한 이와 같은 타입의 함수를 내부적으로 사용하고 있는 함수도 테스트하기 난감하다.

 순수한 언어인 하스켈은 위와 같은 모든 함수적 특징들을 언어 차원에서 강제한다. 따라서 프로그래머는 함수적 특징에서 벗어나고 싶어도 벗어날 수 없다. 프로그램에 대한 예측성이 높아짐에 따라서 컴파일러는 아주 강력한 타입 시스템을 제공한다. 그리고 타입 시스템 자체가 강력한 정적 분석 도구가 된다. 컴파일에 성공하기는 어렵지만, 일단 컴파일에 성공하고 나면 프로그램에서 예측하지 못한 오류가 발생할 가능성은 낮아진다.

순수한 함수 테스트하기

순수한 함수를 테스트하기 쉬운 가장 큰 이유는 블랙 박스(black box) 테스팅이 가능하기 때문이다. 테스트를 할 때 함수 내부의 동작을 이해할 필요가 없다. 단순히 주어진 입력에 적절한 결과가 나오는지만 테스트하면 된다. 따라서 적절한 테스트 데이터를 선택하고, 테스트 결과를 검증하면 된다.

 블랙 박스 테스트는 테스트 대상의 내부 구조나 원리를 모르는 상태에서 동작을 검사하는 방법을 말한다. 블랙 박스 테스트는 입력과 기대 결과에 대한 명확한 정의만으로 테스트가 가능하다. 화이트 박스 테스트는 반대로 대상의 내부 소스코드를 테스트하는 방법이다. 블랙 박스 테스트에 비해 상대적으로 난이도가 높다. IDE나 툴을 사용해서 내부 동작을 추적하거나, 모의(mocking) 객체를 통해서 내부 동작이나 흐름을 직접 컨트롤하면서 테스트하는 방법 등을 고려할 수 있다.

블랙 박스 테스트에는 동등 분할 검사, 경곗값 분석 등의 다양한 방법이 있다. 대부분은 프로그래머가 적절한 입력과 기대 결과를 직접 선택해서 테스트한다. 여기서는 그중에서 프로퍼티 기반 테스트(property based testing)를 소개한다.

프로퍼티 기반 테스트는 작성한 함수의 속성만 지정하면, 테스팅 도구가 임의의 입력값을 자동 생성해서 테스트한다. 예를 들어 문자열을 뒤집는 함수 reverse의 입력 문자열을 속성으로 지정하면 테스팅 도구가 임의의 문자열들을 입력으로 호출하고, 실패하는 경우가 발견되면 리포팅한다.

코틀린에는 프로퍼티 기반 테스트를 위한 도구로 kotlintest(*https://github.com/kotlintest/kotlintest*)가 있다. 여기서는 kotlintest를 사용해서 간단한 프로퍼티 기반 테스트를 하는 방법을 살펴볼 것이다.

> ✅ kotlintest를 사용하기 위해서는 빌드 시스템에 따른 의존성 설정이 필요하다. 이 책의 예제 코드와 같이 gradle 4.6 이상인 버전을 사용한다면 다음과 같이 build.gradle 파일에 의존성을 추가한다.
>
> **코드 11-31 kotlintest 의존성 추가**
>
> ```
> test {
>     useJUnitPlatform()
> }
>
> dependencies {
>     compile 'io.kotlintest:kotlintest-runner-junit5:3.1.10'
> }
> ```
>
> 다른 빌드 시스템이나 버전을 사용하는 경우는 공식문서(*https://github.com/kotlintest/kotlintest/blob/3.2.1/doc/reference.md*)를 참고하자.

첫 번째 예제로 코드 3-7에서 다루었던 reverse 함수의 프로퍼티 기반 테스트를 작성해 보자. 테스트할 코드는 다음과 같다.

코드 11-32 reverse 함수

```
fun reverse(str: String): String = when {
    str.isEmpty() -> ""
    else -> reverse(str.tail()) + str.head()
}
```

reverse 함수는 입력받은 문자열을 뒤집은 결과를 항상 반환하는 순수한 함수다.

프로퍼티 기반 테스트를 하지 않는다고 가정해 보자. 그러면 테스트할 입력값들을 수동으로 정의해야 한다. 예를 들면 다음과 같은 입력값과 기대 결과를 고려할 수 있다.

입력값	기대 결과
""	""
"a"	"a"
"abc"	"cba"
"aaaaaa"	"aaaaaa"

reverse는 순수한 함수이기 때문에 이 정도만 테스트해도 충분해 보이지만, 그렇지 않다. 각 입력에 대해서 기대한 결과를 반환하는지 확인하는 테스트 코드들을 모두 작성해야 한다.

프로퍼티 기반 테스트는 앞의 입력을 포함한 많은 입력들을 자동으로 생성해 준다. 다음 예제를 보자.

코드 11-33 reverse 함수 테스트

```
class FunListTest: StringSpec({
    "testReverse" {
        forAll { a: String ->
            reverse(reverse(a)) == a
        }
    }
})
```

테스트 클래스에서 StringSpec을 상속하고, StringSpec 생성자의 람다 함수에 테스트 코드를 작성한다(FunListTest의 블록에서 테스트하는 방법도 제공한다). test Reverse는 테스트 이름이다. forAll의 입력 함수는 어떤 입력값을 받아서 Boolean 을 반환하는 람다 함수다. 이 함수에 검사할 테스트 코드를 작성한다. reverse 함수 의 동작을 확인하기 위해서 입력받은 문자열 a를 뒤집고, 뒤집은 문자열을 다시 한 번 뒤집었을 때, 처음 문자열과 같은지를 검사했다. 테스트 코드를 돌려 보면 아무 런 메시지 없이 테스트에서 통과한다.

제대로 테스트가 된 건지 확인하기 위해서 reverse 함수를 다음과 같이 잘못 동 작하게 수정해 보자.

코드 11-34 invalidReverse 함수

```
fun invalidReverse(str: String): String = when {
    str.isEmpty() -> "a"
    else -> invalidReverse(str.tail()) + str.head()
}
```

invalidReverse 함수는 빈 문자열이 입력으로 들어왔을 때, 문자열 "a"를 반환한다. 실제로 실패하는지 확인해 보자.

코드 11-35 invalidReverse 함수 테스트

```
class FunListTest: StringSpec({
    "testInvalidReverse" {
        forAll { a: String ->
            invalidReverse(reverse(a)) == a
        }
    }
})
```

이 코드는 다음과 같은 메시지를 출력하면서 실패한다.

코드 11-36 테스트 출력 결과

```
java.lang.AssertionError: Property failed for
Arg 0: <empty string>
after 1 attempts
Caused by: expected: true but was: false
Expected :true
Actual   :false
```

첫 번째 매개변수로 <empty string> 값을 true로 예상했으나 false라서 오류 메시지가 나왔다. 이와 같이 프로퍼티 기반 테스트는 실패한 경우, 어떠한 입력에 대해서 어떤 결과를 반환하면서 실패했는지도 알려 준다.

이번에는 10장에서 작성했던 리스트 모나드, FunList의 reverse 함수를 테스트해 보자. 테스트할 함수는 다음과 같다.

코드 11-37 FunList의 reverse 함수

```
tailrec fun <T> FunList<T>.reverse(acc: FunList<T> = Nil): FunList<T> = when (this) {
    is Nil -> acc
    is Cons -> tail.reverse(Cons(head, acc))
}
```

여기서 FunList는 자체 정의한 타입이기 때문에 kotlintest는 FunList가 무엇인지 알 수 없다. 따라서 kotlintest는 입력 매개변수인 FunList<T>를 자동으로 생성하지 못한다. 이럴 때는 다음과 같이 테스트할 때 자동으로 생성될 입력을 직접 정의할 수 있다.

코드 11-38 프로퍼티 테스트 입력 정의

```
class FunIntListGen : Gen<FunList<Int>> {

    override fun constants(): Iterable<FunList<Int>> = listOf(Nil)

    override fun random(): Sequence<FunList<Int>> = generateSequence {
        val listSize = Random.nextInt(0, 10)
        val values = Gen.int().random().take(listSize)
        funListOf(*values.toList().toTypedArray())
    }
}
```

여기서 constants 함수는 반드시 테스트 입력으로 포함되어야 할 값들을 정의하며, random 함수는 무작위로 생성될 입력값들을 정의한다. 예제에서는 테스트에 항상 포함되어야 할 입력으로 Nil을 넣었다. 그리고 랜덤 Int 값을 0개에서 10개 가지는 FunList를 무작위로 생성될 입력으로 사용했다. 프로퍼티 기반 테스트를 수행하는 코드는 다음과 같다.

코드 11-39 reverse 함수 테스트

```
class FunListTest: StringSpec({
    "reverseFunList" {
        forAll(500, FunIntListGen()) { list: FunList<Int> ->
            printFunList(list)
            list.reverse().reverse() == list
        }
    }
})
```

forAll을 수행할 때 FunIntListGen을 생성기로 사용해서 500개의 무작위 테스트를 수행하도록 설정했다. 어떤 입력 리스트로 테스트되는지 확인하기 위해서 print FunList(list)를 수행했지만, 실제 테스트 코드에서는 이 부분을 확인할 필요가 없다. 수행 결과는 항상 빈 리스트, Nil을 포함한 무작위 리스트를 생성해서 테스트하는 것을 확인할 수 있다.

코드 11-40 **테스트 출력 결과**

```
[]
[-600699547, -1666201130, 2131357629, -1642504095, 475820516]
[1995312458, 968094793, -1853252335, 1885373763, -272212679, -560651304, -1108794121]
[1433392599, -675039472]
... 생략 ...
```

본문에서는 프로퍼티 기반의 간단한 테스트를 실행했다. 실제로는 좀 더 복잡한 테스트에서 적용할 수 있는 사용자 정의 기능 등을 포함한다. 프로퍼티 기반 테스트는 하스켈의 QuickCheck라는 도구에서 시작되어 함수형 특징을 가진 다른 언어들로 확산되었다. 프로퍼티 기반 테스트는 자동으로 높은 테스트 커버리지를 만들어준다. 일반적인 단위 테스트로 발견하기 어려운 버그들도 쉽게 찾을 수 있어서 실제로 많이 사용되고 있다. 이와 같이 블랙 박스 테스트는 순수한 함수를 테스트하는 데 적합하다.

부수효과가 존재하는 함수 테스트하기

코드 11-29에서 작성한 getPersonFromDB 함수는 모든 실패를 메이비 모나드에 넣는다. 그러나 여전히 함수의 결과는 예측할 수 없고, 부수효과가 존재한다. 이와 같이 순수하지 못한 함수를 순수한 영역과 최대한 분리할 수는 있어도, 데이터베이스와 같은 외부 컴포넌트를 참조하는 작업에서 부수효과를 완전히 없앨 수는 없다. 따라서 부수효과가 존재하는 함수도 테스트해야 한다.

부수효과가 존재하는 함수를 테스트할 때는 일반적으로 다음 방법을 쓴다. 통합 테스트를 만들어서 정상적으로 동작하는지 확인하거나, 외부 의존성이 있는 모듈의 모의 객체를 만들어서 단위 테스트를 작성하는 것이다. 통합 테스트를 작성하려면 실제로 외부에 설치된 데이터베이스와 연계하여 동작되도록 환경을 만들어야 하기 때문에 간단하지 않다. 따라서 부수효과가 존재하는 모듈로 단위 테스트를 작성하려면, 예측이 가능하도록 모의 객체를 만들어야 한다. 그리고 해당 모듈을 사용하는 함수는 모듈 의존성을 주입받아서 동작하도록 설계되어야 한다.

예를 들어 getPersonFromDB 함수가 다음과 같이 작성되어 있다면 Database를 모킹하기가 매우 어렵다.

코드 11-41 **getPersonFromDB 함수**

```
fun getPersonFromDB(id: Int): Maybe<Person> = try {
```

```
    val db = Database()
    val person = db.getPerson(id)
    if (person == null) Nothing else Just(person)
} catch (e: Exception) {
    Nothing
}
```

따라서 부수효과를 가진 모듈은 반드시 의존성 주입(Dependency Injection)을 받도록 설계하도록 하자. Database를 입력으로 받는 getPersonFromDB 함수는 다음과 같이 실제 데이터베이스와 연동하는 Database 대신 MockDatabase를 넣어서 테스트할 수 있다.

코드 11-42 **MockDatabase 사용 예**

```
fun main() {
    val person = Person(1, "Tom", 5)
    val db = MockDatabase(mapOf(1 to person))
    val maybePerson = getPersonFromDB(1, db)
    when(maybePerson) {
        is Just -> require(maybePerson.value == person)
        is Nothing -> error("error")
    }
}

interface Database {
    fun getPerson(id: Int): Person?
}

data class MockDatabase(private val persons: Map<Int, Person>): Database {
    override fun getPerson(id: Int): Person? {
        return persons[id]
    }
}

fun getPersonFromDB(id: Int, db: Database): Maybe<Person> = try {
    val person = db.getPerson(id)
    if (person == null) Nothing else Just(person)
} catch (e: Exception) {
    Nothing
}
```

getPersonFromDB 함수를 테스트하기 위해서 Database 인터페이스를 상속한 Mock Database를 만들었다. MockDatabase는 실제 데이터베이스와 관계없이 원하는 테스트 데이터를 직접 만들어 넣을 수 있다. 이렇게 생성된 db를 주입해서 테스트하면

외부 의존성을 가지는 getPerson 함수 호출에 대한 결과를 임의로 만들어서 테스트
할 수 있다.

 예제에서는 MockDatabase를 직접 만들어서 테스트했지만, 이미 많은 테스트 프레임워크에
서 모킹을 편리하게 할 수 있는 툴을 제공한다. 자바에서는 Mockito(*https://site.mockito.*
org/)와 PowerMock(*https://github.com/powermock/powermock*)이 있고, 코틀린에는
mockk(*https://mockk.io/*)가 있다. 이 책에서는 이러한 라이브러리를 직접 다루지 않는데,
인터넷에서 많은 자료를 찾을 수 있으니 참고하기 바란다.

외부 의존성을 모킹하는 방법은 객체지향 프로그래밍뿐만 아니라 함수형 프로그
래밍에서도 가장 많이 사용된다. 그러나 프로그램 내에서 부수효과를 포함하는 모
듈을 복잡하게 사용한다면, 유용한 라이브러리를 활용하더라도 모킹해서 테스트
하는 것은 간단하지 않다. 또한 테스트 코드가 많아지고 테스트 대상 코드가 변경
되거나 리팩터링되면, 테스트를 유지하기 위한 비용도 커진다. 따라서 가장 중요한
것은 테스트하기 쉬운 코드를 작성하는 것임을 잊지 말자.

 지금까지 부수효과가 존재하는 함수를 테스트하기에 쉽게 만들기 위해서, Database와 같
은 입출력 작업이 발생하는 모듈을 순수한 영역과 최대한 분리해서 작성했다. 그리고 모의 객
체를 사용해 getPersonFromDB 함수를 테스트하기 위해, Database를 외부로부터 주입받
았다.
객체지향 프로그래밍에서는 이와 같이 부수효과를 가진 모듈을 효과적으로 교체하기 위한 프
로그래밍 패턴을 의존성 주입(Dependency Injection)이라 한다. 함수형 프로그래밍에도 부
수효과를 가진 모듈을 효과적으로 교체하기 위한 프로그래밍 패턴이 있는데, 그중 한 가지가
태그리스 파이널(Tagless Final)이다.
태그리스 파이널은 메이비, 리스트, 이더처럼 구체적인 타입을 사용하지 않은 타입 클래스에
행위들을 선언하고 실행 흐름을 선언하는 것이다. 이렇게 선언된 실행 흐름에는 구체적인 타입
이 정해져 있지 않다. 실행 흐름이 선언된 상태에서 타입 클래스의 행위들을 구현해서 넘길 수
있는데, 구체적인 타입도 이때 정해진다. 태그리스 파이널 패턴을 사용하면 외부 시스템에 접
근하는 모듈을 테스트 목적의 모의 객체로 손쉽게 교체할 수 있다.
아쉽게도 코틀린은 카인드(kind)를 지원하지 않기 때문에 태그리스 파이널 패턴을 예제로 만
들어 보기는 어렵다. 함수형 코틀린 프로젝트인 Arrow(*https://github.com/arrow-kt/arrow*)
등의 오픈소스에서 태그리스 파이널 패턴을 지원하기 위한 기능을 제공하고 있으니 참고하기
바란다.

11.4 함수형 프로그래밍에서 디버깅하기

명령형 프로그래밍에서 오류가 발생하는 이유는 대부분 부수효과 때문이다. 그래서 하스켈에서 컴파일에 성공하고 프로퍼티 기반의 테스트까지 통했다면, 프로그램에 버그가 발생할 확률은 높지 않다.

물론 개발자가 실수로 만든 오류는 순수한 함수에도 존재할 수 있다. 이렇게 발생한 오류를 함수형 프로그래밍에서 디버깅하려면 툴을 잘 활용해야 한다. 이번 절에서는 함수형 프로그래밍에서 디버깅할 때 쓸 수 있는 몇 가지 팁을 살펴본다.

디버깅 팁과 도구

가장 기본적인 디버깅 방법으로 콘솔 로그를 사용한다. 11.1절에서 살펴본 로깅을 통해서 함수 체인이 수행되는 동안 디버깅에 필요한 로그를 남기고, 이를 활용할 것이다. **복잡한 함수라면 단계별로 컨텍스트 내부의 값이 변화하는 과정을 상세하게 로깅하는 것이 좋다.** 특히 프로덕션 환경에서 문제가 발생했다면, 로그를 잘 남기고 활용하는 것은 필수적이다. 만약 로깅을 통해서 원인을 파악하기 어렵다면, 문제의 범위를 좁힐 수 있는 로그를 보강하여 다시 실행하거나 재현 경로를 파악하여 로컬에서 확인할 수 있는 환경을 준비한다.

로컬 환경에서 우리는 디버깅 도구를 사용한다. 명령형 프로그래밍은 라인별로 코드를 작성하기 때문에 주로 중단점(breakpoint) 디버거를 사용한다. 중단점 디버거는 특정 라인이 수행될 때의 상태를 직접 확인하기 용이하다. 그러나 함수형 프로그래밍은 여러 가지 고차 함수의 체인을 한 라인에 선언하고, 심지어 게으른 평가로 인해서 코드의 실행이 특정 라인에서 이루어진다고 보장하기 어렵다. 따라서 함수형 프로그래밍에는 다른 도구를 사용해야 한다.

여기서는 인텔리제이 디버거(intellij debugger)를 코틀린 언어에서 활용하는 팁을 소개한다. (코틀린을 예로 들었지만, 스칼라나 자바에도 유사한 디버거가 존재한다.)

 좀 더 발전된 형태로 과거의 특정 시점으로도 이동할 수 있는 시간여행 디버거(time travel debugging)도 있다. 시간여행 디버깅이 가능하려면 프로그램이 높은 예측성을 가져야 한다. 그 이유는 프로그램이 실행되는 동안의 모든 상태가 기록되어야 하기 때문이다. 프로그램의 높은 예측성을 위해서는 참조 투명성과 불변성을 기본으로 하기 때문에, 함수형 언어가 시간여행 디버깅을 지원할 가능성이 높다. 실제로 하스켈과 유사한 문법을 가진 함수형 언어 elm(*https://elm-lang.org*)은 시간여행 디버깅을 제공한다.

인텔리제이를 활용한 리스트 체인 디버깅

인텔리제이 디버거는 함수에 입력되는 람다 함수 단위로도 중단점을 찍을 수 있다. 예를 들어 리스트의 `map(transform: (T) -> R): List<R>` 함수를 사용할 경우, `map` 함수가 사용되는 위치뿐 아니라 `transform` 함수에도 중단점을 사용할 수 있다. 실제 인텔리제이 화면에서 확인해 보자.

fun main() {
listOf(50, 25, 17, 6, 27, 74, 16, 6)
.map { productFive(it) }
100(it) }
Set Breakpoint
Line
{ productFive(it) }
All
You can also choose an item with ⌘F8
private fun productFive(x: Int) :Int = x * 5
private fun lessThen100(x: Int) :Boolean = x < 100

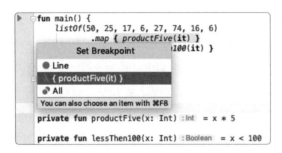

그림 11-1 함수 단위로 디버깅

`Line`은 해당 라인에 중단점을 찍는다. 따라서 `map` 함수 내부에 있는 람다 함수 `productFive` 내부에서 중단점을 찍고 확인할 수는 없다. 람다가 표시되어 있는 `{ productFive(it) }`은 `map` 함수 내부의 람다 함수에만 중단점을 찍는다. `All`은 라인과 람다 함수에 중단점을 찍는다.

람다 함수 `{ productFive(it) }`에 중단점을 찍고, 디버거를 실행하면 다음과 같이 람다 함수 내부에서 실행이 중단된다.

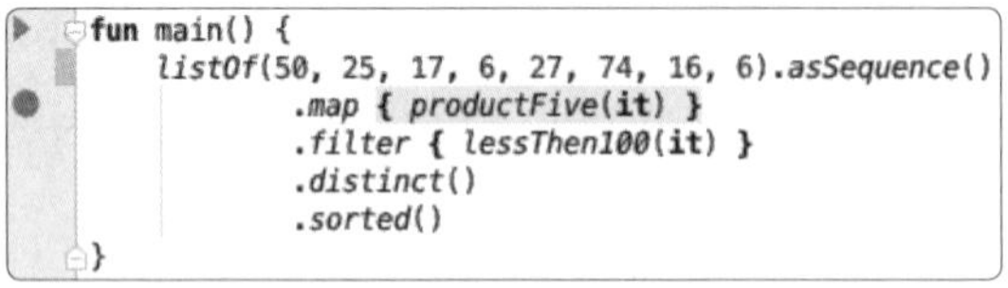

fun main() {
listOf(50, 25, 17, 6, 27, 74, 16, 6).asSequence()
.map { productFive(it) }
.filter { lessThen100(it) }
.distinct()
.sorted()
}

그림 11-2 람다 함수에 중단점 찍기

`{ productFive(it) }`으로 중단점을 찍은 결과도 `Line`에 중단점을 찍은 것과 동일하다. 디버거의 변수 화면(variables window)을 보면 현 시점에서 각 변수에 할당된 값을 확인할 수 있다.

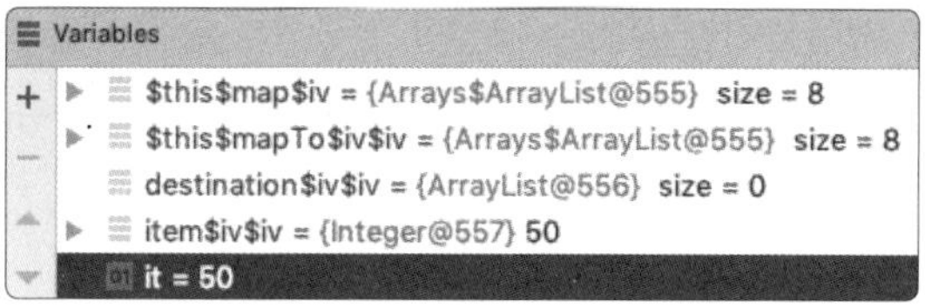

그림 11-3 변수에 할당된 값 확인

리스트의 첫 번째 값 50이 들어온 상태에서 중단되었다. 실행을 계속하면 리스트의 모든 값이 람다 함수의 입력으로 들어오는 것을 확인할 수 있다. 코틀린의 리스트는 게으른 평가를 수행하는 컬렉션이 아니기 때문에 리스트에서 디버거를 돌렸을 때는 최종 결괏값을 사용하지 않아도 중단점에 걸린다.

인텔리제이를 활용한 시퀀스 체인 디버깅

게으른 평가를 수행하는 시퀀스를 사용하면 어떨까? 동일한 예제를 시퀀스로 바꾸어서 돌려 보자.

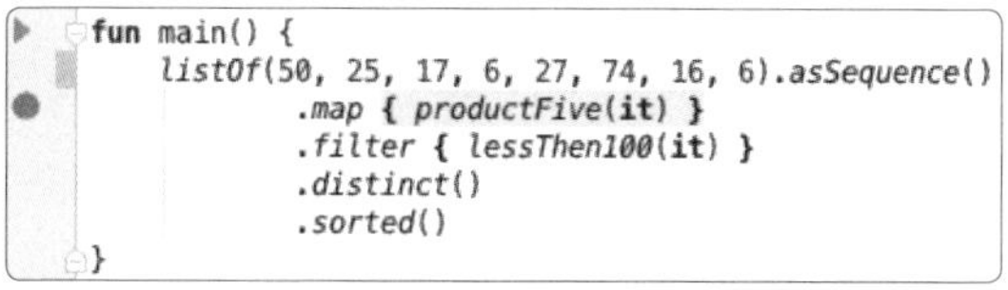

```
fun main() {
    listOf(50, 25, 17, 6, 27, 74, 16, 6).asSequence()
        .map { productFive(it) }
        .filter { lessThen100(it) }
        .distinct()
        .sorted()
}
```

그림 11-4 시퀀스 디버깅

asSequence 함수를 사용해서 동일하게 람다 함수 { productFive(it) }에 중단점을 찍고, 디버거를 실행하면 프로그램은 중단되지 않고 끝난다. 시퀀스가 게으른 자료 구조라는 점을 생각하면 당연한 결과다. 위 프로그램에서는 수행 결과를 사용하지 않았으므로 실제로 아무것도 실행되지 않는다.

그렇다면 결괏값을 할당받고 출력하면 어떻게 될까? 리스트의 값을 출력하는 코드를 추가해서 값이 평가되는 위치에 중단점을 찍고, 디버거를 수행해 보자.

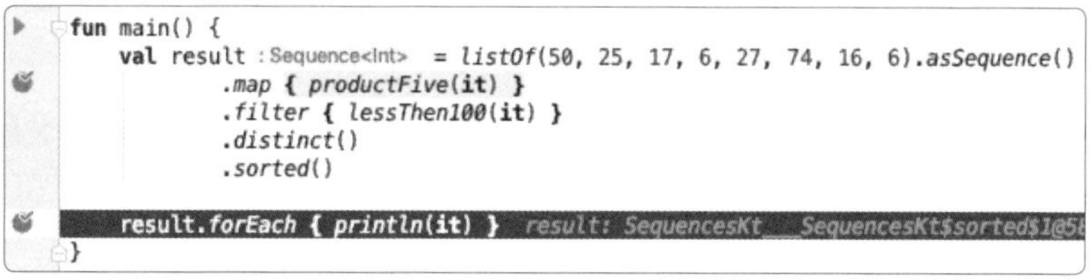

```
fun main() {
    val result : Sequence<Int>  = listOf(50, 25, 17, 6, 27, 74, 16, 6).asSequence()
        .map { productFive(it) }
        .filter { lessThen100(it) }
        .distinct()
        .sorted()
    result.forEach { println(it) }  result: SequencesKt__SequencesKt$sorted$1@5...
}
```

그림 11-5 출력값에 중단점 찍기

실제로 출력되는 시점까지는 시퀀스 체인이 실행되지 않기 때문에 출력 라인에서 프로그램이 중단되었다. 디버거를 다음 중단점까지 실행하면 다음과 같이 람다 함수에 중단점이 걸린다.

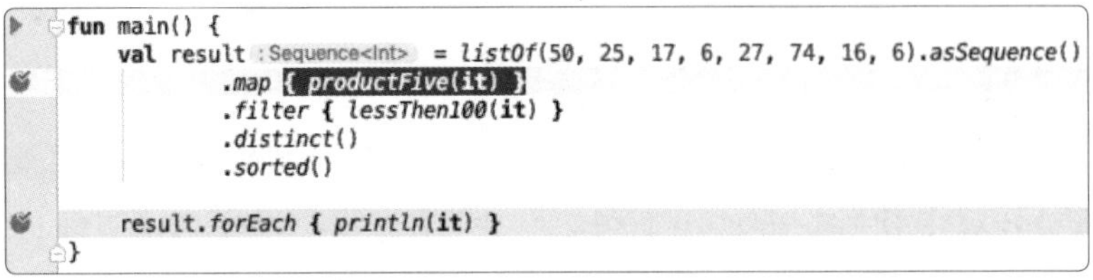

```kotlin
fun main() {
    val result :Sequence<Int>  = listOf(50, 25, 17, 6, 27, 74, 16, 6).asSequence()
        .map { productFive(it) }
        .filter { lessThen100(it) }
        .distinct()
        .sorted()

    result.forEach { println(it) }
}
```

그림 11-6 람다 함수에 중단점에서 중단 확인

함수 체인과 값이 평가되는 위치가 한눈에 보인다. 그러나 만약 함수 체인이 평가되는 시점이 실제 로직과 아주 멀리 있다면 람다 중단점을 이용해도 디버깅이 간단하지 않다. 또한 시퀀스에 값이 매우 많다면, 특정 값에서 발생하는 오류를 찾기도 쉽지 않다. 이럴 때는 람다 중단점에 조건을 설정하면 된다.

람다 중단점을 설정한 후 해당 포인트를 컨트롤을 누른 상태에서 클릭하거나 MAC을 기준으로 Shift + Command + F8을 누르면 중단점에 조건문을 설정할 수 있다.

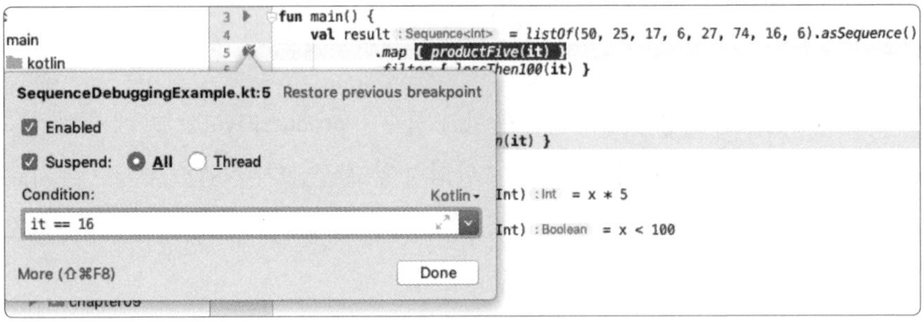

```kotlin
                          3  ▶  fun main() {
main                      4       val result :Sequence<Int>  = listOf(50, 25, 17, 6, 27, 74, 16, 6).asSequence()
 kotlin                   5 ◉       .map { productFive(it) }
                                    .filter { lessThen100(it) }
```

SequenceDebuggingExample.kt:5 Restore previous breakpoint

☑ Enabled

☑ Suspend: ● All ○ Thread

Condition: Kotlin ▾

`it == 16`   Int) :Int = x * 5

More (⇧⌘F8)   Done   Int) :Boolean = x < 100

그림 11-8 조건문이 걸려 있는 중단점

시퀀스는 게으른 평가를 수행하는데, 값이 평가되기 전에 중단점이 동작하는 이유가 무엇일까? 중단점에 설정한 조건을 체크하기 위해서는 값이 평가되어야 하기 때문이다. 따라서 여기서는 디버거가 값을 평가했다. 이와 같은 디버거의 특징을 이용하면 원하는 시점에 원하는 구성요소가 어떤 상태인지를 확인할 수 있다.

그림 11-9 조건문을 활용한 중단점 디버깅

중단점이 걸린 상태에서 변수 창을 확인해 보면 it이 어떤 상태인지 확인할 수 있다.

 인텔리제이에서는 코틀린의 시퀀스나 자바의 스트림과 같은 게으른 자료구조의 디버깅을 돕기 위해서 추가 플러그인을 제공한다. 코틀린 시퀀스 디버거나 자바 스트림 디버거를 사용하면 값의 단계별 변화 과정을 한눈에 확인할 수 있다. 이 책에서는 플러그인을 다루는 부분까지 설명하지는 않을 것이다. 공식 문서를 참고하면 쉽게 설치해서 활용할 수 있으니, 직접 사용해 보자.

https://plugins.jetbrains.com/plugin/10301-kotlin-sequence-debugger
https://plugins.jetbrains.com/plugin/9696-java-stream-debugger

11.5 마치며

이번 장에서는 프로그램을 작성하는 데 있어서 아주 기본적인 주제들을 함수적 관점에서 살펴보았다. 함수형 언어들은 이와 같은 실용적인 문제들을 해결하기 위해서 다양한 컨텍스트를 표현할 수 있는 모나드나 방법론 등을 제공한다. 책에 소개되지 않은 모나드도 많고, 새로운 모나드나 패턴도 끊임없이 연구되고 있다. 함수형 프로그래밍에서 상태를 다루기 위한 상태 모나드나 ST 모나드, 효율적인 테스트를 위한 프리 모나드 혹은 태그리스 파이널과 같은 프로그래밍 패턴 등 유익한 모나드와 패턴들은 독자들이 직접 공부하고 살펴보기 바란다. 객체지향 프로그래밍이 오랜 시간 동안 해왔던 것처럼, 함수적 패러다임도 지속적으로 연구되고 발전해 나갈 것이다. 이러한 기술의 발전 속도에 맞추려면 끊임없이 학습하고 성장해야 한다는 점을 잊지 말자.

찾아보기